创新思维和创业实践

主　编　罗　纯　曹加文　陈偶娣
副主编　纪忠杰　邓彦敏　高　伟　蒋公宝
　　　　黄　林　白金峰　武花勇　马萱航

北京理工大学出版社
BEIJING INSTITUTE OF TECHNOLOGY PRESS

内 容 简 介

　　创新创业是推动社会经济发展，改善民生的重要途径，青年学生富有想象力和创造力，全社会都要重视和支持青年创新创业。近年来，国家陆续出台支持大学生创新创业的相关文件，要求高校进一步深化创新创业教育改革，本书团队以此为契机，深入挖掘当前大学生创新创业活动的特点，融合课程中启航创新之旅、培育创新创业的种子、专利与商标的艺术、捕捉创业机会的慧眼、创业团队的组建与成长、设计商业模式的智慧、精益创业与产品迭代之路、创业财务之智慧导航、创业实践沙盘演练、路演璀璨时刻等模块，结合当下创新企业案例分析强化案例实践性，通过创新创业大赛和创业实践案例等形式，致力于向青年大学生群体讲清楚为什么创业、创什么业、怎么创好业，以高质量就、创业为目标，培养学生分析和解决实际创新创业问题的能力。

　　本书的编者有专业投资人、企业家、双创大赛项目评审专家、创新创业教育工作者等，在教材内容的编排上，优化了传统教材纯理论结构模式，加强了创新创业大赛、创新创业活动等实践环节与创新创业理论知识有机融合。本书适合本专科高校学生及期望创新创业的就、创业者阅读。在内容编排上，注重以创新创业项目为主线，深化理论与实践相融合的教学原则，帮助读者选择最佳的创业项目落脚点，助力学生更好地进行创新创业实践。

图书在版编目（CIP）数据

创新思维和创业实践 / 罗纯，曹加文，陈偶娣主编.

北京：北京理工大学出版社，2024. 6.

ISBN 978-7-5763-4259-8

Ⅰ. G647.38

中国国家版本馆 CIP 数据核字第 2024CG5569 号

责任编辑：陈莉华　　　**文案编辑**：李海燕
责任校对：周瑞红　　　**责任印制**：施胜娟

出版发行 / 北京理工大学出版社有限责任公司
社　　址 / 北京市丰台区四合庄路 6 号
邮　　编 / 100070
电　　话 / （010）68914026（教材售后服务热线）
　　　　　　　（010）68944437（课件资源服务热线）
网　　址 / http：//www. bitpress. com. cn

版 印 次 / 2024 年 6 月第 1 版第 1 次印刷
印　　刷 / 河北盛世彩捷印刷有限公司
开　　本 / 787 mm×1092 mm　1/16
印　　张 / 13
字　　数 / 304 千字
定　　价 / 68. 00 元

前　言

在这个瞬息万变、科技飞速发展的新时代，创新创业不仅成为推动社会进步的核心引擎，更是引领未来发展的鲜明旗帜。本书致力于探索培养创新思维的深层机理，并为创业者提供实践指南，助力他们在时代的浪潮中乘风破浪、成就辉煌。

创新思维是人类智慧的璀璨瑰宝，创业实践则是推动社会文明进步的关键所在。习近平总书记在党的二十大报告中强调"必须坚持守正创新"时指出，"守正才能不迷失方向、不犯颠覆性错误，创新才能把握时代、引领时代"。创新，是时代的呼唤，是历史的必然。它如同明灯，照亮前行的道路，引领我们走向未来。而创业，则是这一创新精神的集中体现。创业者们怀揣梦想，披荆斩棘，不断探索，不断挑战，将一个个创新的想法转化为现实，为社会带来前所未有的价值。

孕育创新思维，首先，必须勇于挑战传统观念的束缚。传统观念往往成为思维的桎梏，唯有敢于突破，才能释放无限的创新潜能，探索未知的可能性。其次，保持一颗永不熄灭的好奇心至关重要。好奇心是创新的源泉，它驱使着我们不断探索未知的领域，挖掘内在的潜能。最后，积极拥抱未知，敢于在茫茫的未知中探索前行，才能捕捉到那些隐藏在深处的宝贵机会，提出前瞻性的解决方案。

敢于创业实践，是将创新思维转化到现实世界的桥梁。在这个充满竞争与挑战的市场环境中，创业者们首先需要具备坚定的信念，这是他们前行的动力，也是他们面对困难时不屈不挠的力量源泉。其次，敏锐的市场洞察力也是必不可少的。它能够帮助创业者们捕捉到市场的微妙变化，从而迅速作出反应，抓住机遇。最后，卓越的团队协作能力，更是创业成功的关键。一个团结、高效的团队，能够激发出更多的创意和能量，同频共振推动项目走向成功。

我们殷切期望广大学子能够通过本书的学习，点燃内心的创新之火，勇敢踏上创业之路，为社会的繁荣与进步贡献青春力量。本书旨在为读者提供有益的指导和帮助，激发读者的创新潜力，推动社会的进步和发展。同时，我们也希望读者能够将所学的知识和经验应用到实际生活中，不断探索新的机会和挑战自己，为社会的发展贡献更多的智慧和力量。

让我们携手共进，以创新思维引领时代潮流，以创业实践铸就辉煌未来！

编　者

目　录

1　启航创新之旅 ·· （1）

【学习目标】 ·· （1）

【素质目标】 ·· （1）

【知识点框架图】 ·· （2）

1.1　创新的呼唤 ·· （2）

1.2　突破思维定式的束缚 ·· （6）

【教学评价】 ·· （13）

【活页笔记】 ·· （15）

【任务训练】 ·· （16）

【任务评价】 ·· （17）

2　培育创新创业的种子 ·· （18）

【学习目标】 ·· （18）

【素质目标】 ·· （18）

【知识点框架图】 ·· （19）

2.1　创新思维者的核心能力 ·· （19）

2.2　实现创新思维的途径 ·· （20）

2.3　创新训练与实践 ·· （24）

【教学评价】 ·· （30）

【活页笔记】 ·· （32）

【任务训练】 ·· （33）

【任务评价】 ·· （34）

3　专利与商标的艺术 ··· （35）

【学习目标】 ·· （35）

【素质目标】 ·· （35）

【知识点框架图】 ……………………………………………………（36）

3.1 专利的奥秘与挖掘技巧 ……………………………………………（36）

3.2 专利申请与保护策略 ………………………………………………（41）

3.3 网申专利流程 ………………………………………………………（45）

3.4 商标注册与保护策略 ………………………………………………（47）

【教学评价】 …………………………………………………………（51）

【活页笔记】 …………………………………………………………（53）

【任务训练】 …………………………………………………………（54）

【任务评价】 …………………………………………………………（55）

4　捕捉创业机会的慧眼 ………………………………………………（56）

【学习目标】 …………………………………………………………（56）

【素质目标】 …………………………………………………………（56）

【知识点框架图】 ……………………………………………………（57）

4.1 创业机会的识别与评估 ……………………………………………（57）

4.2 全方位评估创业机会 ………………………………………………（62）

【教学评价】 …………………………………………………………（67）

【活页笔记】 …………………………………………………………（69）

【任务训练】 …………………………………………………………（70）

【任务评价】 …………………………………………………………（71）

5　创业团队的组建与成长 ……………………………………………（72）

【学习目标】 …………………………………………………………（72）

【素质目标】 …………………………………………………………（72）

【知识点框架图】 ……………………………………………………（73）

5.1 理解创业团队的价值 ………………………………………………（73）

5.2 选择创业合伙人 ……………………………………………………（75）

5.3 打造核心创业团队 …………………………………………………（80）

【教学评价】 …………………………………………………………（86）

【活页笔记】 …………………………………………………………（88）

【任务训练】 …………………………………………………………（89）

【任务评价】 …………………………………………………………（90）

6　设计商业模式的智慧 ………………………………………………（91）

【学习目标】 …………………………………………………………（91）

【素质目标】 …………………………………………………………（91）

【知识点框架图】 ……………………………………………………（92）

6.1 商业模式的创新思维 ………………………………………………（92）

6.2 商业模式的构建与优化 ……………………………………………（101）

【教学评价】 …………………………………………………………… （110）

【活页笔记】 …………………………………………………………… （112）

【任务训练】 …………………………………………………………… （113）

【任务评价】 …………………………………………………………… （114）

7 精益创业与产品迭代之路 …………………………………………… （115）

【学习目标】 …………………………………………………………… （115）

【素质目标】 …………………………………………………………… （115）

【知识点框架图】 ……………………………………………………… （116）

7.1 精益创新，快速迭代 ……………………………………………… （116）

7.2 参验：迭代创新的关键 …………………………………………… （119）

7.3 新时代精益创新 …………………………………………………… （122）

【教学评价】 …………………………………………………………… （128）

【活页笔记】 …………………………………………………………… （130）

【任务训练】 …………………………………………………………… （131）

【任务评价】 …………………………………………………………… （132）

8 创业财务之智慧导航 ………………………………………………… （133）

【学习目标】 …………………………………………………………… （133）

【素质目标】 …………………………………………………………… （133）

【知识点框架图】 ……………………………………………………… （134）

8.1 透过财务报表发现企业价值 ……………………………………… （134）

8.2 企业利润管理 ……………………………………………………… （137）

8.3 融资之翼，展翅高飞 ……………………………………………… （145）

【教学评价】 …………………………………………………………… （154）

【活页笔记】 …………………………………………………………… （156）

【任务训练】 …………………………………………………………… （157）

【任务评价】 …………………………………………………………… （158）

9 创业实践沙盘演练 …………………………………………………… （159）

【学习目标】 …………………………………………………………… （159）

【素质目标】 …………………………………………………………… （159）

【知识点框架图】 ……………………………………………………… （160）

9.1 创业能力评估训练 ………………………………………………… （160）

9.2 团队协作力的锻炼与强化 ………………………………………… （164）

9.3 商业智慧的实战应用与检验 ……………………………………… （169）

【教学评价】 …………………………………………………………… （176）

【活页笔记】 …………………………………………………………… （178）

【任务训练】 …………………………………………………………… （179）

【任务评价】 ·· （180）

10　路演璀璨时刻 ·· （181）

【学习目标】 ·· （181）

【素质目标】 ·· （181）

【知识点框架图】 ·· （182）

10.1　路演准备 ··· （182）

10.2　路演的步骤与技巧 ·· （188）

【教学评价】 ·· （191）

【活页笔记】 ·· （193）

【任务训练】 ·· （194）

【任务评价】 ·· （195）

附录 ·· （196）

参考文献 ·· （198）

启航创新之旅

【学习目标】

①了解创新思维的基本特点，明白创新思维的价值。

②初步掌握一些创新思维方法，运用创新性思维促进创新能力的进一步提升，树立创新思维意识。

③探索思维定式的内涵，感受创新思维对我们思考方式的影响力。

【素质目标】

深刻理解创新思维
融入点：创新思维　元素：创新是一个系统工程
习近平总书记在党的二十大报告中明确提出要"坚持创新在我国现代化建设全局中的核心地位"，并强调领导干部要不断提高创新思维能力。实际上，习近平总书记在党的十九大和十九届历次全会以及中央党校举办的省部级主要领导干部专题研讨班的重要讲话中，也曾经多次强调创新的重要性，谆谆教诲领导干部必须培养创新思维。 　在"创新思维"这个词汇里，"创新"是作为定语的形容词，用以修饰作为名词的"思维"，其落脚点是"思维"，但重点在"创新"。思维简单地讲就是思考问题的过程，包括我们对客观存在的认知、分析与推理，乃至得出的判断、结论和形成的对策。创新性的思维，就是要用超越陈规、因时制宜的思维方式对待我们遇到的困难和问题，提出有独到见解、有显著效益的工作思路和解决方案。 　参考资料：《当代陕西》（2023年第15期）《创新思维：应变局、开新局的有力武器》

【知识点框架图】

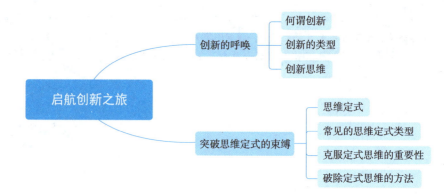

1.1　创新的呼唤

创新的两种含义

1.1.1　何谓创新：超越传统，引领变革

创新是指人类为了满足自身需要，不断拓展对客观世界及其自身的认知与行为的过程和结果的活动。具体讲，创新是指人们为了一定的目的，遵循事物发展的规律，对事物的整体或其中的某些部分进行变革，从而使其得以更新与发展的活动。

创新，实质上是为客户创造新的价值，将未被满足或潜在的需求转化为机会，并创造新的客户满意度。创新的主要目的并非追求利润最大化，而是以创造客户为核心。任何以牺牲客户价值为代价的创新行为都不能称之为真正的创新，反而可能给企业乃至整个行业带来灾难。因此，只有当发明能够被实际应用并创造出新的客户价值时，才能称之为创新。同样地，创业也不一定等同于创新，除非其新创事业能够创造出新的客户满意，否则新创企业可能会对现有产业造成破坏。

创新活动能够赋予资源新的能力，进而创造出更多价值。实际上，创新活动本身也能创造资源。因此，创新是一种有目的的管理实践，需要遵循一系列经过验证的原则和条件。在持续改进的过程中，创新成果有时会出现，但更多的创新源于对客户需求更深入的发掘和认识，从而创造出全新业务和客户价值。

当然，创新是有风险的，但相比之下，"吃老本"或"重复改进"的风险更大。创新的障碍并非企业的规模，因为许多创新源自大企业；真正的障碍是现有的"成功模式"所导致的"行为惯性"和"思维定式"。

1912年美籍经济学家约瑟夫·熊彼特在《经济发展理论》中首次提出"创新理论"（Innovation Theory）：创新是指把一种新的生产要素和生产条件的"新结合"引入生产体系。创新者将资源以不同的方式进行组合，创造出新的价值。这种"新组合"往往是"不连续的"，也就是说，现行组织可能产生创新，然而，大部分创新产生在现行组织之外。因此，他提出了"创造性破坏"的概念。

同时他还界定了创新的五种形式，包括开发新产品、引进新技术、开辟新市场、发掘新的原材料来源、实现新的组织形式和管理模式。约瑟夫·熊彼特的创新概念包含的范围很广，如涉及技术性变化的创新及非技术性变化的组织创新，因此约瑟夫·熊彼特被誉为

"创新理论"的鼻祖。约瑟夫·熊彼特的五类创新如表 1-1 所示。

表 1-1 约瑟夫·熊彼特的五类创新

类别	具体表现
产品创新	采用一种新的产品（也就是消费者还不熟悉的产品）或一种产品的某种新特性
技术创新	采用一种新的生产方法，也就是在有关的制造部门中尚未通过经验检定的方法，这种新的方法决不需要建立在科学上新的发现的基础之上，并且，也可以存在于商业上处理一种产品的新的方式之中
市场创新	开辟一个新的市场，也就是有关国家的某一制造部门以前不曾进入的市场，不管这个市场以前是否存在过
资源配置创新	掠取或控制原材料，或半成品的一种新的供应来源，不论这种来源是已经存在的，还是第一次创造出来的
组织创新	实现任何一种工业的新的组织，比如造成一种垄断地位（例如通过"托拉斯化"），或打破一种垄断地位

事实上，创新贯穿于人类生活的方方面面。从观念、知识、技术层面的创新，到政治、经济、商业、艺术领域的创新；从工作、生活、学习、娱乐等各个层面，到衣、食、住、行等各个领域，创新无所不在。因此，我们应该积极拥抱创新，将其作为推动个人和组织发展的重要动力。

1.1.2 创新的类型：突破，渐进，或是融合?

创新在当今社会中扮演着至关重要的角色，它不仅推动着科技和经济的发展，也深刻地影响着人们的生活方式和价值观念。而创新的类型根据参考指标的不同，其表现形式也是多种多样的。

①根据创新的表现形式进行分类：知识创新、技术创新、服务创新、制度创新、组织创新、管理创新等。

②根据创新的领域进行分类：教育创新、金融创新、工业创新、农业创新、国防创新、社会创新、文化创新等。

③根据创新的行为主体进行分类：政府创新、企业创新、团体创新、大学创新、科研机构创新、个人创新等。

④根据创新的方式进行分类：独立创新、合作创新等。

⑤根据创新的意义大小进行分类：渐进性创新、突破性创新、革命性创新等。

⑥根据创新的效果进行分类：有价值的创新，如发电机的发明、电脑的发明等；无价值的创新，如一次可以抽一包烟的烟斗、滴眼药水专用漏斗等没有市场需求的新产品等；负效应创新，如污染环境的新产品、大规模杀伤性武器等。

⑦根据创新的层次进行分类：首创型创新、改进型创新、应用型创新。

一家企业刚开始时，可以选择一两种创新类型，不断完善，获得领先优势；但是当市场成长起来变得更复杂时，简单的创新就不足以获得持久的成功，尤其是单纯的产品性能创新，很容易被模仿，被超越。这时，企业需要综合应用多种创新类型，才能打造可持续的竞争优势。

当你的目光不再局限于产品性能的创新上时，你就会发现更多的机会。虽然复杂的创新需要付出加倍的努力，要求公司内部打破各自为政的组织边界，建立跨职能团队融汇各方人才和知识，但这种创新不仅能阻挡竞争对手的追击，也能开拓更大的市场机会，让你的企业能走得更远。只依据一两种创新类型的简单创新不足以获得持久的成功，尤其是单纯的产品性能创新，很容易被模仿、被超越。企业需要综合应用上述多种创新类型，才能打造可持续的竞争优势。

总之，创新是推动社会进步和企业发展的重要力量，不同类型的创新可以满足不同的需求和目标，也可以相互促进和支持。因此，我们应该积极探索和实践各种创新类型，以推动社会和企业的可持续发展。

1.1.3 创新思维：解锁潜在，释放无限可能

创新思维的关键在于怎样具体地去进行创新性的思维。创新思维的重要诀窍在于多角度、多侧面、多方向地看待和处理事物、问题和过程。

具体表现在以下几个方面。

（1）理论思维

理论思维则是一种理性认知系统化的思维形式。这种思维形式在实践中具有广泛的应用，例如，系统工程就是运用系统理论思维来处理一个系统内和各个有关问题的一种管理方法。钱学森认为，系统工程是组织管理系统的规划、研究设计、创新试验和使用的科学方法。比如仿生学就是属于科学理论思维的范畴，以蛋壳为例，尽管它仅有 2 mm 的厚度，但很难破坏它。建筑学家模仿蛋壳的拱形结构进行了薄壳景观设计，这类建筑有许多优点：用料少，跨度大，坚固耐用。

（2）多向思维

多向思维，又称发散思维、辐射思维，是指对某一问题或事物的思考过程中，不拘泥于一点或一条线索，而是从仅有的信息中尽可能向多方向扩展，而不受已经确定的方式、方法、规则和范围等的约束，并且从这种扩散的思考中求得常规的和非常规的多种设想的思维。它表现为思维视野广阔，思维呈现出多维发散状，如"一题多解""一事多写""一物多用"等方式，培养发散思维能力。不少心理学家认为，发散思维是创造性思维的最主要的特点，是测定创造力的主要标志之一。

想象是创新活动的源泉，发散思维就是构建想象的通道，发散思维是很多技巧和工具的基础。而发散思维可以为随后的收敛思维提供更多的解决方案，这些方案不一定每个都正确和有价值，但是在选择性上和启发性上为最终的解决方案提供足够的保障。

（3）聚合思维

聚合思维又叫收敛思维、集中思维，是思考者聚集与问题有关的信息，进行重新组织和推理，以求得正确答案的收敛式思维方式，与多向思维相对。例如，学生从教材和参考书的各种论点中筛选出一种方法，或归纳出解决问题的一种答案等。美国心理学家吉尔福特认为，它是从所给的众多方案中引出一个正确答案或引出一种大家认为最好的或常规的答案。

聚合思维是人们在解决问题过程中常用的思维方法。例如，科学家在科学试验中，要从已知的各种资料、数据和信息中归纳出科学的结论；公安人员破案时，要从各种迹象、各类嫌疑人中发现作案人等都是运用聚合思维。

（4）侧向思维

他山之石，可以攻玉。当我们在一定的条件下解决不了问题，或虽能解决但只是用习以

为常的方案时，可以用侧向思维来产生创新性的突破。具体运用方式有以下三种。

1）侧向移入

这是指跳出本专业、本行业的范围，摆脱习惯性思维，侧视其他方向，将注意力引向更广阔的领域或者将其他领域已成熟的、较好的技术方法、原理等直接移植过来加以利用；或者从其他领域事物的特征、属性、机理中得到启发，导致对原来思考问题的创新设想。比如鲁班通过茅草的细齿拉破手指而发明了锯；威尔逊利用大雾中抛石子的现象，设计了探测基本粒子运动的云雾器等。大量事例说明，从其他领域借鉴或受启发是创新发明的一条捷径。

2）侧向转换

这是指不按最初设想或常规直接解决问题，而是将问题转换成为它的侧面的其他问题，或将解决问题的手段转为侧面的其他手段等。这种思维方式在创新发明中常常被使用，如在网络热潮中，兴起了一批网络企业，但真正最终赢利的是设备提供商，如思科等企业。

3）侧向移出

与侧向移入相反，侧向移出是指将现有的设想、已取得的发明、已有的感兴趣的技术和本厂产品，从现有的使用领域、使用对象中摆脱出来，将其外推到其他意想不到的领域或对象上。这也是一种立足于跳出本领域，克服线性思维的思考方式。

（5）逆向思维

研究表明，任何事物都包括对立的两个方面，这两个方面又相互依存于一个统一体中。人们在认识事物的过程中，实际上是同时与其正反两个方面打交道，只不过由于日常生活中人们往往养成一种习惯性思维方式，即只看其中的一方面，而忽视另一方面。如果逆转一下正常的思路，从反面思考问题，便能得出一些创新性的设想，如管理中的鲶鱼效应。

其实逆向性思维在各种领域、各种活动中都有适用性，由于对立统一规律是普遍适用的，而对立统一的形式又是多种多样的，有一种对立统一的形式，相应地就有一种逆向思维的角度，所以，逆向思维也有无限多种形式。如性质上对立两极的转换：软与硬、高与低等；结构、位置上的互换、颠倒：上与下、左与右等；过程上的逆转：气态变液态或液态变气态、电转为磁或磁转为电等。

不论哪种方式，只要从一个方面想到与之对立的另一方面，都是逆向思维批判性。逆向是与正常比较而言的，正向是指常规的、常识的、公认的或习惯的想法与做法。逆向思维则恰恰相反，是对传统、惯例、常识的反叛，是对常规的挑战。它能够克服思维定式，破除由经验和习惯造成的僵化的认识模式。

任何事物都具有多方面属性。由于受过去经验的影响，人们容易看到熟悉的一面，而对另一面却视而不见。逆向思维能克服这一障碍，往往出人意料，给人以耳目一新的感觉。

（6）联想思维

联想思维，是指由某一事物联想到另一种事物而产生认知的心理过程。这一过程是由所感知或所思的事物、概念或现象的刺激而引发，由此想到其他的与之有关的事物、概念或现象。联想是每一个正常人固有的思维本能。由于一些事物、概念或现象往往在时空中伴随出现或在某些方面表现出某种对应关系，这些关系反复出现便被大脑以特定的记忆模式接受，并以特定的记忆表象结构储存在大脑中。以后一旦再遇到其中的一个，人的大脑会自动地搜寻过去已确定的联系，从而马上联想到不在现场的或眼前没有发生的另一些事物、概念或现象。

联想的主要素材和触媒是表象或形象。表象是对事物感知后留下的印象,即感知后的事物不在面前而在头脑中再现出来的形象。按亚里士多德的三个联想定律,即接近律、相似律与矛盾律,可以把联想分为相近、相似和相反的三种类型。其他类型的联想都是这三类的组合或具体展开。

1)相近联想

这是指由一个事物或现象的刺激想到与它在时间相伴或空间相接近的事物或现象的联想。

2)相似联想

这是指由一个事物或现象的刺激想到与它在外形、颜色、声音、结构、功能和原理等方面有相似之处的其他事物与现象的联想。

3)相反联想

这是指由一个事物、现象的刺激而想到与它在时间、空间或各种属性相反的事物与现象的联想。相反联想弥补了相近联想和相似联想的缺陷,使人的联想更加丰富,同时又富于创新性。

1.2　突破思维定式的束缚

人们在一定的环境中工作和生活,久而久之就会形成一种固定的思维模式,我们称之为思维定式或惯性思维。它使人们习惯于从固定的角度来观察、思考事物,以固定的方式来接受事物,是创新思维的天敌。

人人都有惯性思维,爱用常用的方式思考,善用常用的行为方式处事,久而久之,就养成了根深蒂固的惯性思维。惯性思维在我们生活中的绝大部分表现为习惯。最简单的例子,比如睡觉,要占用我们人生的 1/3 时光,这是我们人类的生理习惯,还有上学、读书、工作、交友、休闲等任意领域我们的行为都以习惯性行为为主。当然良好的习惯势必会推进我们快速成长,但是不良的习惯也会成为我们追求美好生活的绊脚石。好习惯是开启成功的一把钥匙,坏习惯则是向失败敞开的门。

1.2.1　思维定式:熟悉的陷阱

思维是一种复杂的心理现象,是人大脑的一种能力。思维惯性常常表现为这次用这种方法解决了一个问题,下次遇到类似的问题,不由自主地还是沿着上次思考的方向去解决。

我们可以先看看如图 1-1 所示的心理定式现象的小实验。

眼睛看到的······　　　　实际是这样　　　　脑子想的

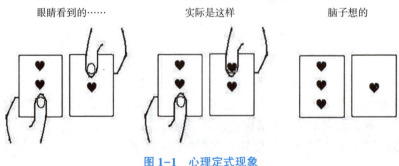

图 1-1　心理定式现象

是不是觉得有点神奇？其实，这就是心理学上的感觉后效，而心理上出现的"定式"其原理正是这样。心理定式指的是由一定的心理活动所形成的准备状态，对以后的感知、记忆、思维、情感等心理活动和行为活动起正向的或反向的推动作用。定式现象在注意、知觉、问题解决、运动等领域中得到广泛研究，被认为是一种与无意识有关的活动。

思维定式也称惯性思维，是由过去的活动而造成的一种心理准备状态或活动的倾向性。在环境不变的条件下，思维定式使人能够应用已掌握的方法迅速解决问题。而在情境发生变化时，它则会妨碍人采用新的方法。

你可以把思维定式简单理解为"对事情的固有看法"。例如，在麦哲伦绕地球航行一周用事实证明了地球是圆的之前，人们普遍认为大地是平的，这就是思维定式；又比如我们日常中常见的"贴标签"现象，"胖的人一定很懒惰，瘦的人则干事勤快；上海人华而不实，客家人吝啬小气；中文系毕业的一定是温文尔雅，体育系毕业的一定是头脑简单……"，这种"刻板印象"形成的偏见，这也是思维定式。这些"无意识的选择"不断在我们生活中重复使用，最后形成了例行公事的定式。

从另一个角度来看，思维定式可以视为是思维的惯性，或思维的惰性。思维定式是人在思维能力上的一种重要表现，是人通过不断的学习和实践累积下来的经验和形成自己独有的对世界、对客观认识、认知的规律、途径。所以思维定式具有明显的个体性。人们在一定的环境中工作和生活，局限于既有的信息或认识的现象，久而久之就会形成一种固定的思维模式，使人们习惯于从固定的角度来观察、思考事物，以固定的方式来接受事物。

（1）思维定式积极作用

思维定式在解决和处理问题上具有一定的积极意义。在问题解决活动中，思维定式能够根据面临的问题联想起已经解决的类似问题，通过比较新旧问题的特征，将已有的知识和经验与当前问题情境建立联系，利用处理过类似的旧问题的知识和经验来处理新问题，或者将新问题转化成一个已解决的熟悉的问题，从而为新问题的解决做好积极的心理准备。

思维定式是一种按常规处理问题的思维方式，它可以省去许多摸索、试探的步骤，缩短思考时间，提高效率。在日常生活中，思维定式可以帮助我们解决每天碰到的90%以上的问题。

比如上面提过的"贴标签"现象未必就是一件坏事。虽然简单地贴标签一定是不适合这类人群的每一个人，这种"刻板印象"形成的偏见，常常不能让人客观地作出判断。但从现实意义来看，由于我们对环境的人和事所知有限但又必须在行为上有所应对。因此，我们会常常把人、事、物"简单化"——赋予某人或某事一个简单明确的标签，然后再以此为基础，取舍我们的行为。也就是，"贴标签"让我们在应对外界的人、事时，有不同的心理准备，这就可以降低我们行为的成本。

（2）思维定式消极作用

思维定式对问题解决既有积极的一面，自然也有消极的一面。思维定式容易使我们产生思想上的惰性，养成一种呆板、机械、千篇一律的思维习惯。当新旧问题形似质异时，思维定式就会使解题者步入误区。

思维定式的力量是非常强大的，合理地利用思维定式的力量，可以使人在舒适区畅快淋漓地工作而毫不费力，收获巨大。同样的，我们也要时刻警惕消极的思维定式，当我们遇到一个事情，和自己的判断或观点不同

企业固守消极思维
定势导致其失败

时，不要急于否定，要敢于质疑，才能避免"信息茧房"效应，发现更多的可能性。

1.2.2　常见的思维定式类型：知己知彼，百战不殆

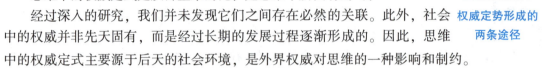

权威定势形成的
两条途径

（1）权威定式

思维中的权威定式是从哪里来的呢？是思维中所固有的吗？

经过深入的研究，我们并未发现它们之间存在必然的关联。此外，社会中的权威并非先天固有，而是经过长期的发展过程逐渐形成的。因此，思维中的权威定式主要源于后天的社会环境，是外界权威对思维的一种影响和制约。

在某一专业领域内的权威确立后可能会出现"权威扩大化"的现象。所谓"权威扩大化"，是指将个别专业领域内的权威不恰当地扩展到社会生活的其他领域，这种扩大化加剧了人们思维过程中的权威定式。例如，在中国古代，封建统治者为了维护统治，将孔子封为"大成至圣先师"，将其言论作为当官考试的标准，并在写文章时避讳使用"丘"字，以神化孔子的权威。

从思维领域的角度来看，权威定式具有积极和消极的方面。积极方面，权威定式可以为我们节省大量的时间和精力。例如，我们不必从头研究几何学，只需学习欧几里得的几何理论即可；我们也不必亲自观察天气的变化，只需听取气象台的天气预报即可。这些都是简便而有效的方法。然而，消极方面在于，过度的权威定式可能导致人们过于依赖权威，缺乏独立思考和创新精神。因此，在接受权威的同时，我们也应保持独立思考和批判性思维的能力。

另一方面，历史上众多创新都源于对权威的挑战和颠覆，可以说，敢于挑战权威本身就是一种创新的体现。例如，古希腊哲学家亚里士多德的名言："我爱老师，但我更爱真理"，充分展现了他们与旧有权威决裂的决心和勇气。伽利略对亚里士多德的权威提出了质疑，并最终通过巧妙的逻辑推论推翻了亚里士多德关于自由下落物体的理论。

为了保持创新思维的活力，我们必须时刻警惕权威定式的影响。我们尊重权威，但绝不盲从，不能将他们的结论固化为我们思维中的定式。

（2）从众定式

思维定式的一个重要表现就是从众定式。在"从众"的行为模式中，个体倾向于服从群体，与群体保持一致。这种思维定式的产生源于人类的群居性。为了维持群体的稳定性，个体需要保持某种程度的一致性，这体现在实践行为、感情态度以及思想价值观方面。

然而，人与人之间不可能完全一致。当群体中出现不一致时，有两种选择：一是整个群体服从某一权威，与权威保持一致；二是集体中的少数服从多数，与多数人保持一致。这个准则后来被扩大化，超出了个人行为的领域，成为普遍的社会实践原则和个人的思维原则，从而形成了思维上的"从众定式"。

思维上的从众定式会给人一种归属感和安全感，能够消除孤独和恐惧等有害心理。此外，以众人的是非为是非，人云亦云，也是一种比较保险的处世态度。在古代社会中，统治阶级通过各种手段不断强化从众定式，维持社会一体化。这样做的原因是统治者希望臣民们思想一致、步调一致，排斥惊世骇俗的言行和特立独行的人物。经过社会的不断强化之后，大部分人都把从众定式当作一种行为指南。

然而，思维的从众定式不利于个人独立思考和创新意识。一味地"从众"，个人就难以

跳出思维的桎梏。对于团体来说，"一致同意"也不见得就是好事，它的背后隐藏着的正是从众定式。从创新思维的角度来说，"反潮流"往往是冲破从众定式的结果。

（3）经验定式

我们生活在一个经验的世界里。从小到大，我们看到的、听到的、感受到的、亲身经历的各种各样事情，都会进入我们的头脑，变成一道道经验。这些经验在我们的思维中形成了一座座知识库，帮助我们更好地应对日常生活中的各种问题。在技术和管理领域，经验尤为重要。因此，许多招聘广告中都明确要求应聘者具备"三年以上实际工作经验"。

经验与创新思维之间的关系，是一个复杂的问题。一方面，随着经验的积累和更新，我们能够更加敏锐地发现问题的局限性，拓宽视野，提高创新思维能力。有时，新的经验本身就是一种创新。然而，我们也要看到经验的另一方面。由于经验的稳定性，人们可能会过度依赖经验，甚至形成固定的思维模式，导致创新思维能力的下降，这种现象被称为"唯经验定式"。

因此，在利用经验的同时，我们也要保持对创新的追求和探索精神，以避免过度依赖经验而限制了创新思维的发展。

创新思维强调我们要开阔思路，不受过多束缚。从某种意义上来看，经验也可能成为某种无形的枷锁，限制我们思考自由。因此，有时候青年人的"经验不足"不应视为缺点，反而应视为他们的优点，是他们敢于尝试、勇往直前的象征。

（4）书本定式

书本是人类伟大的发明。有了书本以后，人们能够将上一代人的观念、知识和经验传递给下一代，使后人能够在前人的肩膀上更进一步，而无须从零开始。这加速了人类社会的进化，也是人类优越于其他动物的重要一点。然而，凡事有利必有弊。虽然书本知识带来了无穷多的好处，但有时也会给我们带来一些麻烦，其根本原因在于书本知识与客观真实之间存在着一段距离，二者并不完全吻合。

书本知识是什么？它是经过人类大脑的思维加工（选取、抽象、截取等）之后所形成的一般性概念，它往往表示一种理想的状况而不是实际存在的状况。比如说，几何中的"点无大小""线无粗细""面无厚薄"，这些都是理想化了的"点""线""面"，仅存在于几何学中。在现实中，哪个"点"没有大小？哪条"线"没有粗细？哪个"面"没有厚薄？

我们常说"知识就是力量"。其实，知识本身并不是力量，相反知识的获取和储存还要消耗我们的能量。准确的说法应该是知识的正确运用才会产生力量。而要想正确地运用知识，就必须考虑到知识与现实的差距。

在人们的价值观念上，书本总是服从现实的；一旦二者发生冲突时，人们总是修正或更换书本知识以适应新的现实。如果不愿意修正或更换，还可以对书本知识进行重新解释，每本书都有无穷多的内涵可以发挥，以论证"治天下"过程中的千万种具体政策和措施。

在人类发展史上，专业知识的划分越来越细。大部分人的精力毕竟有限，专业的划分使知识能够专精下去。但是，专业知识也会造成弊端，让人局限于某个专业内，眼界变得狭隘，束缚思维的发挥。一般情况下，一个人所受的正规教育越多，他的专业知识越丰富；但从创新思维的角度来讲，他的思维受到束缚的可能性就越大。

为了解决这个问题，防止"唯知识定式"的形成，最好的方式就是辩证思维方法，"知道自己的无知"，从对立面揭示知识的相对性以及知识与现实的差距。

1.2.3　克服定式思维的重要性：打破局限，拓宽视野

我们为什么创新

宝洁公司首席运营官曾描述当今的商业世界格局："这是一个 VUCA 的世界。"VUCA 是用来描述世界的不稳定（Volatile）、不确定（Uncertain）、复杂（Complex）、模棱两可（Ambiguous）的现状。而现在加了一个 A，也就是 Accelerate——加速，也就是这个世界是一个 VUCAA 的世界。

1.2.4　破除定式思维的方法：挑战传统，拥抱变革

（1）敢质疑

胡适曾在《东西文化之比较》中写道："科学之精神的处所，是抱定怀疑的态度；对于一切事物，都敢于怀疑，凡无真凭实据的，都不相信。这种态度虽是消极的，然而有很大的功劳，因为这态度可以使我们不为迷信与权威的奴隶。怀疑的态度也是建设的、创造的，是寻求真理的唯一途径……中古的信徒基于信仰，现代的科学家则基于怀疑。"

所谓质疑，就是心有所疑，提出问题，以求解答。我们提倡善于质疑，敢于质疑。所谓善于质疑，就是不轻信，不盲从，凡事多问几个为什么，想一想是否合乎实际，是否真有道理。所谓敢于质疑，就是面对权威、权贵和经典，能够提出不同的见解。质疑是人类思维的精髓，是推动社会前进的动力。

古人对此多有论述。如孔子曰："疑是思之始，学之端。"宋代的朱熹曾说："读书无疑者，须教有疑，有疑者，却要无疑，到这里方是长进。"陆九渊也讲："为学患无疑，疑则有进，小疑则小进，大疑则大进。"外国人也很强调质疑精神。如古希腊俗语："我们总是习惯性地生活在别人设置的牢房里，牢门是开着的，我们却没有能够走出去。"

纵观历史，一个有质疑精神且善于质疑的人，必将是不断进步而走向成熟的人，他们将成为贤人，甚至是伟人。反之，听之任之的人，从不质疑而盲从的人，他们往往一生平庸，很可能被时代淘汰。同样，一个有质疑精神的民族是不断进取和强盛的民族，而一个缺乏质疑精神的民族则将是愚昧的民族，是必定走向衰落的民族。

质疑是一种态度，更是一种勇气。我们对事情的看法要基于事实，要实事求是，不要阿谀奉承，更不说假话，这是做人和做事最基本的要求和态度。但是，敢于质疑是需要勇气的。我们尊敬专家，尊重领导，这是应该的。但是专家也好，领导也罢，他们毕竟是人。古人云："人非圣贤，孰能无过"，是人都有说错话和办错事的时候。我们应该以负责任的态度，以质疑精神，多提醒，多建言。

质疑是一种本事，更是一种创新。质疑要基于我们的知识、常识和经验，对不符合科学和常理的事情，要保持警惕，并理性地怀疑。只有对本专业充分了解，才能结合自己的实践作出判断，正所谓"艺高人胆大"。创新是从疑前人所不疑开始的。敢于质疑是创新的源泉和起点，而创新是质疑的目的和落脚点。常怀质疑精神，才可常存创新之心，常思创新之法，才能不断创新。

（2）转思路

要突破思维定式，我们就需要重新找到思考问题的新切入角度，这就是思维视角。

1）改变"万事顺着想"的思路

从古至今，多数人对问题的思考，都是按常情、常理、常规去想，或按事物发生的时间顺序、空间顺序去想，这就是"万事顺着想"。这种思维方式的好处在于容易找到切入点，解决问题的效率比较高。但缺点就是缺乏创新，很难出奇制胜。如何做到改变"万事顺着想"呢，具体来讲，我们可以采用以下三种具体方法。

①变顺着想为倒着想。

有一道题目如下：若 $1 = 5$，$2 = 125$，$3 = 245$，$4 = 2\,145$，那么，$5 = (\ )$。

面对这个问题，大多数人可能会首先尝试找出数字之间的关系或规律。然而，正确答案已经在题目中给出。我们需要认识到，逆向思维是一种有效的解决问题的方法。然而，由于我们习惯于从已知条件出发进行正向思考，因此往往难以意识到需要逆向思考。为了更好地解决问题，我们需要打破这种思维定式，培养逆向思维的习惯。这样，我们就可以更加灵活地应对各种问题，找到更有效的解决方案。

②从事物的对立面出发去思考。

从矛盾的这一面跳到矛盾的另一面去想。因为任何事情都有正反两个方面，他们既对立也统一，改变这边不行，那么就想想能不能改变另一边。

矛盾的独立统一是唯物主义哲学最基础的论题之一，矛盾双方互相贯通，互相渗透，在一定条件下还可以互相转化。古人所说的"兵强则灭，木强则折""乐极生悲，否极泰来""失败乃成功之母""满招损，谦受益"讲的都是这个道理。

③改变自己的位置，换位思考。

我们对问题的思考，往往受制于所处的位置/角色，如果改变自己的位置，站在对方角度重新思考，可能就会别有洞天。

2）转换问题获得新的视角

问题是多种多样的，但彼此之间也有相通之处。因此，如果我们没法解决这个问题，可以尝试将问题转换。

①把复杂问题变成简单问题。

高手解决问题，就是把复杂的问题转化成一系列简单的问题，能够把问题抽丝剥茧、化繁为简，就能找到解决问题的新视角。

请考虑下面这个问题：如何精确地计算灯泡的体积？对于数学家而言，他们可能会考虑建立模型或寻找适当的数学公式来求解，而爱迪生却采取一种更为实用的方法。他将灯泡注满水，再将水倒入量杯，从而直接测量出灯泡的体积。这就是将复杂问题转化为简单问题的策略。

②把陌生的问题变成自己熟悉的问题。

对自己从未接触过的问题，可能一时无法下手找到切入点。但是如果我们能把这个陌生的问题转换成熟悉的问题，可能就会有新的问题解决视角诞生。

3）把直接变间接的视角

有时候我们遇到比较复杂困难的问题，直接解决的阻力会很大，那么我们可以考虑迁回，为最终实现原来的目标创造条件。

①先退后进。

毛泽东在领导红军反"围剿"时，提出"敌进我退，敌驻我扰，敌疲我打，敌退我追"的战略方针，就是以退为进的典型。

②迂回前进。

法国农学家安瑞·
帕尔曼切推广土豆

有时候，为了达到目标，我们并不需要直接、直线地前进，而是可以选择绕弯子、兜圈子。这种策略在军事上被称为迂回前进。这种策略的应用并不局限于军事领域，在各个领域中，为了克服困难、解决问题，都可以尝试从迂回前进的角度改变思路。

（3）重实践

一切涉及思维方式改变的基本上都是玄学：信则有，不信则无。只有结合实践改变自己的生活才是王道。这归根结底是心理学最根本的矛盾之一：人们只能靠外在的行为来推断心理活动。因此实践是摆脱固定思维方式的最好办法，毕竟"实践是检验真理的唯一标准"。

俗话说"纸上得来终觉浅，绝知此事须躬行"。要破除定式思维，仅仅只是去质疑和转换思维视角，还远远不够，只有付诸实践，才能不断成长和发展，破除定式思维，实现创新。

泰戈尔说过："学习必须与实干相结合"。我们看到书本上的知识毕竟是别人的实践经验总结，我们要在学习的同时，在实践中来检验，来取舍，通过实践，更好地理解知识的应用场景、实际效果和处理复杂情况的能力，这样才能突破思维定式的禁锢，发现自己的不足。

实践是一个动态的过程，需要我们不断地尝试、探索和创新。在实践中，我们会遇到各种困难和挑战，但正是这些困难和挑战，让我们有机会去成长和发展。通过不断地实践，我们可以积累经验、提高技能、拓宽视野，让自己更加适应不同的环境和情况。

在实践中，我们会遇到各种问题和挑战，而解决这些问题和挑战需要我们发挥自己的创新思维和实践能力。通过不断的实践和尝试，我们可以不断的探索和创新，从而开发出新的思路和方法，提高自己的创造力和实践能力。因此，我们应该积极地投身实践，不断地尝试、探索和创新，让自己在实践中不断地成长和发展。

时代需要我们创新，我们更需要有与时俱进、开拓创新、敢为天下先的气概。只有开拓，只有创新，只有敢为天下先，我们才能不负古人，无愧来者。

【教学评价】

亲爱的同学，本次课程学习已经圆满结束。感谢你在整个学习过程中的持续努力和积极配合。我们深知，每一次的进步都离不开宝贵的反馈和建议，我们非常期待收到你对本次课程学习的真实感受，从而不断提升我们的教学效果。请放心，我们将采用不记名的方式收集数据，并进行保密。在回答问卷时，有些问题你只需要作出选择，有些问题则可以用几个关键词简单地表达你的想法。

教学评价表如表1-2所示。

表1-2 教学评价表

章节名称：　　　　　　教师姓名：　　　　　授课地点：

课程时间：　年　月　日—　日第　周					
项目教学组织评价	很满意	满意	一般	不满意	很不满意
你对课堂教学秩序是否满意	☐	☐	☐	☐	☐
你对教室环境卫生是否满意	☐	☐	☐	☐	☐
你对小组总体表现是否满意	☐	☐	☐	☐	☐
你对课程的教学模式是否满意	☐	☐	☐	☐	☐
授课教师评价	很满意	满意	一般	不满意	很不满意
你如何评价授课教师	☐	☐	☐	☐	☐
教师授课通俗易懂，结构清晰	☐	☐	☐	☐	☐
教师非常关注学生的反应	☐	☐	☐	☐	☐
教师能认真指导学生，因材施教	☐	☐	☐	☐	☐
你对授课氛围是否满意	☐	☐	☐	☐	☐
你认为理论、实践安排是否合适	☐	☐	☐	☐	☐
你对教师在岗情况是否满意	☐	☐	☐	☐	☐
授课内容评价	很满意	满意	一般	不满意	很不满意
你对授课涉及的内容是否满意	☐	☐	☐	☐	☐
授课中使用的设备是否丰富	☐	☐	☐	☐	☐
你对发放的学习资料和在线资源是否满意	☐	☐	☐	☐	☐

请回答下列问题。

①在教学组织方面，哪些还需要进一步改进？

②哪些授课内容你特别感兴趣，为什么？

③哪些授课内容你不感兴趣，为什么？

④关于授课内容，是否还有你想学但老师没有涉及的？如有，请指出。

⑤你对哪些授课内容比较满意？哪些方面还需要进一步改进？

⑥你希望每次活动都给小组留有一定讨论时间吗？如果有，你认为多长时间合适？

⑦通过这部分内容的学习，你最想对自己说些什么？

⑧通过这部分内容的学习，你最想对教授本部分内容的教师说些什么？

【活页笔记】

学习过程：

重难点记录：

学习体会及收获：

资料补充：

【任务训练】

任务编号：	学时：
实训地点：	小组成员姓名：

任务描述

①演练任务：创新思维游戏——角色扮演。

②演练目的：通过角色扮演锻炼学员模仿能力，抓住关键点进行模仿，达成游戏的情景验收；在游戏过程当中，团队的合作很重要。

③演练内容：团队成员开动脑筋，团结合作来完成角色扮演创新思维游戏。

相关资源

创新思维游戏——角色扮演。

有 8 个商业家族从事不同的行业，分别是乔氏茶铺、李氏布铺、王氏盐铺、侯氏药铺、梁氏镖局、孔氏颜料铺、曹氏米铺、常氏酒铺。

要求一个团队选择一个商业家族，进行角色扮演。团队根据选择的商业家族，来设计自己商业家族的产品、服务，并想出一个响亮的家族口号，来体现自己商业家族的特点。

最后团队一起设计一个小情景，来表现自己家族的产品、服务、口号，让你们家族留下深刻印象。

任务实施

游戏方法：要求团队适当分配成员扮演角色，其中必须要有 1 位扮演商业家族的掌柜；其他学员协助提供道具、形象设计、情景设计等；限时 20 分钟。

任务成果

团队圆满完成情景扮演，在游戏过程中运用学到的创新思维，来体现自己对选择的商业家族的理解，明白创新思维的价值，初步掌握一些创新思维方法，建立敢于创新、勇于创新的信心，形成积极面对问题的心态，培养探索精神。

【任务评价】

任务评价表如表1-3所示。

表1-3　任务评价表

评价类型	赋分	序号	具体指标	分值	得分		
					自评	组评	师评
职业能力	55	1	创新思维游戏准备充分	10			
		2	家族的产品或服务讲述清晰	15			
		3	表演逻辑清晰	15			
		4	情景设计的掌控力	15			
职业素养	20	1	面部表情自然	3			
		2	身体移动自然	3			
		3	目光交流自然	2			
		4	动作手势自信	2			
		5	语速适中、语调自信	10			
劳动素养	15	1	按时完成，认真填写记录	5			
		2	保持座位卫生、整洁、有序	5			
		3	协作互助、小组分工合理性	5			
综合素养	10	1	完成素材学习	5			
		2	谈一谈自己对创新思维的理解	5			
总分				100			
总结反思							

目标达成：知识□□□□□　　能力□□□□□　　素养□□□□□

学习收获：

教师寄语：

问题反思：

签字：

2

培育创新创业的种子

【学习目标】

①熟悉创新方法的各种类型。
②掌握创新思维训练方式。
③引导学生运用创新思维解决实际问题。

【素质目标】

运用创新思维解决实际问题
融入点：创新思维的三要素　元素：把握事物发展客观规律
"创新思维"已成为习近平总书记近几年在不同场合讲话中使用的高频热词。创新思维能力，就是破除迷信、超越陈规，善于因时制宜、知难而进、开拓创新的能力。"明者因时而变，知者随事而制。"提高创新思维能力，要求领导干部从根本上打破迷信经验、迷信本本、迷信权威的惯性思维，破除因循守旧、思想僵化、形式主义和无所作为，以敢为人先的锐气，勇于开拓创新的方向，在把握事物发展客观规律的基础上实现变革和创新。 习近平总书记的重要论述中，一方面强调要善于应对变化的形势、善于打破思维的定式；另一方面又强调要有敢于冲破旧格局、锐意进取的勇气，同时还明确要紧紧把握住事物发展的客观规律，认为这是实现变革和创新的基础。我们学习习近平总书记的重要论述，就是要领会其精神实质，对创新思维的三要素"全面、准确的信息采集""理性而活跃的分析思考""改革创新的担当勇气"有具体而深入的理解和认识。 **参考资料：**《当代陕西》（2023 年第 15 期）《创新思维：应变局、开新局的有力武器》

【知识点框架图】

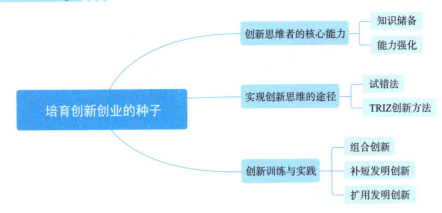

2.1　创新思维者的核心能力

创新意识是人的综合素质与能力的外在体现，且创新意识决定创新能力。如果一个人缺乏强烈的创新意识，没有创新的意向，就很难产生创新实践，他对社会的适应能力也会受到阻碍，尤其是大学生这个群体。大学高等教育的职责之一是培养创新型人才，除了让大学生获得丰富的文化知识之外，还要培养他们自主学习、开拓创新的能力，为今后的职业发展打下基础。而拥有创新意识不仅可以使大学生更好地适应社会环境，还能让他们在今后的职业生涯中如鱼得水，得以快速实现自身价值。

2.1.1　知识储备：跨界融合，汇聚智慧

扎实的知识基础是激发创新意识、培养创新能力的重要前提。具备广博的知识储备和深入的专业知识，能够帮助大学生拓宽视野，提高解决问题的能力，从而为创新成果的诞生创造条件。通过深入学习，大学生能够掌握更多的理论知识和实践技能，进而在创新活动中发挥重要作用。

良好的知识基础和学习方法可以帮助大学生拓宽视野，为创新成果的诞生创造条件。大学生应该注重学习方法的培养，学会如何有效地获取、消化和重构知识。通过掌握创新学习的能力，大学生能够更好地积累创新知识，为日后的创新实践打下坚实的基础。

每项科研成果、每次创新突破都是建立在深厚的知识底蕴上的。创新不仅仅是灵感的闪现，更需要扎实的知识储备和理论支持。如果没有足够的知识和理论的综合与发酵，创新的果实便很难结出来。因此，大学生应该注重知识的积累，努力拓宽知识面，掌握更多的理论知识和实践技能。

创新学习是获取、消化和重构知识的过程，其本质在于知识的增值。掌握这种能力将有利于大学生后期对知识进行发散运用，再通过创新实践，结合设计思维将想法变成现实的产品，如艺术作品、技术成果及工业产品等。大学生应该注重培养自己的创新学习能力，从而更好地应对日后的创新挑战。

"学而优则创"，大学生一定要重视知识的积累，努力学好学科知识，培养勤奋求知的精神，做到熟练掌握创新的基础知识和基本技能、了解科技发展和知识更新的动态、遵循创

造性规律，形成较强的学习能力和思维能力，为创新意识的萌生和今后的创新打下基础。只有不断地学习新知识，大学生才能在自主创新的过程中发挥主力军作用。

奥斯本 6M 创新法则　　　　　**钱学森的"大智慧"预言了"元宇宙"**

2.1.2　能力强化：持续学习，不断提升

当今时代对创新能力的要求越来越高，因此，只有不断培养和提升自己的创新能力，才能在迎接挑战的过程中把握机遇、抢占先机，实现自己的人生价值。要想强化创新能力，可以从提升以下 4 个方面的能力来入手。

①构思创意的能力：创新的源头是创意的设想，但灵感的火花往往稍纵即逝，要抓住创意，就要时刻做好创意诞生的准备，当创意来临的时候，要分析这个想法是否符合条件和要求，是否具有可执行性。

②处理信息的能力：当今社会是一个信息化的社会，如何更快捷地获取最新、最有效的信息是我们在当前市场环境中取胜的关键，也是衡量一个人能力的标准之一。越能有效地处理信息，也就越能更快一步地将关键信息运用到创新实践中，推动创新成果的提前生成，从而占据有利的市场地位。但由于当前是信息爆炸的时代，学会从众多信息中筛选出专业而有效的信息对于大多数人来说都不是一件易事，所以大学生要注重培养自己处理信息的能力。

③发现问题的能力：生活从来不缺少问题，缺少的是能发现问题的眼睛。要想强化自己的创新能力，就要善于观察，在日常生活中多听、多看、多问，培养出敏锐的观察力，才能及时地洞察问题并找到相应的解决方法。

④解决问题的能力：发现问题后，要对问题的现状及解决方法进行全面分析和评估，找出解决问题的最佳方案。

商业模式新生代　　　　　　**熊彼特的创新理论**

2.2　实现创新思维的途径

创新思维的实现方法，又称创新技法、创造技法，是根据创新思维发展规律和大量成功的创新与创造实例总结出来的一些原理、技巧和方法。

2.2.1　试错法：在失败中寻找成功

（1）试错法的定义

试错法是一种纯粹依赖经验的学习方法，它通过不断地尝试和消除误差，以探索具有黑箱性质的系统。这种方法在动物的行为中是潜意识地应用的，而在人类的行为中则是自觉地运用的。

试错法是一种非常实用且有效的方法，因为它允许主体在探索过程中不断学习和适应。这种方法不需要主体事先具备完整的知识或预见能力，而是通过试错来逐渐逼近目标。试错法可以帮助主体在面对未知或不确定的环境时，通过反复尝试和调整来适应环境，找到解决问题的最佳方案。

在应用试错法的过程中，主体需要具备耐心和毅力，因为这种方法可能需要经过多次尝试和失败才能找到正确的解决方案。然而，正是这种不断尝试和评估的过程，使得主体能够逐渐掌握解决问题的技巧和能力，提高自身的认知和适应能力。

总之，试错法是一种基于经验的学习方法，通过不断地尝试和评估来逼近目标。这种方法在人类和动物的行为中都有广泛应用，是一种非常实用且有效的方法。

（2）试错法的应用场景

试错法即猜测反驳法。因而，它的运作分两步进行，即猜测和反驳。

1）猜测

猜测是试错法的第一步，没有猜测，就不会发现错误，也就不会有反驳和更正。猜测在一定意义上就是怀疑，这种怀疑不是为了怀疑而怀疑，而是为了发现问题、更正问题，是科学的审慎的态度。我们的认识一方面来自观察、实践，另一方面来自大脑中已有的知识储存。然而，大脑中的知识储存并不是原封不动地被吸收、利用，而只能是有选择地、批判地吸收、利用。这就需要猜测、怀疑，对已往知识进行修正，修正过的知识方可融进新的认识、理论之中。

猜测之所以被运用，还在于我们对事物的认知，虽然已掌握了部分事实材料，但还是不能清晰地、完整地把握事物。此时，我们不能等到事物的本质全部自动呈现之时，而是要积极地创造条件，使之尽快暴露出来，并积极地进行猜测、审察，以期从已有事实中发现新东西。猜测离不开直觉和想象。

但是，猜测不是胡乱地想象，随意地编造。它除了要尊重已有的事实外，还须符合：

①简单性要求。几经猜测而得的设想必须简单明了，必须让人一看就明白新设想"新"在何处，它与旧认识的关联何在。

②可以独立地检验性要求。即新设想除了可以解释预定要解释的东西之外，它还必须具有一些可以接受检验的新推论。否则，它仍然停留在原有认识水平上。例如，我们在写一份分析报告时，先陈述已有的某方面成就及其不足，提出自己的新主张，然后还必须从自己的新主张中推论出几种建设性意见或几条重要结论，这是写报告的基本要求。

③尽可能获得成功和较长久地不被替代、推翻。之所以进行猜测，怀疑原有认识，就是为了确立新认识和理论。如果新理论不追求成功、长时间有效，猜测就毫无必要了。

2）反驳

反驳是试错法的关键步骤，它是对初步结论进行审查和质疑的过程。没有反驳，那么猜测就只是一厢情愿的想法，可能充满错误。

反驳就是批判，它在一系列初步结论中寻找缺陷和错误，通过细致的检查和验证错误的存在，并最终排除这些错误。这个排除错误的过程是试错法的核心目标，也是它的根本原则。因为只有成功排除错误，我们的认识才能得到提高，才能从错误的困扰中走出来。

人类之所以能够超越动物，其中一个关键原因就是我们能够发现并排除错误。而动物虽然能够发现错误，但由于缺乏高级的思维和行为能力，它们无法排除这些错误，这往往导致它们在错误的道路上越走越远，甚至最终导致它们的灭亡。

因此，通过批判和排除错误，反驳这一环节可以确保我们的理论或者想法的错误率降低或者不增加。这使得我们的理论或者想法更有可能被接受和应用，从而提高了我们的认识水平。在这个过程中，我们不仅能够识别错误，更能够有效地排除错误，这是人类思维的一大优势。

2.2.2   TRIZ 创新方法：解决复杂问题的利器

（1）TRIZ 的定义

TRIZ，是俄文单词的首字母缩写，中文译名创新问题解决理论，这一理论最初是由苏联的根里奇·阿奇舒勒（Genrich S. Altshuller）在 1946 年提出的，旨在解决人们在发明创造过程中遇到的问题。

创新，可以说是创造性地发现问题和解决问题的过程。在这个过程中，TRIZ 理论展现出了其强大的作用。TRIZ 理论为人们提供了系统的理论和方法工具，使人们能够创造性地发现问题和解决问题。这种理论工具的应用范围非常广泛，不仅适用于科技领域，也适用于日常生活和工作中的各种问题解决。

TRIZ 理论的核心是通过对问题的分析，找出问题的矛盾和冲突，然后运用 TRIZ 的理论和方法，寻找最佳的解决方案。这个理论强调对问题的深入理解和分析，以及创造性地应用知识和经验来解决问题。

在 TRIZ 理论中，问题的分析和解决是通过建立和分析矛盾矩阵来实现的。矛盾矩阵是指在不同矛盾之间寻找平衡点的一种方法，通过这种方法可以找到问题的最优解。

现代 TRIZ 理论体系主要包括以下几个方面的内容。

1）创新思维方法与问题分析方法

TRIZ 理论，这不仅仅是一个解决问题的工具，更是一种创新思考的方式。它为我们提供了系统分析问题的科学方法，例如多屏幕法。多屏幕法是一种将问题拆解成不同部分，然后逐一分析的方法，它能够帮助我们更加全面地理解问题，发现问题的本质。

而对于更加复杂的问题，TRIZ 理论中的物-场分析法更是科学的问题分析建模方法的瑰宝。物-场分析法能够帮助我们快速识别问题的核心，发现根本矛盾所在。它通过构建物-场模型，将问题中的各个元素及其之间的关系清晰地展现出来，让我们能够更加直观地理解问题，从而找到解决问题的最佳路径。

物-场分析法在复杂问题解决中具有不可替代的作用。它让我们能够从不同的角度去看待问题，发现问题的本质和关键矛盾。通过物-场分析法，我们可以更加准确地把握问题的核心，找到最佳的解决方案。因此，物-场分析法被广泛应用于各种领域，包括工程设计、企业管理、市场分析等。

2）技术系统进化法则

针对技术系统进化演变规律，TRIZ 理论在大量专利分析的基础上，总结并提炼出了八个基本进化法则。这些法则包括：提高理想度法则、完备性法则、提高持久性法则、能量传递法则、协调性法则、子系统不均衡进化法则、向微观进化法则和相变法则。

利用这些进化法则，我们可以对当前产品的技术状态进行深入分析，了解其优点和不足，并预测未来的发展趋势。这有助于我们制定更加科学、合理的技术发展计划，开发出更加先进、实用的新产品。

同时，TRIZ 理论还提供了解决问题的方法和工具，如冲突矩阵、物质场分析、空间时间分析等。这些工具可以帮助我们更加准确地分析问题，找到最佳的解决方案。

3）技术矛盾解决原理

不同的发明创造往往遵循共同的规律，这些规律可以通过仔细观察和归纳总结出来。TRIZ 理论是一种创新方法论，它将这些共同的规律归纳成 40 个创新原理，这些创新原理可以用来指导人们进行创新和解决技术矛盾。针对具体的技术矛盾，可以通过基于这些创新原理、结合工程实际寻求具体的解决方案。这些创新原理可以激发人们的创新思维，帮助人们发现问题的本质和找到最佳的解决方案。

4）创新问题标准解法

针对具体问题的物–场模型的不同特征，分别对应有标准的模型处理方法，这些方法包括模型的修正、转换、物质与场的添加等。这些处理方法都是为了更好地解决实际问题，并且可以根据不同的特征进行调整和优化。在处理实际问题时，我们可以通过对物–场模型的特征进行分析，来确定最合适的处理方法，从而更好地解决实际问题。

5）发明问题解决算法 ARIZ

发明问题解决算法 ARIZ 主要针对的是那些问题情境极其复杂，矛盾及相关部件不明确的技术系统。它是一个非常强大的算法，能够通过一系列非计算性的逻辑过程，比如对初始问题的变形和再定义，逐步深入分析问题，实现问题的转化，直至最终找到问题的解决方案。

ARIZ 算法以其高效的问题解决能力和逻辑严密性而闻名，它能够将复杂的问题分解成更小的部分，并通过逻辑推理和深入分析，将这些小部分重新组合起来，形成完整的解决方案。这种算法的推理过程精确无误，能够准确地找到问题的关键所在，并最终找到最佳的解决方案。

6）基于物理、化学、几何学等工程学原理而构建的知识库

基于物理、化学、几何学等领域的数百万项发明专利的分析结果而构建的知识库可以为技术创新提供丰富的方案来源。这个知识库包含了各种领域的专业知识和创新思想，可以为科研人员、企业和技术开发者提供宝贵的参考和启示。通过深入挖掘和分析这些数据，人们可以获得更多具有创新性和实用性的方案，从而推动技术的发展和创新。因此，这个知识库对于技术创新和产业发展具有重要的价值和意义。

（2）TRIZ 的应用场景

1）应用领域

在苏联 TRIZ 方法一直被作为大学专业技术必修科目，已广泛应用于工程领域中。苏联解体后，大批 TRIZ 研究者移居美国等西方国家，TRIZ 流传于西方，受到极大重视，TRIZ

的研究与实践得以迅速普及和发展。

西北欧、美国、中国台湾等地出现了以 TRIZ 为基础的研究、咨询机构和公司，一些大学将 TRIZ 列为工程设计方法学课程。经过半个多世纪的深入研究和发展，TRIZ 理论和方法已经逐渐成熟，成为一套高效、实用的理论和方法体系。

TRIZ 理论具有很强的工程实用性，经过实践的检验和证明，它已经在全球范围内被广泛应用。通过应用 TRIZ 理论和方法，许多企业成功地实现了重大技术创新，创造了巨大的经济效益和社会效益。这些成功案例充分证明了 TRIZ 理论的实用性和有效性。

随着科技的不断进步和发展，TRIZ 理论的应用范围也越来越广泛。它不仅在工程技术领域发挥着重要作用，还逐渐向其他领域渗透和扩展。例如，TRIZ 理论在自然科学、社会科学、管理科学、生物科学等领域都有成功的应用案例。这些案例表明，TRIZ 理论可以应用于不同领域，为各种问题的解决提供指导和帮助。

2）实际应用

TRIZ 是一种专注于创新设计的理论，其核心是一套普适性的工具，旨在帮助设计者尽快获得满意的领域解决方案。作为技术问题或发明问题解决的一种强有力方法，TRIZ 并不是针对某个具体的机构、机械或过程，而是通过建立解决问题的模型及指明问题解决对策的探索方向，为解决各种复杂的问题提供指导和支持。

TRIZ 的原理和算法不受限于任何特定的应用领域，它为人们提供了创造性解决问题的方法和法则。在美国，许多大企业如波音、通用、克莱斯勒、摩托罗拉等在新产品开发中应用了 TRIZ，并因此获得了可观的经济效益。

2.3　创新训练与实践

创新意识与创新能力可以通过实践与训练得到提升，尤其是大学生群体，他们正处于发展创新意识的重要时期，思想成熟，理论知识丰富，创新实践的机会也多，若能掌握创新思维方法，可以让自己成为一个思维层次更丰富、创造精神更强的创新型人才，从而让生活更加精彩，也能为未来创造更多的可能性。

2.3.1　组合创新：跨界合作，创造新奇体验

（1）组合创新的定义

组合式创新的起源可以追溯到"创新理论之父"约瑟夫·熊彼特的创新理论。根据约瑟夫·熊彼特在《经济发展理论》一书中的观点，创新被定义为建立一种全新的生产函数，也就是将全新的生产要素和生产条件组合引入到生产体系中，从而实现生产要素或生产条件的新组合。这种新组合是前所未有的，能够带来生产效率的提高和生产成本的降低，进而推动经济的发展和增长。

在约瑟夫·熊彼特的理论中，创新是一个重要的驱动力，它能够推动经济的发展和增长。他认为，创新能够带来新的产品、新的工艺、新的市场机会和新的组织形式等，这些都能够带来经济的繁荣和发展。而组合式创新则是一种更为复杂和高级的创新形式，它涉及对多个生产要素和生产条件的重新组合和优化配置，能够带来更为全面和深远的影响。

组合式创新的实现需要依靠多种因素的共同作用，包括技术进步、市场需求变化、政策

法规调整等。只有在这些因素的共同作用下，才能够实现生产要素和生产条件的重新组合和优化配置，进而推动经济的发展和增长。因此，组合式创新是一种非常重要的创新形式，它能够带来更为全面和深远的影响，对于推动经济的发展和增长具有重要的意义。

（2）组合创新的形式

1）功能组合

功能组合是一种创新的方法，它通过将不同物品的不同功能和用途巧妙地结合在一起，从而创造出一种具有多种功能和用途的新物品。这种组合可以带来很多便利和效率，使人们的生活更加丰富多彩。

以按摩椅为例，它是一种结合了按摩功能和椅子功能的组合体。按摩椅具有多种按摩方式，如揉捏、按摩、敲击等，可以缓解身体疲劳和紧张，改善血液循环，提高身体健康水平。同时，按摩椅也可以作为椅子使用，为人们提供一个舒适的坐姿，缓解长时间坐着工作或学习所带来的不适。因此，按摩椅是一种非常实用的多功能家具，深受广大消费者的喜爱。

总之，功能组合是一种非常有创意和创新的方法，通过将不同物品的不同功能和用途巧妙地结合在一起，可以创造出许多具有多种功能和用途的新物品，为人们的生活带来更多的便利和效率。

2）意义组合

这种组合功能虽然不变，但当它被赋予了新意义后，便能成为一种全新的表达方式。例如，在文化衫上印上旅游景点的标志和名字，这些元素在文化衫上交织在一起，形成了一种特殊的符号，它不仅仅是一件衣服，更是一种具有纪念意义的旅游商品，能够唤起人们对特定景点和旅行的美好回忆。

同样地，一本著作有了作者的亲笔签名，这个签名赋予了这本书特殊的意义，即它不仅仅是一本书，更是一种珍贵的文献，代表着作者的心血和思想，也代表着知识与艺术的结晶，这个签名使得这本书变得与众不同，它的价值不仅在于书的内容，更在于它所承载的历史和情感。

这种组合后的新意义，不仅在于物品本身的价值，更在于它所代表的意义和情感价值。这种情感价值往往需要时间来沉淀，但它却能够成为人们生活中不可或缺的一部分，为我们的生活增添更多的色彩和意义。

3）构造组合

将两种不同的东西融合在一起，它们便形成了全新的构造，并带来了前所未有的实用功能。例如，房车，这种巧妙地将房屋和汽车结合在一起的产物，不仅具备了交通工具的职能，更为人们提供了舒适的居住场所。这种组合的实用性和舒适性，使房车成为旅游和探险的理想选择。

另一个例子是电脑桌，这是办公桌和电脑的组合，它不仅具备了放置电脑的实用功能，更为人们提供了方便工作和学习的平台。电脑桌的巧妙之处在于，它能够根据人们的需求调整高度和角度，提供舒适的姿势和便利的使用环境。这种组合的产品不仅满足了人们对于便捷性的需求，同时也关注了人们的身体健康和舒适度。

这些组合的例子充分表明，创新的设计理念和巧妙构思能够赋予产品全新的功能和特性，满足人们日益增长的需求。无论是房车还是电脑桌，它们都代表了人类智慧和创新精神的结晶，为我们的生活和工作带来了更多的便利和舒适。

4）成分组合

两种不同的物品，其成分各不相同，但当它们组合在一起时，竟然构成了一种全新的产品。例如，柠檬和红茶这两种截然不同的食材，经过巧妙的搭配，竟然诞生了口感独特、风味宜人的柠檬茶。这种组合的过程，犹如大自然的魔法，令人惊叹不已。

同样地，专业的调酒师在调制鸡尾酒时，也运用了这种不同的成分组合技巧。他们精确地掌握着各种酒的配比，以及各种调料的用量，从而调制出一杯杯色彩斑斓、口感丰富的鸡尾酒。这种艺术性的创作过程，既需要丰富的专业知识，又需要敏锐的直觉和细腻的品位。

这种组合和搭配的过程，不仅展示了不同成分之间的和谐共处，更体现了人类对美好生活的无限追求。我们从中得到启示，将这种组合和搭配的智慧应用到生活的方方面面，从而创造出更多丰富多彩的事物。

5）原理组合

将原理相同的两种物品巧妙地组合在一起，可以产生一种全新的产品。

比如，将几个相同的衣服架组合在一起，就可以构成一个多层挂衣架，不仅可以挂上衣，还可以挂裤子，这样就可以更充分地利用衣柜的空间。这种组合方式不仅实用，而且可以为我们带来更多的便利和创意。这种组合方式是基于物品的原理和功能进行考虑的。衣服架是用来挂衣服的，而多层挂衣架则是将多个衣服架组合在一起，增加了挂衣架的层数，从而可以挂更多的衣物。这种组合方式简单而又实用，可以为我们节省空间，同时也方便了我们的日常生活。

又比如，将几个相同的书架组合在一起，就可以构成一个大型书柜，可以放置更多的书籍和文具；将几把相同的椅子组合在一起，就可以构成一个长椅或沙发，可以供更多人休息或聚会使用。这些组合方式不仅实用，而且具有创意和美观性。

6）材料组合

不同材料组合在一起，不仅可以改善原物品的功能，还能带来新的经济效益。在电力工业中，远距离电缆就是一个很好的例子。这种电缆的芯由铁制造，外层则用铜制造，两种材料组合在一起形成的新电缆，不仅保持了原有材料的优点（例如铜的导电性能好和铁的硬度不下垂等），还大大降低了输电成本。这种新的电缆设计不仅提高了电力传输的效率，同时也带来了显著的经济效益。

通过将不同的材料组合在一起，我们可以创造出许多具有新功能和经济效益的新产品。这种创新的方法不仅可以在工业领域中应用，也可以在日常生活中得到广泛应用。因此，材料组合是一种具有巨大潜力的创新方法，值得我们进一步探索和研究。

2.3.2 补短发明创新：弥补缺陷，提升价值

（1）补短发明创新的定义

补短发明创新指的是针对事物某些方面存在的明显不足，进行改进和创新的发明创造。这些不足可能是技术上的、流程上的、效率上的，需要进行针对性的补短创新，以提升产品的性能、降低成本，减少环境污染。在工业生产中，补短发明创新通常是通过技术改进和流程优化等方式实现的。

补短发明创新在各个领域都有广泛的应用，具有广泛的应用前景和市场潜力。通过技术

改进和流程优化等方式，可以有效地解决实际问题，提高企业的竞争力和可持续发展的能力。

（2）补短发明创新的形式

1）针对某个具体的缺点进行改进

找出某个产品或流程中存在的具体问题或缺点，针对这个问题进行改进和优化。例如，针对某个产品的特定质量问题，通过改进生产工艺或更换原材料等方式进行补短发明创新。这个过程需要深入了解产品或流程的细节，以便准确地识别问题并找到合适的解决方案。

2）针对某个领域的普遍缺点进行改进

找出某个领域中普遍存在的一些问题或缺点，针对这些普遍问题或缺点进行改进和优化。

例如，在医疗领域中，普遍存在治疗效果不佳或医疗成本高的问题，这些问题给患者和医疗机构带来了很大的困扰。为了解决这些问题，我们可以不断创新，例如研发新的药物或治疗方法，或者改进现有的医疗技术。通过这些创新，我们可以提高治疗效果，降低医疗成本，为患者和医疗机构带来更多的福祉。

通过针对普遍存在的问题或缺点进行改进和优化，我们可以推动各领域的进步和发展。在这个过程中，补短发明创新扮演着非常重要的角色。通过不断创新，我们可以克服现有的问题和缺点，提高生产力和效率，为人类社会带来更多的福祉。

3）针对多个领域的交叉问题进行改进

在多个领域中，找出交叉问题或缺点，并针对这些问题进行改进和优化，是推动社会进步和创新的重要方式。例如，在工业生产和环保领域中都存在的环境污染问题，可以通过引入环保技术或改进生产流程等方式进行补短创新。这种交叉问题的解决不仅能够改善环境污染问题，也能够提高工业生产效率和质量，实现经济和社会的可持续发展。

在实践中，解决交叉问题需要各领域专业人士的共同合作和努力。例如，工业生产和环保领域的专家需要相互协作，共同研究和开发出适合实际情况的环保技术和生产流程。同时，政府、企业和公众也需要积极参与其中，形成合力，推动问题的解决和创新的发展。

（3）补短发明创新的步骤

①发现问题。仔细审查产品或流程，找出存在缺陷、效率低下或用户体验不佳等问题，深入挖掘问题的本质和根源。

②分析问题。对问题进行深入剖析，分解问题的关键点和瓶颈，确定问题的核心原因和影响，为解决问题提供准确的依据。

③提出方案。根据分析结果，提出解决问题的具体方案，包括改进技术、优化流程、完善制度等方面，确保方案切实可行并具有针对性。

④实施方案。将提出的方案付诸实践，对产品或流程进行改进和优化，确保方案的有效性和实施效果。

⑤评估效果。对改进后的产品或流程进行评估，分析改进的效果和影响，总结经验教训，进一步完善和优化方案，实现持续改进和提高。

需要注意的是，补短发明创新需要针对问题展开，找准问题的关键点和瓶颈，才能提出切实可行的解决方案。同时，补短发明创新也需要考虑市场需求、技术可行性、成本等多个方面的问题，以确保创新的可行性和实际应用价值。

（4）补短发明创新的应用场景

补短发明创新可以应用于各种领域，以下是具体的应用场景。

1）工业生产

在工业生产中，针对生产过程中存在生产效率低下、产品质量不稳定、环境污染严重等问题，补短发明创新可以发挥重要作用。通过引入新的生产设备或技术，可以提高生产效率，降低生产成本；通过改进工艺流程和优化生产参数，可以提高产品质量，减少次品率；通过引入环保技术和设备，可以降低环境污染，实现绿色生产。

2）医疗健康

在医疗领域，补短发明创新可以帮助解决治疗效果不佳、医疗成本高、患者体验差等问题。通过研发新的药物或治疗方法，可以改善治疗效果，提高治愈率；通过引入智能医疗设备和技术，可以提高医疗效率和服务质量，减少医疗差错；通过优化患者就医流程和环境，可以改善患者体验，提高患者满意度。

3）金融领域

在金融领域，补短发明创新可以帮助解决服务效率低下、风险控制不严格、用户体验差等问题。通过引入新的金融服务模式或技术，可以提高服务效率，降低运营成本；通过改进风险控制模型和流程，可以提高风险控制能力，减少不良贷款和投资风险；通过优化用户界面和交互方式，可以改善用户体验，提高客户满意度。

4）教育领域

在教育领域，补短发明创新可以帮助解决教育质量不高等问题。通过引入新的教学方法或技术，可以提高教学质量，提升学生的学习效果；通过构建在线教育平台和数字化教育资源库，可以扩大教育资源的覆盖面，满足不同学生的个性化需求。

2.3.3 扩用发明创新：拓展应用，拓宽市场

（1）扩用发明创新的定义

扩用发明创新是指在现有技术或产品的基础上，通过拓展其应用范围或对其进行深度开发，以创造新的技术或产品，从而满足新的需求或开辟新的市场。

这种创新形式强调对既有技术或产品的二次开发或扩展，是一种非常实用的创新形式，也是一种基于既有技术的创新形式。

扩用发明创新可以在不同的领域和行业中得到应用，例如在医疗、教育、工业、农业等领域中，通过对既有技术或产品的扩用发明创新，可以创造出更加先进、更加实用的技术或产品，从而更好地满足人们的需求，推动社会的发展。

扩用发明创新的实现需要依靠创新者的创意和技能，同时也需要具备一定的研发能力和资源支持。在实施扩用发明创新的过程中，创新者需要深入了解既有技术或产品的原理和特点，并对其进行分析和研究，以确定其可以应用于哪些新的领域或行业。同时，创新者还需要具备对新技术或产品的敏锐洞察力和前瞻性思维，以便能够准确地预测市场需求和趋势，从而更好地进行创新开发。

（2）扩用发明创新的步骤

①识别既有技术或产品。找出已经存在的技术或产品，并分析其特点和优缺点。

在这个步骤中，我们需要对已经存在的技术或产品进行深入的研究和分析。这可能涉及

查阅相关的文献、专利、专业网站等，以了解这些技术或产品的基本特点、应用领域、优缺点等方面的信息。我们还需要对它们进行全面的评估，以确保我们对其了解全面、准确。

②确定新的应用领域。在分析既有技术或产品的特点和优缺点的基础上，确定其可以应用于哪些新的领域。

在这个步骤中，我们需要根据既有技术或产品的特点和优缺点，寻找它们可以应用于哪些新的领域。这可能需要对市场趋势、客户需求、行业动态等方面进行深入的研究和分析，以确定哪些领域具有潜在的应用价值。我们还需要对每个领域进行全面的评估，以确保我们选择的领域是具有可行性和商业价值的。

③进行二次开发或扩展。针对新的应用领域，对既有技术或产品进行二次开发或扩展，以适应新的市场需求或创造新的市场。

在这个步骤中，我们需要对既有技术或产品进行二次开发或扩展，以适应新的应用领域和市场需求。这可能涉及对技术或产品的基本原理、结构、材料等方面进行改进和优化，以提高其性能、降低成本、增强可靠性等方面的能力。我们还需要进行全面的实验和测试，以确保我们的二次开发或扩展是成功的，并且可以满足客户的需求和市场的期望。

④评估创新效果。对扩用发明创新后的技术或产品进行评估，分析其在新领域的应用效果，进一步完善和优化。

在这个步骤中，我们需要对创新后的技术或产品进行全面的评估和分析，以确保其在新领域的应用效果良好。我们还需要对评估结果进行深入的分析和研究，以确定哪些方面需要进行改进和优化。最后，我们还需要进行全面的实验和测试，以验证我们的改进和优化是有效的，并且可以满足客户的需求和市场的期望。

（3）扩用发明创新的应用场景

扩用发明创新是一种基于既有技术或产品的创新形式，它能够通过以下几种方式显著提高创新的效率。

①利用成熟技术和产品：扩用发明创新以既有技术或产品为基础，通过对其二次开发或扩展，可以快速实现创新的成果，从而大幅减少重新研发的成本和时间。这种做法可以充分利用现有技术的成熟性和稳定性，为创新提供可靠的支撑。

②扩大应用领域：扩用发明创新通过对既有技术或产品的应用领域进行扩大或延伸，可以发现新的应用方向，满足新的市场需求，或者创造出全新的市场。这种方式能够快速地将创新转化为实际生产力，推动经济的发展和社会的进步。

③跨领域借鉴：扩用发明创新可以通过借鉴其他领域的技术和经验，对既有技术或产品进行改进和优化。这种跨领域的借鉴可以打破思维定式，为创新提供新的思路和方法。同时，借鉴其他领域的成功经验可以减少试错成本，提高创新的成功率。

④促进跨界合作与创新：扩用发明创新需要不同领域的合作和创新。这种跨界合作可以形成协同创新的效应，使不同领域的专家和资源相互融合，产生更多的创新火花。通过跨界合作，可以打破行业壁垒，促进技术的传播和交流，提高创新的效率和质量。

当然在进行扩用发明创新的过程中，也需要充分考虑市场需求、技术可行性以及成本等多个方面的问题，以确保创新的可行性和实际应用价值。

【教学评价】

亲爱的同学，本次课程学习已经圆满结束。感谢你在整个学习过程中的持续努力和积极配合。我们深知，每一次的进步都离不开宝贵的反馈和建议，我们非常期待收到你对本次课程学习的真实感受，从而不断提升我们的教学效果。请放心，我们将采用不记名的方式收集数据，并进行保密。在回答问卷时，有些问题你只需要作出选择，有些问题则可以用几个关键词简单地表达你的想法。

教学评价表如表 2-1 所示。

表 2-1 教学评价表

章节名称：　　　　　　　　　教师姓名：　　　　　　　　　授课地点：

课程时间：　　年　　月　　日— 　　日 第　　周					
项目教学组织评价	很满意	满意	一般	不满意	很不满意
你对课堂教学秩序是否满意	□	□	□	□	□
你对教室环境卫生是否满意	□	□	□	□	□
你对小组总体表现是否满意	□	□	□	□	□
你对课程的教学模式是否满意	□	□	□	□	□
授课教师评价	很满意	满意	一般	不满意	很不满意
你如何评价授课教师	□	□	□	□	□
教师授课通俗易懂，结构清晰	□	□	□	□	□
教师非常关注学生的反应	□	□	□	□	□
教师能认真指导学生，因材施教	□	□	□	□	□
你对授课氛围是否满意	□	□	□	□	□
你认为理论、实践安排是否合适	□	□	□	□	□
你对教师在岗情况是否满意	□	□	□	□	□
授课内容评价	很满意	满意	一般	不满意	很不满意
你对授课涉及的内容是否满意	□	□	□	□	□
授课中使用的设备是否丰富	□	□	□	□	□
你对发放的学习资料和在线资源是否满意	□	□	□	□	□

请回答下列问题。

①在教学组织方面，哪些还需要进一步改进？

②哪些授课内容你特别感兴趣，为什么？

③哪些授课内容你不感兴趣，为什么？

④关于授课内容，是否还有你想学但老师没有涉及的？如有，请指出。

⑤你对哪些授课内容比较满意？哪些方面还需要进一步改进？

⑥你希望每次活动都给小组留有一定讨论时间吗？如果有，你认为多长时间合适？

⑦通过这部分内容的学习，你最想对自己说些什么？

⑧通过这部分内容的学习，你最想对教授本部分内容的教师说些什么？

【活页笔记】

学习过程：

重难点记录：

学习体会及收获：

资料补充：

【任务训练】

任务编号：	学时：
实训地点：	小组成员姓名：

任务描述

①生活中的从众现象有很多，同学们有过或见过从众的例子吗？

②同学们想一想自己在生活和学习中是否有上述思维枷锁？你想怎样破除？

相关资源

请同学们列出可以改进并进行创新设计的某些学习或生活用品（至少三种），说明需要改进的具体方面。

任务实施

如果你是设计师尤卡，因生病而前往药店买药，在语言不通的情况下，你有什么好办法让医师尽快明白你的来意？动作、画画、表情、歌唱等都可以，请同学们想好并展示，并说一说自己的创新思维过程。

任务成果

分享他们想出新办法的思维过程。这个思维过程就是创新思维。创新思维是一切创新活动的开始，是人的创新活动的灵魂和核心。

【任务评价】

任务评价表如表2-2所示。

表2-2　任务评价表

评价类型	赋分	序号	具体指标	分值	得分		
					自评	组评	师评
职业能力	50	1	任务训练准备充分	20			
		2	表演逻辑清晰	15			
		3	情景设计的掌控力	15			
职业素养	20	1	面部表情自然	3			
		2	身体移动自然	3			
		3	目光交流自然	2			
		4	动作手势自信	2			
		5	语速适中、语调自信	10			
劳动素养	20	1	按时完成，认真填写记录	5			
		2	保持座位卫生、整洁、有序	5			
		3	协作互助、小组分工合理性	5			
		4	小组讨论积极	5			
综合素养	10	1	完成素材学习	5			
		2	谈一谈自己对创新思维训练的理解	5			
总分				100			
总结反思							

目标达成：知识□□□□□　能力□□□□□　素养□□□□□

学习收获：	教师寄语：
问题反思：	签字：

3

专利与商标的艺术

【学习目标】

①了解专利的基础知识，学会在日常工作中开展专利挖掘。

②熟悉专利检索方式并掌握专利说明书撰写要点，熟悉专利申报流程。

③熟悉商标的基础知识，掌握商标注册申请流程。

【素质目标】

激发学生在创业中创新意识，培养学生敢于创新的创新精神

融入点：专利挖掘　　　元素：创新精神——敢于创新

　　通过专利的挖掘与发现，引导学生申请专利，把自己的发明创造转换成受保护的知识产权。目标是激发学生在人生道路中的创新热情，培养具有创新意识的创新精神。让学生敢于创新，善于创新。创新是引领发展的第一动力，保护知识产权就是保护创新。知识产权保护工作关系国家治理体系和治理能力现代化，关系高质量发展，关系人民生活幸福，关系国家对外开放大局，关系国家安全。贯彻新发展理念是新时代我国发展壮大的必由之路。必须坚持创新是第一动力，坚持创新在我国现代化建设全局中的核心地位。让学生把个人理想融进"中国梦"，不忘初心、牢记使命，努力奋斗。

　　参考资料：

　　（2020 年 11 月 30 日）中共中央政治局就加强我国知识产权保护工作举行第二十五次集体学习的会议。

【知识点框架图】

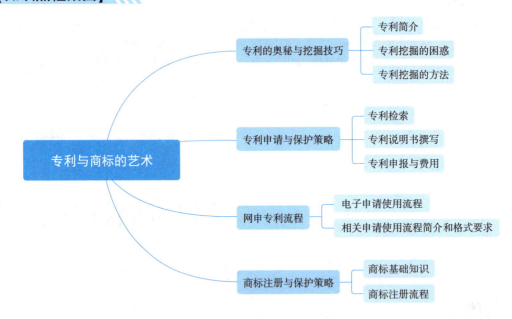

3.1　专利的奥秘与挖掘技巧

3.1.1　专利简介：保护创新，激发创造力

专利指一项发明创造的首创者所拥有的受保护的独享权益。专利一般是由政府机关或者代表若干国家的区域性组织根据申请而颁发的一种文件，这种文件记载了发明创造的内容，并且在一定时期内产生这样一种法律状态，即获得专利的发明创造在一般情况下，他人只有经专利权人许可才能予以实施。

（1）什么能够申请专利

前端的科技？

重要临床试验？

重大发明创造？

高级学者和科学家的研究？

……

到底什么才可以申请专利？

如图 3-1 所示的回形针的演变，带大家重新认识专利。回形针历经百年，造型一直在变化，而每一次的变化都被申请了专利。由此可见专利并没有想象的那么难，那么复杂和遥不可及。生活中很多小的发明创造都可以申请专利。

（2）专利权

专利是发明创造人或其权利受让人对特定的发明创造在一定期限内依法享有的独占实施权，这是一种非常重要的知识产权。专利具有专有性、地域性、时效性三个方面的特点。

1902年 US715992A	1903年 US1053008A	1915年 US1133664A	1930年 US1783099A	1942年 US2269649A	1968年 US3408700A	1981年 US4286358A

1897年 US581901A	1903年 US742892A	1922年 US1449684A	1933年 US1948053A	1958年 US2938252A	1972年 US3673641A	1991年 US5063640A

2010年 US8925157B2	2004年 US20040172791A	1996年 US5553363A

回形针演变

2014年 US20140137391A1	2006年 US20060130384A1	2000年 US6163934A	1994年 US5329672A

图 3-1　回形针的演变

①专有性也称独占性，它是指专利权人对其发明创造所享有的独占性的制造、使用、销售、许诺销售和进口其专利产品的权利。这种独占性使得专利权人在市场上具有垄断地位，其他任何人未经专利权人许可不得行使其专利权，从而保护了专利权人的利益。

②地域性是指一个国家授予的专利权只在该国法律管辖的范围内有效，对其他国家没有任何效力。这意味着，一项发明创造在一个国家获得专利后，只能在该国范围内受到保护，在其他国家则不受保护。

③时效性是指专利权只在法律规定的时间内有效，期限届满后，专利权即告终止。在专利权有效期内，若专利权人不按时缴纳专利年费或声明提前放弃专利权，则该专利权提前终止。这意味着，专利权不是永久性的，而是有一定的期限，过期后就不再受保护。

综上所述，专利的本质是以公开技术为代价，换取一定期限内的市场垄断。通过申请专利，发明创造人可以获得独占性的市场地位，从而获得经济利益。同时，其他任何人也可以从公开的专利中获得技术信息，促进技术的进步和创新。

（3）可获得专利的客体是什么

发明创造要取得专利权，必须满足形式条件和实质性条件。

形式条件是指申请专利的发明创造，应当以专利法及其实施细则规定的格式书面记载在专利申请文件上，并依照法定程序履行各种必要的手续。

实质性条件也称专利性条件，它是指申请专利的发明创造自身必须具备的要求，是对发明创造授权的本质依据。通常所说的授权条件多指实质性条件。

1）发明和实用新型专利的授权条件

我国专利法规定，授予专利权的发明和实用新型应当具备新颖性、创造性和实用性。

发明和实用新型
专利的授权条件

2）外观设计专利的授权条件

外观设计专利应当具备新颖性、实用性，富有美感，不得与他人先取得的合法权利相冲突。

外观设计专利
的授权条件

3）专利申请的类型

专利申请分为发明、实用新型和外观设计三种类型。针对产品、方法或者其改进所提出的新的技术方案，可以申请发明专利；针对产品的形状、构造或者其结合所提出的适于实用的新的技术方案，可以申请实用新型专利；针对产品的形状、图案或者其结合以及色彩与形状、图案的结合所作出的富有美感并适于工业应用的新设计，可以申请外观设计专利。发明专利、实用新型专利和外观设计专利的区别如表 3-1 所示。

表 3-1　发明专利、实用新型专利和外观设计专利的区别

项目 ＼ 类型	发明专利	实用新型专利	外观设计专利
保护期限	20 年	10 年	10 年/15 年（2021-06-01 之后申请）
保护客体	产品、方法	产品	产品的形状、图案，色彩与形状、图案的结合
审查周期	一般 1～3 年	一般 1 年内	一般 1 年内
审查方式	实质审查	形式审查	形式审查
特点	审查较严，权利较稳定	易授权，但权利不稳定	
哪些技术可以申请（以刻蚀工艺举例）	工艺、方法和器件结构改进：刻蚀工艺步骤、刻蚀形成的新型半导体结构、刻蚀工艺的计算机仿真算法。涉及计算机仿真算法的，装置/系统通常是以方法为基础进行虚拟化模块	器件结构改进：刻蚀工艺步骤、刻蚀形成的新型半导体结构、刻蚀工艺的计算机仿真算法。涉及计算机仿真算法的，装置/系统通常是以方法为基础进行虚拟化模块	外形改进：较少见

（4）专利审查周期

一项专利从受理到授权的整个过程必须遵循专利法规定的固定程式。在申请专利前，我们要对这个程式有一个初步了解，这对我们正确处理有关文件和缩短各环节的运转周期是十分有益的。依据《中华人民共和国专利法》规定，发明专利的申请与审批程序包括受理、初审、公布、实审以及授权 5 个阶段。实用新型和外观专利仅需要经历受理、初审、授权（驳回）3 个阶段。专利审查周期如图 3-2 所示。

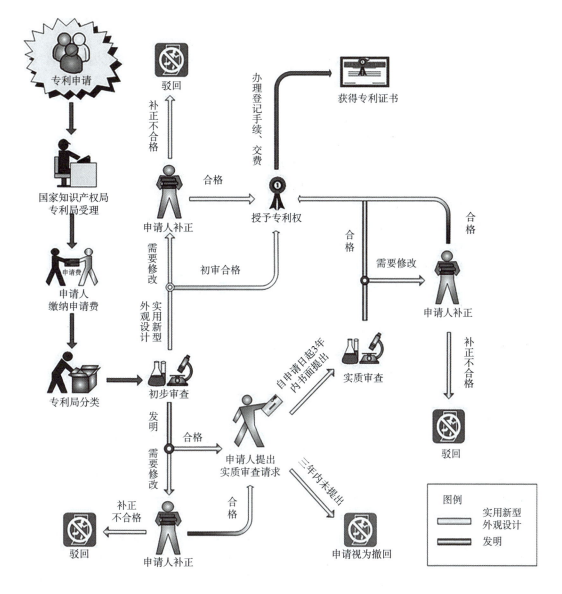

图 3-2　专利审查周期

3.1.2　专利挖掘的困惑：让创新成为习惯

从前面提到的回形针历经百年，每一次的变化都被申请了专利，证明专利并不一定都代表着高科技或复杂的创新。有时，一个简单的结构或日常生活中的小改进也可能具有足够的创新性，从而获得专利。专利制度的核心在于保护那些具有新颖性和创造性的技术方案，无论其复杂程度如何。因此，即使是看似简单的技术，只要它们在功能、效率或用户体验上有所改进，就有可能获得专利。这也体现了专利制度鼓励创新的广泛性，无论是大规模的技术突破还是微小的细节改进，都值得得到保护和认可。

专利挖掘的困惑

3.1.3 专利挖掘的方法：从平凡中发现非凡

从研发构思、过程、结果中提炼出适合进行专利申请的技术方案和技术方案的集合进行专利挖掘。

（1）专利挖掘的最佳时机

①什么时候察觉有专利挖掘的可能？

a. 效果比以前好，功能比以前完善。

b. 与自己以前的技术方案相比，在实现方式、结构、效果上有明显的不同。

c. 与他人的技术方案相比，在实现方式、结构、效果上均出现了明显的不同。

d. 完成了某项工作，很得意。

e. 执行某项工作，历经艰难。

②从哪些角度去构思？

a. 在原有方案上的改进和变动。

b. 自己有他人无的产品技术特点。

c. 市场未来可能的技术趋势。

d. 客户提出的或者潜在的需求。

e. 实现某个功能或作用的新途径（过程、系统、结构）。

f. 友商/竞争对手产品的可能发展方向。

（2）专利挖掘的原则

第一类：实体为主导的专利挖掘。

细分研发内容——分别分析具体研发内容涉及的技术要素（系统构成/方法）——比对技术要素与现有技术的差异（差异点即可能产生专利的技术点）

第二类：以解决方案为主导的专利挖掘。

问题——对策（头脑风暴）——可行性分析——完善方案——具体方案

（3）专利挖掘的方法

从挖掘对象出发，可以从两个方面进行专利挖掘。针对研究成果设计新的技术方案、项目创新层点、新产品设计图、新产品样品，或者现有的产品（或技术），针对公司已有专利、公司已上市产品、对手已公开专利、对手已上市产品、公开发表的技术论文、行业技术标准等挖掘新专利。针对研发成果的专利挖掘，多数是为了保护公司的研发成果，为竞争对手的进入设置障碍，通常通过对研发成果的解剖完成挖掘。通常应用于公司"补救型"专利布局，对现有专利的查缺补漏，或者专利质量缺陷的改进。针对竞争对手专利的整体布局的空白或薄弱点，核心产品的改进、替代方案、专利撰写的漏洞，提炼推演新产品进行专利保护、提升竞争力。借助情报检索，借鉴现有技术，进行启发创新后转用。

具体可以从项目解剖，寻找差异化方案，方案的新颖性、创造性检索，形成适合申请专利的技术方案三个方向去挖掘。

申请专利的最终目的是保护市场、布局产品、覆盖国家，即产品未动，专利先行。保护核心技术或者核心产品，对该技术或产品所在领域的专利进行充分的研究，然后再结合该项核心技术进行充分的挖掘，把所有可能的方案都进行提炼，包括各种替代技术、前沿技术等。围绕现有的专利技术进行

专利挖掘的
三种方法

充分的研究，找到专利壁垒、布局的空白点，比如替代的，变劣的，以及技术将来的走向等，破除市场壁垒。对竞争对手的专利和产品同时进行研究，专利的角度是看是否有保护漏洞，产品的角度是研究该产品可能的发展方向，然后提前进行专利布局；并且，应当在竞争对手的主场，也就是所在国家和其产品所在国家申请专利，一旦有和竞争对手的专利诉讼，可以启用这些埋伏，打击竞争对手。

3.2 专利申请与保护策略

3.2.1 专利检索：避免重复劳动，提高申请效率

学会专利检索是学习申请专利的第一步。专利检索可以在国家知识产权局官网和其他网站上完成。

专利检索好处：

①研究课题、开题立项时可以全面了解到特定技术领域的现有技术水平，选择高起点及新的科研领域，避免重复劳动和投入，节省时间及科研经费。

②在科研活动中了解科研项目的发展历史、已取得的成果及各种解决方案，有利于科研人员拓展思路，启发创造性的思维；有助于实现科技产业化，使科研与市场较好结合，加速科技成果的推广运用。

③立项评估阶段进行新颖性检索可以为项目申报与鉴定提供较科学的尺度。

④有利于了解世界科技的发展动态，及时引进国外的新技术，提高中国的科研水平及总体实力。

国家知识产权局官网是最具权威的专利检索网站，可以帮助申请者检索需要的信息，能更准确快速地申请可行的专利。除此之外，还有一些其他专利检索网站作为公共资源使用，例如智慧芽等。

国家知识产权
局官网

3.2.2 专利说明书撰写：清晰表达，严谨论证

（1）专利说明书类别

在进行专利说明书撰写前需要先了解自己所申请专利属于哪一类。不同类别注意事项有所不同。

①按用途和地位划分，可简单分为核心技术型、外围应用型、规避设计型、预研型。

a. 核心技术型。

多角度深入挖掘，对方案技术特征逐个讨论，对技术特征的多种情况仔细探讨，力求对技术手段的最大限度概括，并提供多种实施方式。

b. 外围应用型。

将核心技术应用在当前项目中的技术方案，挖掘核心技术方案广泛与其他项目的结合，产生多种广泛的应用方案。

c. 规避设计型。

以所需规避的专利作为参照，对区别技术特征作重点描述，并且，除考虑所规避的专利技术外，还应当尽可能扩大其多种变形实施方式。

d. 预研型。

技术前瞻性好，但可实施性较差。撰写时需要发挥一定的想象力，侧重基本原理方面的技术内容，对于具体实施的技术细节可以放次要考虑。

②按技术领域划分，可分为电子类、结构类、制造工艺类、软件方法类、生物化学类5大类。

a. 电子类。

注意提供电路框图或者具体电路图，并根据图示描述各元件或者部分之间的电性连接，最后综述其运作原理。建议将电路以包括各功能模块的方式进行划分并介绍。

b. 结构类。

机械结构和半导体结构类主要根据附图说明整体结构、必要零部件的相互配置关系、各个功能层之间的位置关系等；如果有必要，还需要描述机械结构的运动过程，半导体结构的工作原理，以便专利代理人准确把握。

c. 制造工艺类。

Ⅰ. 创新方案很多时候源于从事实际生产制造的一线环节，相关工艺都比较保密，且很多时候可能会类似"技术诀窍"，但实际创造性并不高；在交底时，需要权衡是利用专利还是技术秘密进行保护。

Ⅱ. 配合工艺流程详细描述流程中改进部分，并提供相关参数，如温度、气压、湿度、洁净度等。

d. 软件方法类。

Ⅰ. 尽量提供流程图，辅助理解。

Ⅱ. 将软件流程与实施软件的物理过程进行结合，反映出实现功能的软件流程图，但无须提供代码。

Ⅲ. 注意法律法规对专利授权客体的要求。

e. 生物化学类。

除技术方案必要的参数等信息外，最好提供相应的实验数据和结果。生物类涉及 DNA、载体、多肽以及微生物等的，需要提供 DNA 序列或者生物保藏证明等；化学类则尽可能多地列举实施例，全面描述发明要点。

（2）专利交底的内容

①技术领域：明确发明创造直接所属或者直接应用的技术领域。如果对应用领域不熟悉，可以写用于什么地方、起什么作用，便于专利代理人理解。

②技术背景：发明人对现有技术的描述和评价，可以引证结合一些与本申请接近的现有技术文件（专利或非专利文件），并针对与本技术方案相关部分进行重点描述。客观评价现有技术问题，针对最接近的现有技术方案提出技术问题，并且提出的技术问题应当是本技术方案能够解决的技术问题。

建议对基础术语解释，专利代理人不是技术专家，在涉及行业内一些惯用术语时，列出相应解释，有助于代理人流畅理解技术方案。

③技术方案：列明区别于现有技术的技术点，并且在描述每项区别技术手段时，相应地

说明其在本发明中所起的作用。对系统来说，应该交代包括哪些模块、各模块之间的连接与配合关系、作用原理，以及各模块都起什么作用。对于方法来说应该叙述包括哪些步骤、每一步骤所执行的动作是什么等。

可以结合一个或多个具体实现过程描述，并说明在描述的技术方案中哪些结构或步骤是必不可少的，哪些结构或步骤是可选的。也就是说，在给出最优选的实现方式的同时，还可以给出非优选的多种可能的实现方案。

在技术方案包括大部分创新时，有层次地告知专利代理人技术方案的关键保护点、次要保护点。

特别注意避免仅仅使用功能性描述，即描述有什么功能而不对实现功能的方式方法进行描述，并且需指明哪些结构或者步骤是必不可少的，而哪些是可选的。

④技术效果：客观评价技术方案所带来的优势，最好可以结合提出的具体方案，其效果不能是凭空臆断，并且针对技术方案中的多个部分，可以分别描述其技术效果。

⑤技术关键点：提炼技术方案中最核心的框架内容，帮助专利代理人梳理独立权利要求的保护范围。

⑥附图：可以采取多种绘图方式，并提供可编辑图档，以充分体现发明点为准，例如零件图、组件装配图、爆炸图、电路图、流程图、模块图、实验数据相关图示等。

一种基于 ASIC 的通信设备板级保护方法

3.2.3 专利申报与费用：遵循规定，顺利申请

（1）申请时提交的文件

①申请时需要提交：发明专利请求书、说明书摘要、权利要求书、说明书。

②如果有附图，还需要提交：说明书附图、说明书摘要附图。

③如果申请费用减缓，还需要提交：费用减缓请求书、费用减缓请求证明。

④可以与申请文件同时提交：实质审查请求书。

（2）需要注意的问题

接到专利申请受理通知书和缴纳申请费通知书或费用减缓审批通知书（要求减缓时）后，需在规定时间内缴纳申请费、公布印刷费、权利要求附加费（超过 10 项的）、说明书附加费（超过 30 页的）、优先权要求费（有优先权要求的）和审查费（可以在实质审查前缴纳）。

提交申请文件时未提交实质审查请求书的，可以在申请后按规定期限提交。此外，可通过意见陈述书回应审查员的审查意见，还可以通过补正书修改有关文件。

接到授予发明专利权通知书和办理登记手续通知书后，需在规定时间内缴纳专利登记费、年费和专利证书印花税。

（3）需要缴纳的费用

在权利要求不超项、说明书不超页、无优先权要求、未被视为撤回和未被驳回的情况下，简单计算费用如下：

1）申请减缓的非职务个人申请费用表（见表 3-2）

表 3-2　申请减缓的非职务个人申请费用表

申请费	135 元
公布印刷费	50 元
审查费	375 元
登记费	250 元
年费	135 元（3 年内获得授权）
专利证书印花税	5 元
合计	950 元
此为个人申请从申请到获得发明专利证书的最低费用	

2）申请减缓的职务申请或非职务多人申请费用表（见表 3-3）

表 3-3　申请减缓的职务申请或非职务多人申请费用表

申请费	270 元
公布印刷费	50 元
审查费	750 元
登记费	250 元
年费	270 元（3 年内获得授权）
专利证书印花税	5 元
合计	1 595 元
此为职务申请或非职务多人申请从申请到获得发明专利证书的最低费用	

3）未申请费用减缓的费用表（见表 3-4）

表 3-4　未申请费用减缓的费用表

申请费	900 元
公布印刷费	50 元
审查费	2 500 元
登记费	250 元
年费	900 元（3 年内获得授权）
专利证书印花税	5 元
合计	4 605 元
此为未申请费用减缓的专利申请从申请到获得发明专利证书的最低费用	

如果在申请和审批过程中曾被视为撤回或被驳回，则还可能需要缴纳恢复权利请求费（1 000 元）或复审费（以 1 000 元为基数缴纳或计算减缓比例）；如果在年内未获得授权，在 4~6 年内获得授权的年费需要以 1 200 元为基数缴纳或计算减缓比例，在 7~9 年内获得授权的年费需要以 2 000 元为基数缴纳或计算减缓比例等；如果有权利要求超项、说明书超页、优先权要求、著录事项变更、延长期请求等事宜的，还需要缴纳相关项目费用。

实用型专利申报
及有关费用

发明专利申请和审批流程如图 3-3 所示。

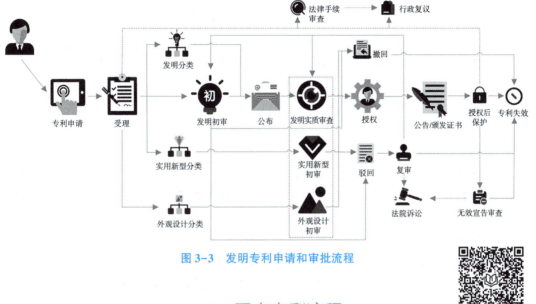

图 3-3   发明专利申请和审批流程

3.3   网申专利流程

专利电子申请是指以互联网为传输媒介将专利申请文件以符合规定的电子文件形式向国家知识产权局提出的专利申请。电子申请在线业务办理平台于 2016 年 10 月 29 日上线运行。专利电子申请系统 365 天×24 小时开通，包括法定节假日。

外观设计专利申报
及有关费用

与国家知识产权局签订专利电子申请系统用户注册协议，办理了有关注册手续，获得用户代码和密码的个人、单位和代理机构实施网上专利申报业务。电子申请文件采用的电子签名与纸质文件的签字或者盖章具有相同的法律效力。

3.3.1   电子申请使用流程：数字化时代的创新加速器

电子申请使用流程：用户注册——下载客户端——获取数字证书——制作申请文件——检查文件——数字签名——提交申请文件——接收通知书——网站查询。

（1）申请人如何使用电子申请

①访问电子申请网站，自助注册成为电子申请用户，获得用户代码。

②使用用户代码和密码登录电子申请网站，下载并安装用户数字证书。

③下载电子申请客户端，安装并升级，使用客户端编辑并提交专利申请；或登录电子申请在线业务办理平台，在线提交专利申请。

（2）电子申请用户注册

电子申请用户注册手续应当在电子申请网站办理。注册请求人通过电子申请网站自助注册成为电子申请用户。

请求人是个人的，应当使用身份证号注册；请求人是法人的，应当使用统一社会信用代码或组织机构代码证号注册；请求人是代理机构的，应当使用代理机构注册号注册。系统将以回执的形式返回注册结果、用户名和密码，不再发出纸质形式注册审批通知书。

如使用其他证件号码注册的，只能注册成为临时电子申请用户，还需将相关证明文件（文件上注明临时电子申请用户账号）邮寄到专利局办理正式用户注册手续。

相关证明文件：

①注册请求人是个人的，应当提交由本人签字或者盖章的身份证明文件复印件。

②注册请求人是单位的，应当提交加盖单位公章的企业营业执照、单位法人证书或者其他资质证明文件的复印件。

邮寄地址：北京市海淀区蓟门桥西土城路 6 号国家知识产权局专利局受理处

邮编：100088

（3）电子申请文件格式的要求

专利申请文件的说明书、说明书附图、权利要求书、说明书摘要和摘要附图支持 XML、MS Word 和 PDF 三种文件格式。提交文件的格式应符合电子申请文件格式要求说明、关于外观设计专利电子申请提交规范注意事项的相关要求。

（4）电子申请文件的提交

用户提交电子申请文件，应当使用电子申请客户端或者在线业务办理平台通过互联网提交。对于成功提交的文件，电子申请用户会收到电子申请回执。对于国家知识产权局拒收的电子申请文件，专利电子申请系统会给出拒收原因。

（5）电子申请接收文件范围

电子申请受理范围包括：

①发明、实用新型和外观设计专利申请。

②进入国家阶段的国际申请。

③复审和无效宣告请求。

任何单位和个人认为其专利申请需要按照保密专利申请处理的，不得通过专利电子申请系统提交。

（6）复审和无效宣告程序文件的提交

以电子形式提交专利申请或就一项专利申请办理了纸质申请转电子申请手续的，在该专利申请进入复审程序后，可以以电子形式提交请求文件或中间文件。

对于无效宣告程序中的任意一方当事人，如果是有效的电子申请注册用户，则可以以电子形式提交请求文件或中间文件。

（7）电子申请递交日的确定

以国家知识产权局专利电子申请系统收到电子文件之日为递交日。

（8）电子申请通知书的发出

专利局以电子文件形式通过专利电子申请系统向电子申请用户发送各种通知书和决定。

电子申请用户应及时使用电子申请客户端或在线业务办理平台接收电子形式通知书。

（9）纸件申请转电子申请

申请人或专利代理机构可以请求将纸件申请转换为电子申请，涉及国家安全或者重大利益需要保密的专利申请除外。

提出转换请求的申请人或专利代理机构应当是电子申请用户，并且应当通过电子形式提出请求。经审查符合要求的，该专利申请后续手续均应当以电子形式提交。

电子申请网站

（10）电子申请网站服务

电子申请网站（http：//cponline.cnipa.gov.cn）是电子申请用户使用电子申请的重要平台。

3.3.2 相关申请使用流程简介和格式要求：规范与创新同行

（1）离线电子申请的使用流程简介

离线电子申请的使用流程简介

（2）在线电子申请的使用流程简介

在线电子申请的使用流程简介

（3）电子申请文件格式要求说明

电子申请文件格式要求说明

3.4 商标注册与保护策略

3.4.1 商标基础知识：标识价值，保护品牌形象

商标（Trade Mark）是一个专门的法律术语。商标是用以识别和区分商品或者服务来源的标志。根据《中华人民共和国商标法》（2019 年修正），任何能够将自然人、法人或者其

他组织的商品与他人的商品区别开的标志，包括文字、图形、字母、数字、三维标志、颜色组合和声音等，以及上述要素的组合，均可以作为商标申请注册。品牌或品牌的一部分在政府有关部门依法注册后，称为商标。商标受法律的保护，注册者有专用权。国际市场上著名的商标，往往在许多国家注册。中国有注册商标与未注册商标的区别。注册商标是在政府有关部门注册后受法律保护的商标，未注册商标则不受商标法律的保护。

商标是用来区别一个经营者的品牌或服务和其他经营者的品牌或服务的标记。我国商标法规定，经商标局核准注册的商标，包括商品商标、服务商标和集体商标、证明商标，商标注册人享有商标专用权，受法律保护，如果是驰名商标，将会获得跨类别的商标专用权法律保护。

（1）商标标记

在标注商标时应在其右上角加注®，是注册商标的标记，意思是该商标已在国家商标局进行注册申请并已经商标局审查通过，成为注册商标。圆圈里的 R 是英文 Register 注册的开头字母。

注册商标具有排他性、独占性、唯一性等特点，属于注册商标所有人所独占，受法律保护，任何企业或个人未经注册商标所有权人许可或授权，均不可自行使用，否则将承担侵权责任。

用 TM 则是商标申请注册中的意思，即标注 TM 的文字、图形或符号是正在等待国家核准的商标，国家已经受理注册申请，但不一定会核准注册。TM 是英文 Trade Mark 的缩写。（需要特别说明的是：已经成为注册商标的文字、词汇、符号，在实际使用中，如使用字体版本不同于注册时使用的字体，不能作为注册商标使用圈 R 符号。）

（2）作用

商标通过确保商标注册人享有用以标明商品或服务，或者许可他人使用以获取报酬的专用权，而使商标注册人受到保护。保护期限自商标注册公告之日起 10 年，但期满之后，需要另外缴付费用，即可对商标予以续展，次数不限。续展的费用一标为国家规定费用 2 000 元（超过有效期但在 6 个月内的另加 500 元延迟费）加上一定的代理费用，续展要在规定的续展期内办理。商标保护一般由当地工商局配合调查，协商不成是由法院来实施的，在大多数制度中，法院有权制止商标侵权行为。从广义上讲，商标通过对商标注册人加以奖励，使其获得承认和经济效益，而对全世界的积极和进取精神起到促进作用。商标保护还可阻止诸如假冒者之类的不正当竞争者用相似的区别性标记来推销低劣或不同产品或服务的行为。这一制度能使有技能、有进取心的人们在尽可能公平的条件下进行商品和服务的生产与销售，从而促进国际贸易的发展。

哪些元素决定   商标名称的
商标的价值多少   拟制方法

（3）价值

商标是企业的无形资产，商标的价值多少，没有一个非常标准的判定。商标在投资或经营过程中作为资产的价值，即商标资产所含资本量的大小，是指其资本价值，而不是荣誉上的或主观上的价值。

3.4.2 商标注册流程：明确流程，确保权益得到保障

（1）受理条件

自然人、法人或者其他组织在生产经营活动中，对其商品或者服务需要取得商标专用权的，应当向国家知识产权局商标局申请商标注册。

获取途径：

① 商标局商标注册大厅、各商标审查协作中心大厅、各地方知识产权业务受理窗口、商标业务受理窗口。

②中国商标网（https：//sbj. cnipa. gov. cn）。

（2）申请材料

商标注册申请书、居民身份证明、法人资格证明或其他组织的身份证明文件。申请人为内地（大陆）自然人的，还需提供证明其从事生产经营活动的主体资格证明文件（如个体工商户营业执照、农村土地承包经营合同等）。

依照《中华人民共和国商标法》第二十五条、第二十六条要求优先权的，应当在提出商标注册申请的时候提出书面声明，并且在三个月内提交优先权证明文件（如第一次提出的商标注册申请文件的副本、国际展览会展出商品首次使用商标的证明文件等），包括原件和完整的中文译文。

申请注册集体商标、证明商标的，附送相关文件。

委托商标代理机构办理的，提交商标代理委托书。

（3）办理基本流程

商标注册流程如图3-4所示。

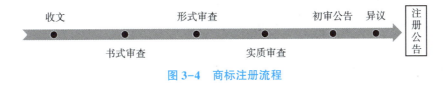

图3-4 商标注册流程

（4）办理程序

一般程序包括申请、受理、审查与决定、初审公告、注册公告、证件（文书）制作与送达等。

①填写商标注册申请书，准备其他申请材料。

申请人可通过中国商标网商标申请的"申请书式"栏目（https：//sbj. cnipa. gov. cn/sbj/sbsq/sqss/）下载商标注册申请书。

②提交申请。

a. 网上提交。

通过互联网登录商标网上服务系统（https：//sbj. cnipa. gov. cn/sbj/wssq/）线上提交申请，具体方法详见中国商标网"网上申请"栏目。

b. 当面提交。

通过商标局商标注册大厅、各商标审查协作中心大厅、各地方知识产权业务受理窗口、商标业务受理窗口提交。

c. 委托在商标局备案的商标代理机构办理。

申请人可以自愿选择任何一家在国家知识产权局商标局备案的商标代理机构办理。所有在国家知识产权局商标局备案的商标代理机构都公布在中国商标网（https：//sbj. cnipa. gov. cn）"商标代理"栏目中。

③注册申请形式审查，必要时申请人配合进行补正。

国家知识产权局商标局在收到有关申请文件之后办理相关业务，并可在必要时要求申请人进行补正。经形式审查符合规定的，国家知识产权局商标局通知申请人缴纳费用。

④缴纳规费。

申请人收到缴费通知书后在规定时间内缴纳费用。

申请人通过网上方式提交申请的，可通过商标网上申请系统进行在线支付；申请人递交纸质申请的，登录注册网上申请平台在线支付（直接在商标注册大厅申请的，可持带有缴费码的缴费通知书到商标注册大厅缴费）。申请人委托代理机构办理的，由接受委托的代理机构按规定代为缴纳费用。

收费标准详见网址：

https：//sbj. cnipa. gov. cn/sbj/sbsq/sqzn/201912/t20191227_611. html。

⑤注册申请实质审查。

按期足额缴纳费用的，国家知识产权局商标局对申请文件予以受理，进行实质审查。

⑥初步审定公告。

经实质审查符合规定的，予以初步审定公告。

⑦发放商标注册证。

公告期满无异议的，核准注册，发放商标注册证。

（5）办理进度查询

a. 网络查询。通过中国商标网（https：//sbj. cnipa. gov. cn）"商标网上查询"栏目进行查询。

b. 现场查询。商标局商标注册大厅。

（6）审查期限

对于申请注册的商标，国家知识产权局商标局应当自收到商标注册申请文件之日起9个月内审查完毕。

（7）审查收费依据与标准

收费依据：原国家计委、财政部计价格〔1995〕2404号文件，国家发改委、财政部发改价格〔2015〕2136号文件，财政部、国家发展改革委财税〔2017〕20号文件和国家发展改革委、财政部发改价格〔2019〕914号文件。自2019年7月1日起实施。

收费标准如表3-5所示。

表3-5   收费标准

收费项目	纸质申请收费标准（按类别）	接受电子发文的网上申请收费标准（按类别）
受理商标注册费	300元（限定本类10个商品。10个以上商品，每超过1个商品，每个商品加收30元）	270元（限定本类10个商品。10个以上商品，每超过1个商品，每个商品加收27元）

（8）办理结果

a. 符合要求：核准注册，发放商标注册证。

b. 不符合要求：不予受理或驳回注册申请，并说明理由。

【教学评价】

亲爱的同学，本次课程学习已经圆满结束。感谢你在整个学习过程中的持续努力和积极配合。我们深知，每一次的进步都离不开宝贵的反馈和建议，我们非常期待收到你对本次课程学习的真实感受，从而不断提升我们的教学效果。请放心，我们将采用不记名的方式收集数据，并进行保密。在回答问卷时，有些问题你只需要作出选择，有些问题则可以用几个关键词简单地表达你的想法。

教学评价表如表3-6所示。

表3-6　教学评价表

章节名称：　　　　　　　　　　教师姓名：　　　　　授课地点：

课程时间：　年　月　日—　日第　周					
项目教学组织评价	很满意	满意	一般	不满意	很不满意
你对课堂教学秩序是否满意	□	□	□	□	□
你对教室环境卫生是否满意	□	□	□	□	□
你对小组总体表现是否满意	□	□	□	□	□
你对课程的教学模式是否满意	□	□	□	□	□
授课教师评价	很满意	满意	一般	不满意	很不满意
你如何评价授课教师	□	□	□	□	□
教师授课通俗易懂，结构清晰	□	□	□	□	□
教师非常关注学生的反应	□	□	□	□	□
教师能认真指导学生，因材施教	□	□	□	□	□
你对授课氛围是否满意	□	□	□	□	□
你认为理论、实践安排是否合适	□	□	□	□	□
你对教师在岗情况是否满意	□	□	□	□	□
授课内容评价	很满意	满意	一般	不满意	很不满意
你对授课涉及的内容是否满意	□	□	□	□	□
授课中使用的设备是否丰富	□	□	□	□	□
你对发放的学习资料和在线资源是否满意	□	□	□	□	□

请回答下列问题。

①在教学组织方面，哪些还需要进一步改进？

②哪些授课内容你特别感兴趣，为什么？

③哪些授课内容你不感兴趣，为什么？

④关于授课内容，是否还有你想学但老师没有涉及的？如有，请指出。

⑤你对哪些授课内容比较满意？哪些方面还需要进一步改进？

⑥你希望每次活动都给小组留有一定讨论时间吗？如果有，你认为多长时间合适？

⑦通过这部分内容的学习，你最想对自己说些什么？

⑧通过这部分内容的学习，你最想对教授本部分内容的教师说些什么？

【活页笔记】

学习过程：

重难点记录：

学习体会及收获：

资料补充：

【任务训练】

任务编号：	学时：
实训地点：	小组成员姓名：

任务描述
①撰写专利说明书：完成至少一个专利说明书的内容撰写。
②撰写说明书目的：学会专利申请提交所用材料的重要组成部分，并完成专利申报。

相关资源
国家专利官网：http：//www. cnipa. gov. cn/col/col1510/index. html
专利系统使用手册：
https：//cponline. cnipa. gov. cn/GzfwYwblGlwhTMVC/GzfwYwblGlwhT/selectCjwtById？weihuRid＝239
专利发布公告：http：//epub. cnipa. gov. cn/Dxb/IndexQuery
高级检索：https：//pss−system. cponline. cnipa. gov. cn/seniorSearch
常规检索：https：//pss−system. cponline. cnipa. gov. cn/conventionalSearch
商标官网入口：http：//www. cnipa. gov. cn/col/col114/index. html

任务实施
个人独立完成说明书撰写和系统申报。

任务成果
①是否熟悉专利挖掘的方法？
②检查申请专利说明书阐述是否清楚？
③回顾专利申请流程的图表是否简洁易懂？

【任务评价】

任务评价表如表3-7所示。

表3-7 任务评价表

评价类型	赋分	序号	具体指标	分值	得分		
					自评	组评	师评
职业能力	55	1	说明书准备充分	20			
		2	书写干净整洁	15			
		3	说明书讲述清晰	10			
		4	图标制作清晰准确	10			
职业素养	20	1	内容真实	10			
		2	不存在抄袭盗用	10			
劳动素养	15	1	按时完成，认真填写记录	5			
		2	保持工位卫生、整洁、有序	5			
		3	协作互助、小组分工合理性	5			
综合素养	10	1	完成素材学习	5			
		2	谈一谈自己对知识产权的理解	5			
总分				100			
总结反思							

目标达成：知识□□□□□   能力□□□□□   素养□□□□□

学习收获：

教师寄语：

问题反思：

签字：

4

捕捉创业机会的慧眼

【学习目标】

①理解打开"机会窗口"的意义，理解机遇与创造力的差异。

②3 种方式来理解创业者如何发现机遇，确定商业机遇的 4 个趋向。

③了解哪些人更擅长发现商机，了解创作过程中的 5 个步骤。

④学会使用图书馆及网上调查资料，学会保护创意不受损失的 3 种方法。

【素质目标】

个人理想融入新时代中国特色社会主义事业和中国式现代化建设实践中
融入点：个人理想与国家社会发展　　元素：个人理想融入中华民族伟大复兴为己任的最高社会理想

　　积极响应习近平总书记给参加第三届中国"互联网+"大学生创新创业大赛"青年红色筑梦之旅"的大学生回信重要精神，引导学生把个人理想与国家社会发展需要紧密结合起来，培养以中华民族伟大复兴为己任的最高社会理想，促进其通过校内外的创新创业实践，不断磨炼自己，从而具备走入社会的创新思维、创业能力与社会责任感和担当精神。

　　以社会主义核心价值观为引领，端正大学生创业价值追求，培养学生的团队精神和契约精神，以及在团队合作过程中需要注重的交往礼仪，全面提高学生的综合素质，为学生后续创新实践乃至就业创业奠定理念基础。

　　以历史唯物主义"人民至上"的观点，促进学生从中国共产党这一百年大党的百余年创业史中汲取营养，激发大学生爱党爱国热情，增强"四个自信"，将爱国之情、强国之志、报国之行融入创新、创业、创造活动，融入新时代中国特色社会主义事业和中国式现代化建设实践中。

　　参考资料：《人民日报》（2017 年 8 月 16 日 01 版）《习近平回信勉励第三届中国"互联网+"大学生创新创业大赛"青年红色筑梦之旅"的大学生》

【知识点框架图】

4.1　创业机会的识别与评

4.1.1　创业机会的来源：市场需求，技术进步，政策导向

（1）市场本身的特点

市场可以被视为一个庞大的网络，其中市场主体（个人或企业）作为网络中的各个节点，通过交易活动将节点之间建立联系。然而，随着社会分工的深入进行，虽然带来了专业化的优势，但也造成了市场知识的分散化，导致许多交易在市场上无法实现。这些未能实现的交易，就如同蜘蛛网上的断点，为企业家提供了开展新业务的机会。由于市场交易中断点的存在以及价格机制的缺陷，产生了大量的创业机会，并催生了大量的创业企业。

北大天正公司总裁
黄斌的第一桶金

（2）行业和市场格局的变迁

在不同的行业阶段，市场结构不同，其竞争力量与市场机遇也各不相同。

同样的，产业融合也会给企业带来新机遇。

举例来说，随着技术的不断发展，通信业和集成电路产业的融合程度越来越高，安泰尔公司准确地把握了这个机遇，凭借其在微处理器技术领域的领先优势，决定在通信领域投入大量的人力和研发资金。这一战略转型使得安泰尔公司得以在新的市场环境中迅速崭露头角，成为通信领域的领军企业之一。

这一案例告诉我们，企业应该时刻关注市场动态，敏锐地捕捉到技术、产业和市场的变化，并能够将这些变化转化为企业的优势和机遇。同时，企业还需要具备足够的创新能力，有充足的资源投入，以适应新的市场环境和技术变革。只有这样，才能在激烈的市场竞争中立于不败之地。

20世纪汽车市场机遇
造就知名汽车企业

（3）大环境的变动

大环境的变动是指企业所在国家或地区所面临的政治、经济和文化环境的综合变化。这些变化包括政府政策的调整、经济形势的起伏、市场竞争的激烈程度、社会文化的变迁等。这些因素都直接或间接地影响着企业的生存和发展。

政策变动带来
企业发展机遇

人口结构的变化对消费群体、消费市场以及产品质量产生了深远的影响，特别是银发市场的机遇。自改革开放以来，我国人民的生活水平得到了普遍提升，人均寿命也有所延长，然而出生率却保持在较低水平，导致60岁以上老年人口比重持续增加。目前，我国已有13个省市进入老年型社会，老年人口已达12亿。然而，市场上很少有专门针对

中国企业"走出去"

老年人设计的鞋帽服装品牌。我们相信，未来将有更多的创业公司利用这一市场机遇，为老年人提供更多专门的产品和服务。

此外，文化环境的变动也会对企业产生影响。例如，随着消费者健康和环保意识的提高，企业需要更加注重产品的健康和环保属性，以满足消费者的需求。同时，随着互联网技术的普及，企业也需要更加注重线上市场的拓展和营销。

（4）以知识为基础的创新和新技术的发明和应用

新技术的出现及知识的拓展，为众多企业带来了全新的生产流程、创新产品、新兴市场，甚至是对资源进行重新组合的有效手段，这些变革为企业带来了前所未有的市场机遇。众多企业纷纷运用知识及技术进行创业，取得了显著的成功。

以美国著名的斯坦福大学为例，每年都有大量的学生和教授利用自身的知识和技术进行自主创业，这些人才正是硅谷能成为全球科技创新中心的重要推动力。这些学生和教授们能够将所学知识运用到实际中，从而创造出具有创新性和商业价值的产品或服务。

作为一名企业家，并不一定需要亲自创造全新的技术或知识，有时只需敏锐地认识到某一技术的独特价值。企业家需要具备敏锐的市场洞察力和商业思维，能够及时捕捉到新技术或知识的商业价值，并灵活运用这些新技术或知识来开发新产品或服务，只有这样，才能在市场竞争中立于不败之地。

新技术拯救浙江
横店集团

4.1.2　创业机会的类型：市场空白，升级换代，新兴领域

（1）市场机会——市场端

创业者通过观察和洞察力，发现或创造了市场机会。这些机会可以是尚未被现有企业发现并占有的新市场，也可以是现有企业未能充分利用的原有市场。在某些情况下，创业者也可能在已经饱和的市场中利用自身资源获得一定的市场份额，从而被认为是发现了市场机会。

研究结果表明，创业者发现或创造市场机会的方式可以归纳为以下几个方面：

①寻找新的市场机会。在某些情况下，创业者的创新意识与创新行为往往会导致市场机遇的发现。利基市场的本质是被巨头或者市场忽视或者未发现的市场，它是大市场中需要被细分和类别化的市场，这个市场并不是很明显的，它是一个隐性的、需要被挖掘的市场，它需要创业者的创新思维、创新意识和专业知识来对其进行明确定位。

创业者的创新意识是发现和开拓利基市场的关键。这种创新性思维通常涉及对现有市场和技术的深入分析，以及对潜在客户需求的敏锐洞察。通过这种分析，创业者能够识别出市场中的空白区域，并针对这些区域提出创新性的解决方案。

除了创新性思维，创业者的创造性意识和行为也是开拓利基市场的重要因素。这些意识和行为通常包括对风险的承受能力、对失败的适应能力以及对新事物的接受能力。这些特质使创业者能够在不确定的市场环境中保持灵活性和适应性，从而更好地应对各种挑战和机遇。

在现实生活中，每个行业中出现的每个细分市场，都可以被称为市场利基的发现与发展。例如，互联网行业的兴起催生了许多新兴的细分领域，如移动支付、在线教育、共享经济等。这些领域都是在大市场中尚未被充分开发的利基市场，通过创新性的思考和行动，创业者在这些领域中获得了巨大的商业成功。

②市场空白的发现。除了利基市场外，新的市场也会因为创新而被发现。举个例子，一家制鞋厂曾派出两个推销员到海岛去调查市场情况。当一位推销员回来报告说，那儿没有市

场，一双鞋子也卖不出去，因为那儿的人从来不穿鞋子，光着脚走。而另一位推销员则认为这是一个巨大的市场，这个市场一般都是被人忽略的，因为这个市场需要创新。

这位推销员之所以认为这是一个巨大的市场，是因为他观察到了当地人的生活方式和需求。他可能注意到，当地的气候适宜，人们经常需要在崎岖不平的地面上行走，而穿鞋子可以提供更好的保护和舒适度。此外，他可能还注意到当地的文化和传统，发现当地人对于穿着和外表有着一定的要求，而鞋子作为服饰的一部分，可以为他们提供一种自我表达的方式。

因此，这位推销员可能认为，如果能够开发出适合当地市场需求的产品，并提供一种解决方案来满足他们的需求，那么这个市场将会非常有潜力。通过创新和开发新产品，制鞋厂可以填补这个市场空白，并在这个市场中获得成功。

③企业对市场变化的感知反应。通常来说，市场机会的发现与创业者对市场信息的敏锐感知和深入掌握密切相关。如果创业者能够准确地察觉到市场的需求，并迅速捕捉到潜在的市场机会，他们将会立即行动，组织团队并快速响应市场需求，以提供满足顾客期望的产品或服务。

这种市场机遇的发现，不仅要求企业家具备丰富的行业经验和深厚的市场知识，还需要敏锐的洞察力和决策能力。这些创业者必须能够迅速识别并解决一系列问题，比如供应链管理、物流配送等。

同时，他们还需要有足够的耐心和毅力，以应对在市场变化中可能遇到的各种挑战和困难。在市场竞争日益激烈的环境下，对市场变化的感知反应能力成了企业能否成功的关键因素之一。因此，创业者需要不断地提高自身的敏锐度，深入掌握市场信息，以更好地发现并抓住市场机会。

④社交网络资源的使用。在现实生活中，许多创业者并未通过发现新市场或对市场变化作出反应来取得成功，而是凭借他们拥有的独特社会网络资源实现了创业目标，或使企业获得了盈利。这种以非市场手段为主，即利用社会网络关系资源来抢占原有的市场份额，在竞争激烈的市场中分得一杯羹，对生活环境和社交网络有着极大的依赖性，因此难以被复制和学习。

然而，这种依赖于社会网络关系的创业方式也存在一些局限性。首先，它严重依赖特定的生活环境和社交网络，因此难以在不同的环境中复制。其次，这种创业模式的学习和复制难度较高，因为它不仅需要创业者具备一定的社交技巧和人际关系处理能力，还需要对特定市场的深入了解和敏锐洞察力。

综上所述，社会网络资源在创业过程中扮演着重要的角色。创业者可以通过建立和维护与具有影响力的社交网络成员的关系，获取更多的资源和信息，从而在市场竞争中获得优势。然而，这种创业模式也存在一定的局限性，难以被广泛复制和学习。

⑤对其他商业行为的效仿。在某些情况下，市场机会的识别可能源于创业者对周围环境中企业、商业行为的模仿。在这种情况下，创业者可能并未明确察觉市场中的机会，然而他们可能观察到周边的产品或服务在市场中表现出良好的销量，从而通过模仿和跟随这些成功案例进入市场并获取收益。

值得注意的是，这种市场机会的识别过程可能缺乏创新因素，然而它确实增加了市场份额。一旦创业者识别到这样的市场机会，他们通常会选择贸易类或服务类的创业模式，而不是生产性的创业模式。这一选择主要是基于对市场机遇的快速响应和抓住时机的考虑。

由于市场机遇的出现往往短暂且稍纵即逝，因此从外部市场引入或购买这类商品或服务，以填补市场空白与缝隙，迅速满足目标市场需求，是企业在经营活动中必然作出的选择。相比之下，生产制造是一个相对冗长的过程，包括厂房设备的建设调试周期、产品的生产制造周期等。一旦产能达到一定程度，可能已经错过了最佳的市场机会。因此，当市场出现时，对于企业家来说，选择引入或购买相应的商品或服务是最佳的策略。

创业成功的最佳途径应聚焦于商业和服务业领域。然而，若创业者发掘了一个特殊的利基市场，或市场尚未出现满足特定需求的同类产品，那么创新思维与成果驱动的生产制造则显得至关重要。此类市场机会属于长期稳定的类型，创业者有必要开展生产制造工作，以便更好地掌握供应链和产品品质。

（2）创新成果的商品化——供应阶段

创新成果商品化是首要目标，也是创新型国家和创新驱动型经济体的核心标志和重要特征。创新成果商业化是创业与创新的至关重要的环节，也是创业与创新的不可或缺的环节。只有通过创新成果的商业化，才能将创新成果转化为商业企业的核心动力，从而推动社会经济的繁荣发展，彻底改变科技与经济相互分离的现象。

对于创新成果的来源和类型，存在多种不同的分类方法。其中，常见的分类方式是基于科研成果的角度，将其分为两类：一类是高等院校、科研院所等机构的基础研究创新成果，另一类则是大中型企业的研发部门、新型研发机构等组织的应用研究创新成果。

这些创新成果，无论是来自基础研究还是应用研究，都具有潜在的商业价值，只是应用研究的创新成果距离商业化更近一些。实际上，从本质上讲，创新成果的商品化就是将各种类型的创新成果转化为有经济价值的商品，即能够产生经济效益的商品。

基于这个维度，我们可以通过观察具有经济价值并能够带来经济利益的产品在创新成果商业化过程中所起的作用，将创新成果商业化分为以下几类：

①具有创新性的成果。具有创新性的成果是指那些能够通过转化、商业化成为原创性产品的创新成果。这些产品或服务是首次出现、全新的，具有很高的价值和革命性的创新能力。一旦创新产品问世，它可能会引发一场巨大的社会变革，激发新的需求和消费。

②改进型产品。改进型产品是一种创新成果转化的产品或服务，能够对社会中现有的产品或服务进行改进，使其更好地满足消费者的需求。

这种改进型产品可以对原有产品的功能、品质和体验感进行优化、提升和丰富，是对原有产品的更新迭代。经过长时间的研究与沉淀，这种创新成果具有丰富的知识内涵，对产品本身有深刻的理解与把握，同时也对社会需求变化和行业发展有深入的探索。这种创新成果具有可持续性，可以持续地对产品进行改进，适应不断变化的市场需求和社会环境。改进型产品的出现，不仅丰富了产品种类和功能，同时也提高了产品品质和用户体验，推动了行业的发展和进步。

③工艺创新。工艺创新涵盖了那些能够转化为产品生产制造过程中某一环节优化提升的方法、步骤、技巧、物料、装备等的创新成果。这类创新成果转化具有显著的特征，它们能够优化产品制造的流程，实现全流程成本的节约，从而在成本上使产品处于领先的地位，进而获得长期的竞争优势。

综上所述，创新成果的商业化可以根据具体情况分为不同的类型，这些类型涵盖了从具有原始创新意义的原创性产品创新，到改进优化产品的改进性创新，以及促进产品生产过程环节的过程创新。由于不同类型的创新成果在转化为具有经济价值的商品过程中所需要采取的策略和措施有所不同，因此在推动创新成果商业化的过程中，需要针对不同类型的创新成果制定相应的商业化策略和措施。

为了鼓励创新，不论是哪一种类型的创新，都应该成为创业的首要步骤。让创新成为创业和创业机会的来源，可以推动经济的持续发展和社会进步。这三类创业主体通常通过三种方式实现，即生产、知识产权转让和知识服务支付。这些方式为创业者提供了多样化的选择，可以根据自身的实际情况和需求选择最适合自己的方式。

另外，创新成果的商业化过程也是一个值得重视的问题。要想实现全球范围内的新成果的商业化，还必须要发展好各类各级资本和资本市场。这需要政府、企业和个人的共同努力，创造一个有利于资本运作和创新创业的环境。通过加强金融市场的开放和合作，可以促进资本的流动和创新成果的商业化，从而推动经济的持续发展和社会的进步。

（3）业务效率的提高——商业模式端

商业模式创新是一种非常特殊的创业机会，它不同于其他类型的创业机会，因为它不涉及提供具体产品或满足特定的市场需求，也不涉及生产制造过程的优化。相反，这种创业机会专注于采用新型的组织方式——商业模式，来提升整个行业或产业的商业效率。这种机会从商业模式的角度入手，利用新的商业模式来提升商业效率，进而实现企业盈利的最大化。

商业模式创新是一种非常具有现实意义的创业机会。随着科技的不断发展，新的社会基础设施不断涌现，商业模式也在不断发生变革。例如，当互联网1.0阶段门户网站时代到来的时候，免费模式（第三方付费）成为最活跃的商业模式。而随着网络的不断发展，那些互联网企业家敏锐地察觉到网络所带来的革命性价值，于是电子商务模式（网上商城、应用免费、广告收入、第三方支付）应运而生，这才有了整个电子商务时代的诞生。

商业模式创新的创业机会往往涉及商贸类的创业机会，其本质就是创新了供应链体系、业务组织流程、交易方式等。这种创新需要创业者对新技术、新基础设施和商业逻辑有深入的研究和深刻的理解。商业模式创新的创业很容易被模仿和学习，所以无法对知识产权进行很好的保护，或者对外部保密。这就要求这类创业者有很好的理解和长远的眼光，可以保持一定的领跑的姿态，直至创业成功，否则很容易导致失败。

尽管商业模式创新的创业机会具有很高的风险和挑战，但同时也具有很高的收益和潜力。如果能够成功地创新商业模式，将会带来巨大的商业价值和社会效益。因此，对于那些对商业逻辑和商业模式有深刻理解，同时又具有创新思维和创业精神的创业者来说，基于商业模式创新的创业机会是非常值得尝试的。

（4）社会难题的解决——需求端

在现实社会中，存在着许多令人困扰的社会痛点问题，它们给周边环境、人们的生活和信息交流带来了巨大的不便。例如环境污染、交通拥堵、医疗资源不足等，这些问题给人们的生活带来了很大的困扰，同时也对社会的可持续发展造成了很大的阻碍。这些社会痛点问题不仅对人们的生活质量造成了严重影响，还对整个社会的经济发展产生了负面影响。因此，解决这些社会痛点问题成为相关利益群体最为迫切的愿望和需要。

对于创业者来说，解决社会难题可以成为创业机会的最大需求端。从这些社会痛点出发，创业者可以利用自己专业化的能力，深入研究并

"最后一公里"催生
共享单车

创新出行之有效的解决方案或产品系列，从而满足市场的需求并实现创业成功。这种创业模式不仅具有很大的社会价值，同时也可以带来可观的商业回报。

那些创业成功案例充分说明，发现并解决这些社会痛点，是发掘创业机会的重要途径，也是从需求端寻找创业机会的最优路径。以解决社会痛点为出发点的创业模式，往往需要更多的集成创新。这种创业模式的投入较大，甚至有可能引领新的产业诞生。创业模式可以是一种大型的组织形式，包括生产制造、系统集成服务提供商。这类企业的核心是专有服务，具有集成创新的特点，能够实现跨行业、跨领域的融合发展。

同时，解决社会痛点问题也有利于推动社会的可持续发展。这种创业模式不仅可以带来商业上的成功，还可以为整个社会带来长远的利益。通过解决社会痛点问题，创业者可以为社会创造更多的就业机会、提高人们的生活质量、促进社会的和谐稳定。因此，解决社会痛点问题不仅是一种社会责任，也是一种商业机会。

（5）专业技能特长——技能端

在现实生活中，创业者利用自己的专业技术专长来创业是一种非常普遍的创业机会。这些专业技术专长可以是各种领域的，比如烹饪、音乐、绘画、美容美发、会计、手工业等。这些创业者往往在自己的领域里有着丰富的经验和技能，他们将这些技能和经验运用到创业中，从而创造出独特的企业和产品。

这种创业机会的来源非常广泛，种类繁多。不同的领域、不同的技能、不同的创业者都可以利用自己的专长来创业。这种创业机会的实质是创业者将自己的专业技能转化为商业价值。

在当今社会，利用专业技术专长创业的例子比比皆是。有一位厨师，凭借自己独特的烹饪技艺和美食心得，开办了一家备受欢迎的餐厅；有一位音乐家，凭借出色的音乐才华和创作能力，创办了一所音乐学校；有一位画家，凭借独特的绘画风格和创作手法，成立了一家艺术工作室。这些创业者用自己的技艺和经验，创造出了独一无二的企业和产品，实现了自己的创业梦想。

然而，这种类型的创业企业通常比较难以做大做强。它们往往具有生存型特征，即为了生存而存在，而不是为了发展而存在。由于企业规模较小，往往缺乏足够的资金和技术支持，难以与大型企业竞争。此外，由于创业者往往专注于某一领域或技能，对于市场变化和消费者需求的变化缺乏敏锐的洞察力和应对能力。因此，政府和社会应该给予这些企业更多的支持和引导，帮助它们扩大规模、提高竞争力，同时培养创业者的市场洞察力和应对能力。

总之，利用专业技术专长创业是一种非常有前景的创业机会。在任何情况下，把专业技能作为创业机会的来源都是一种非常常见的创业形式。这种形式的创业不仅可以让创业者实现自我价值的转化，还可以为社会创造更多的就业机会和财富。因此，我们应该鼓励更多的专业人才积极创业。

4.2　全方位评估创业机会

4.2.1　创业机会的市场评估：潜在需求，竞争态势，市场规模

一个优秀的新创业机会，必然需要具备针对特定市场基础的特性，专注于满足客户的需

求，并能够为顾客带来额外的价值增值。在评估新创业机会的潜在市场价值时，我们可以从多个方面进行全面考量。

首先，市场定位的明确性是关键，一个好的新创业机会应当有清晰的目标市场和定位，了解顾客的需求和痛点，从而提供有针对性的解决方案。

其次，对于顾客需求的把握也是至关重要的，只有深入了解并精准把握顾客的需求，才能为顾客提供优质的产品和服务，进而赢得市场份额。

再次，与客户的接触途径同样重要，良好的客户接触途径可以提升顾客体验和忠诚度，有利于新创企业在市场中树立良好的口碑。

最后，产品线的可持续衍生性也是评估新创业机会的重要因素，一个成功的企业应当具备持续创新和拓展产品线的能力，以适应不断变化的市场需求和顾客需求。

对于市场结构的分析同样不容忽视。这包括对进入壁垒、上游厂商、顾客、替代性竞争产品的威胁以及市场内部竞争的激烈程度的深入了解。通过这些方面的分析，我们可以更加清晰地了解新创企业未来在市场中的地位以及可能遭遇竞争对手的反击程度。这些分析可以帮助新创企业制定更加明智的商业决策和战略规划，以应对可能出现的市场风险和挑战。

除了市场结构分析外，市场规模大小与成长速度也是影响新创业成败的重要因素。一般来说，市场规模越大，进入壁垒越低，市场竞争的激烈程度也就越低。这意味着新创企业进入一个大规模的市场可能会面临更少的竞争压力和障碍。然而，即使市场规模再大，如果市场已经趋于饱和且成长空间有限，那么新创企业的成长潜力和投资价值可能会受到影响。因此，对于投资者来说，除了考虑市场规模和成长速度外，还需要关注新创企业的商业模式、竞争优势以及未来发展潜力等多方面因素的综合评估。

综上所述，一个好的新创业机会应当具备明确的市场定位、精准的顾客需求分析、顺畅的客户接触途径、可持续衍生的产品线以及深入的市场结构分析等多方面的优势。这些因素的综合作用将有助于新创企业在激烈的市场竞争中脱颖而出，实现商业成功并为顾客创造更多价值。

一个最优的团队组合对于新创企业的成功至关重要。一个知名的创业者作为领导者，带领着具有不同专业背景、较强组织凝聚力和价值观共享能力的团队成员，是新创企业成功的最好保障。这种团队组合可以充分发挥每个人的优势，弥补彼此的不足，形成强大的协同效应。

在评价一个新创业公司时，除了关注其商业计划和市场前景，我们绝对不能忽视创业团队组合的成分以及团队整体可以对外发挥的程度。一个优秀的团队组合可以为公司带来更多的机会和资源，同时也可以增强公司的竞争力和可持续发展能力。

不同的行业和不同的专业背景也会影响到一个人的成功概率。通常来说，我们可以借助行业内的专家力量来对创业团队成员的背景、经历、专业能力进行评估，从而获取更多有价值的信息。只有当创业团队具备相关行业的经验和专业背景时，合作者才能更有信心地参与其中并共同推动项目的成功。

（1）市场规模

市场规模是衡量企业成功与否的一个关键指标，它能够反映出企业的竞争力和市场地位。当市场规模巨大时，企业有更多的机会扩大规模、提高市场份额，从而实现可持续发展。创业者需要深入了解自己选择的行业的市场规模和成长性，这有助于他们制定更加精准的商业策略。

市场容量是指某一领域内的销售总量或需求总量，这反映了该市场的潜力和需求。创业者需要了解市场容量的变化趋势，以便更好地把握市场机会。而市场增长率则是指每年市场容量的成长率，它能够反映出市场的活力和发展潜力。通过对市场规模的深入了解，创业者可以确定目标市场、制定营销策略并确定市场份额。

市场规模与成长性是新创企业成功与否的关键因素。如果一个市场规模较大且成长性强，那么进入该市场的壁垒相对较低，同时竞争程度也较低。这意味着新创企业有更多的机会在市场中立足并获得成功。相反的，如果一个市场已经成熟并停止增长，那么即使市场规模很大，利润空间也可能非常有限。因此，对于创业者来说，选择一个发展中的市场往往更有商机，只要能够把握好时机，就一定有利润空间可以获取。

总之，创业者必须深入了解自己选择的行业的市场规模和成长性。通过对市场规模的精准把握，他们可以更好地制定商业策略、抓住市场机会并实现可持续发展。

（2）企业间的竞争性分析

企业间的竞争性分析是评估企业家机会的另一项至关重要的要素。创业者需要深入了解自己选择的行业内部的竞争状况，包括竞争对手的数量、规模、产品特性、市场份额、营销策略等。通过细致的竞争力分析，企业可以更准确地认识市场竞争的程度以及自身的优势与劣势，从而制定出具有差异化的营销策略。

供方议价能力

市场渗透性评价是创业机会获得的关键因素之一。聪明的创业者懂得在最佳时机进入市场，也就是市场需求正在迅速增长的时候。他们已经做好了接受订单的准备，并且具备迅速响应市场变化的能力。市场渗透性评价可以帮助创业者判断进入市场的最佳时机。

买方的讨价
还价能力

新创企业的市场份额指标可以反映其未来的市场竞争能力。一般来说，想要成为行业的领头羊，至少要有20%的市场份额才行。如果市场份额低于5%，那么这家公司的竞争力就相对较弱，这也会影响其上市价值。因此，创业者需要密切关注市场份额的变化，以便及时调整策略并增强自身的市场竞争力。

新入局者
的威胁

（3）目标客户

目标顾客是创业机会的重要衡量指标之一，对于创业者来说，了解自己的目标顾客是非常关键的。这些顾客的需求、喜好、购买力以及消费习惯等因素都需要被深入挖掘和掌握。

通过对目标顾客的深入了解，企业可以更好地定位自己的产品与市场，从而更好地制定企业的营销策略。例如，如果企业了解到自己的目标顾客是年轻人，那么他们可能会选择在社交媒体上投放广告，同时采用时尚、活力等元素来吸引年轻人的注意。如果企业了解到自己目标顾客是老年人，那么他们可能会选择在电视上投放广告，同时采用健康、安全等元素来吸引老年人的关注。

总之，对目标顾客的深入了解是制定成功营销策略的关键之一。创业者必须认真分析目标顾客的需求、喜好、购买力以及消费习惯等因素，以便更好地定位自己的产品与市场，从而更好地制定企业的营销策略。

（4）市场趋势

市场趋势是衡量企业家机会的重要标准之一。市场趋势反映了当前市场的发展动态和未来可能的走向。创业者需要密切关注市场趋势，以便在市场竞争中保持领先地位。

通过对市场趋势的分析，创业者可以了解市场的供求关系、消费者的需求和行为变化以及竞争对手的市场份额等信息。这些信息对于企业制定营销策略、拓展市场份额和提升品牌影响力具有重要意义。

此外，市场趋势还可以为企业提供战略决策的依据。通过对市场趋势的预测和分析，企业可以制订更为精准的战略计划，以适应市场的变化和需求。例如，如果创业者发现某个领域的产品或服务需求正在增加，他可以及时调整企业的产品研发、生产和销售计划，以抓住这个商机。

总之，对市场趋势的深入理解和分析是企业家把握市场机会的重要手段。通过关注市场趋势，创业者可以更好地制订企业战略计划，抓住商机并取得成功。

（5）市场营销

营销是最后一项评估创业机会的指标。它涵盖了多个方面的内容，如产品的定位、市场的定位、价格的制定、促销的制定以及渠道的制定等。这些方面都与企业的市场表现和成功息息相关。通过有效的市场营销，企业家能够精准地确定目标市场和客户需求，制定出最适合自己的营销策略，从而在激烈的市场竞争中提高产品竞争力，获得更大的市场份额。

产品的定位是指企业家要明确产品的特点、优势以及与竞争对手的差异化，从而在目标市场中树立独特的品牌形象。市场的定位则需要企业家对目标市场进行深入的分析和研究，了解客户的需求、消费习惯和购买行为等，以便为不同市场提供最适合的产品和服务。价格的制定则需要企业家根据产品的特点、市场需求以及竞争状况等因素来确定最合理的价格，以实现最大的利润。促销的制定则是为了提高产品的知名度和销量，通过各种促销手段来吸引客户购买。而渠道的制定则是为了将产品传递给最终用户，企业家需要选择最合适的渠道来实现这一目标。

4.2.2　创业机会的政策分析：政策环境，法规影响，政府支持

本章节将关注点放在了创新创业的政策行为上，从政策资源、利益相关者和发展阶段三个维度，将创新创业活动、利益相关者与政策资源有机地结合起来。通过多维度的分析，我们可以揭示不同阶段创新创业政策环境的差异性，反映出不同阶段创新创业利益相关者的参与程度和政策资源诉求。

通过以上三个维度的分析，我们可以从多角度揭示不同阶段创新创业政策环境的差异性，反映出不同阶段创新创业利益相关者的参与程度和政策资源诉求。这些分析有助于我们更好地理解创新创业的发展过程和政策支持的力度和方式，为创新创业的发展提供有力的支持。

（1）政策资源对创新创业的影响

目前，我国创新创业发展的政策要素可以归纳为人才政策、财税金融、孵化服务和公共服务。这些政策要素对于推动创新创业发展起到了至关重要的作用。

在人才政策方面，政府通过制定一系列政策措施，从大学生、海外高层次人才和科研人

员等角度出发，积极吸引和培育人才，为创新创业提供强有力的人才保障。这些政策包括提供创新创业培训、创业扶持、人才引进等，通过这些措施的实施，政府旨在激发人才的创新创造活力，提高人才的创新成功率，进一步推动经济的发展和社会的进步。

在财税金融政策方面，政府通过补贴、税收优惠以及各类风险投资政策等手段，大力支持创新创业活动。这些政策的实施，有效地降低了创新创业的成本，提高了创新创业的收益，激发了社会各界的创新创业热情。同时，政府还通过引导和鼓励各类金融机构为创新创业提供融资支持，帮助更多的创业者和企业实现创新发展。

在孵化服务方面，政府通过高新示范区科技创业政策、众创空间产业政策等手段，积极打造良好的创新创业生态环境。这些政策着眼于提供完善的孵化服务，包括场地租赁、技术支持、市场推广、法律咨询等服务，为创业者提供全方位的支持和帮助。这些政策的实施，有效地降低了创业者的初期成本，提高了创业成功率，进一步推动了创新创业的发展。

在公共服务政策方面，政府通过一系列政策措施，从行政壁垒、制度规制、知识产权保护等角度出发，为创新创业提供良好的公共服务环境。这些政策旨在降低创新创业的环境不确定性，提高创业者的信心和决心。政府通过简化行政审批流程、减少制度性成本、加强知识产权保护等措施，积极营造稳定、公平、透明的营商环境，为创新创业提供更加广阔的发展空间。

（2）企业创新发展的阶段性特征

我国创新创业的旅程通常被划分为两个主要阶段：孵化—初创阶段和快速成长阶段。这两个阶段中，我国的创新创业特点、所需的政策资源以及利益相关者的主导权等方面，均存在显著的差异。

在孵化—初创阶段，创业者以他们的愿景为指引，仔细识别并抓住创业机会。他们巧妙地融合了技术创新、商业模式创新和政府管理创新，从而对资金、人才、技术等关键生产要素进行战略性整合，逐渐形成创业设想，并进一步做好创业规划。在此基础上，他们将勇敢地开发创业机会，创建并运营新的创业公司，积极适应市场环境的挑战。

在快速成长阶段，创业企业已经从初创期的摸索逐渐走向成熟。他们致力于构建一个全面而高效的产业链和供应链体系，以推动产品和服务走向标准化，从而推动新创企业形成初步的发展态势。他们持续优化和调整成长战略，使其更加适应市场的变化和需求。

在这两个阶段中，政府的角色和政策支持也发生了变化。在孵化—初创阶段，政府需要通过提供资金支持、优惠政策、创业培训等手段来帮助创业者克服初创期的困难。而在快速成长阶段，政府可能需要通过提供更多的市场机会、优化营商环境等方式来支持创业企业的持续发展。

同时，利益相关者的主导权也在不同阶段有所变化。在孵化—初创阶段，创业者对企业的命运具有决定性的影响。而在快速成长阶段，虽然创业者仍然拥有主导权，但可能需要对股东、员工、合作伙伴等利益相关者作出一定的权衡和妥协，以实现企业的长期发展目标。

综上所述，我国的创新创业过程是一个动态而复杂的过程，需要在不同的阶段根据实际情况调整策略和资源配置。在孵化—初创阶段，重点是抓住创业机会并形成创业设想；在快速成长阶段，重点是推动企业标准化并持续优化成长战略。在这个过程中，政府和利益相关者的角色也会发生变化，需要灵活应对各种挑战和变化。

政策案例分析

【教学评价】

亲爱的同学，本次课程学习已经圆满结束。感谢你在整个学习过程中的持续努力和积极配合。我们深知，每一次的进步都离不开宝贵的反馈和建议，我们非常期待收到你对本次课程学习的真实感受，从而不断提升我们的教学效果。请放心，我们将采用不记名的方式收集数据，并进行保密。在回答问卷时，有些问题你只需要作出选择，有些问题则可以用几个关键词简单地表达你的想法。

教学评价表如表 4-1 所示。

表 4-1 教学评价表

章节名称：　　　　　　　　教师姓名：　　　　　　　授课地点：

课程时间：　　年　　月　　日—　　日　第　　周					
项目教学组织评价	很满意	满意	一般	不满意	很不满意
你对课堂教学秩序是否满意	☐	☐	☐	☐	☐
你对教室环境卫生是否满意	☐	☐	☐	☐	☐
你对小组总体表现是否满意	☐	☐	☐	☐	☐
你对课程的教学模式是否满意	☐	☐	☐	☐	☐
授课教师评价	很满意	满意	一般	不满意	很不满意
你如何评价授课教师	☐	☐	☐	☐	☐
教师授课通俗易懂，结构清晰	☐	☐	☐	☐	☐
教师非常关注学生的反应	☐	☐	☐	☐	☐
教师能认真指导学生，因材施教	☐	☐	☐	☐	☐
你对授课氛围是否满意	☐	☐	☐	☐	☐
你认为理论、实践安排是否合适	☐	☐	☐	☐	☐
你对教师在岗情况是否满意	☐	☐			
授课内容评价	很满意	满意	一般	不满意	很不满意
你对授课涉及的内容是否满意	☐	☐	☐	☐	☐
授课中使用的设备是否丰富	☐	☐	☐	☐	☐
你对发放的学习资料和在线资源是否满意	☐	☐	☐	☐	☐

请回答下列问题。

①在教学组织方面，哪些还需要进一步改进？

②哪些授课内容你特别感兴趣，为什么？

③哪些授课内容你不感兴趣，为什么？

④关于授课内容，是否还有你想学但老师没有涉及的？如有，请指出。

⑤你对哪些授课内容比较满意？哪些方面还需要进一步改进？

⑥你希望每次活动都给小组留有一定讨论时间吗？如果有，你认为多长时间合适？

⑦通过这部分内容的学习，你最想对自己说些什么？

⑧通过这部分内容的学习，你最想对教授本部分内容的教师说些什么？

【活页笔记】

学习过程：

重难点记录：

学习体会及收获：

资料补充：

【任务训练】

任务编号：	学时：
实训地点：	小组成员姓名：

任务描述

讨论分析，找出佐证案例：

①哪些公司或行业是依靠政府扶持政策生存下来的？

②政治变化导致了哪些新的业务和产品机会？

③新法将给创业企业带来哪些机遇？

④政府政策的改变会导致企业的观念改变吗？

小组讨论

为了避免孩子听 MP3 音量太大，克里斯汀发明了限制音量的耳机；劳拉女儿每天都抱怨背包弄疼了肩膀，于是她发明了能够在滚轮上卡包可折叠座椅；玛蒂斯喜欢看棒球表演，希望有个东西可以装她的水壶、花生、望远镜，后来玛蒂斯学完 MBA 课，创建了自己的公司。

讨论：

①这三位女性是天才还是同你我一样的普通人？你是否有提出好创意的能力，本文说明什么？

②按照机会的四个维度，评价文中的每个创意，并根据满足每个维度的程度打分（1~5，5 最高），同时给这些创意排序。

案例分析

如果新产品、新服务似乎是解决某个问题或利用环境趋势的完美选择，顾客却发现产品未能达到所作的承诺，他们会很快离开。比如果味瓶装水定位软饮的健康替代品，人们在细小文字里发现它并不比软饮更健康。

讨论：

①按照机会的四个维度，评价果味瓶装水。

②当你拿起一瓶宣传中替代碳酸、加糖饮料的健康替代品时，会阅读相关文字，看它是否更健康吗？如果与宣传不一致，你有被欺骗的感觉吗？

③意图良好的初创企业，如何使人相信它的产品是真正满足设计需求的？

④当你未能兑现承诺，何事会发生？

任务成果

了解创业机会需要一定的专业知识和技能，同时也需要敏锐的市场洞察力和创新思维。通过深入的市场调研、行业分析和风险评估，以及制定详细的商业计划，创业者可以更好地把握市场机会并实现商业价值。

【任务评价】

任务评价表如表4-2所示。

表4-2 任务评价表

评价类型	赋分	序号	具体指标	分值	得分		
					自评	组评	师评
职业能力	50	1	任务训练准备充分	20			
		2	表演逻辑清晰	15			
		3	情景设计的掌控力	15			
职业素养	20	1	面部表情自然	3			
		2	身体移动自然	3			
		3	目光交流自然	2			
		4	动作手势自信	2			
		5	语速适中、语调自信	10			
劳动素养	20	1	按时完成，认真填写记录	5			
		2	保持座位卫生、整洁、有序	5			
		3	协作互助、小组分工合理性	5			
		4	小组讨论积极	5			
综合素养	10	1	完成素材学习	5			
		2	谈一谈自己对创业机会的理解	5			
总分				100			
总结反思							

目标达成：知识□□□□□　　能力□□□□□　　素养□□□□□

学习收获：

教师寄语：

问题反思：

签字：

5

创业团队的组建与成长

【学习目标】

①了解创业团队的概念、作用、价值和社会责任。

②了解创业团队的组建过程和组建原则，掌握创业团队的管理策略。

③学会打造核心创业团队。

【素质目标】

认识良好的团队关系能增强凝聚力，团队越紧密，就越成功
融入点：社会责任感、个体与集体　　元素：树立正确的价值观和人生观
团队建设是现代社会中不可或缺的一部分，它是指通过一系列的活动和培训，使团队成员之间建立起良好的合作关系，提高团队的凝聚力和执行力，从而达到更好的工作效果。 　　通过团队合作的重要性，引导团队成员树立正确的价值观和人生观，提高他们的自我认知和自我管理能力，从而更好地适应团队合作的环境。 　　同时，我们还可以通过讲解团队合作的原则和技巧，引导团队成员学会如何与他人合作，如何有效地沟通和协调，从而提高团队的凝聚力和执行力。再通过讲解社会责任的概念和重要性，引导团队成员认识到自己在团队中的作用和责任，从而更加积极主动地参与团队合作，为团队的发展作出更大的贡献。同时，我们还可以通过讲解团队合作的案例和经验，引导团队成员学会如何在工作中发挥自己的优势，为团队的成功贡献自己的力量。 　　参考资料：《论党的青年工作》

【知识点框架图】

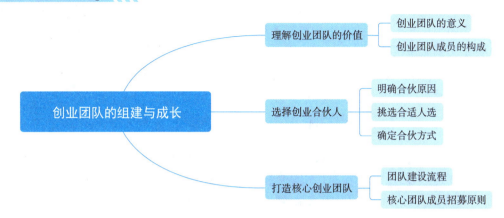

5.1　理解创业团队的价值

5.1.1　创业团队的意义：协同效应，共同成长

与个人单打独斗的创业方式相比，创业团队具有显著的优势。越来越多的学者开始关注团队创业并对此进行深入研究。随着知识经济的发展和科学技术的进步，创业团队已经成为现实经济生活中无处不在的现象，特别是在高新技术行业中，创业团队创立了一大批成功的公司，成为引人注目的经济现象。大量研究表明，由创业团队组建的新企业绩效通常优于由个人创业者建立的企业。

没有完美的个人，只有完美的团队。这一理念在创业领域中得到了生动诠释。创业团队对创业成功的重要意义不言而喻，团队是创业者的基石，为其提供必要的支持和帮助。就像雷军在创建小米时所依赖的八大金刚一样，团队的组建是创业成功的关键因素之一。一个好的团队应该具备肯担当、愿意成全的品质，这种相互支持、共同进步的关系让创业者在创业的道路上能够看清自我，无论是在事业发展的高峰还是在遭遇挫折时，都不至于过分得意或失落。

团队是一个企业真正的资本。除了实物资本和货币资金外，人才是构成企业最宝贵的资本之一。而由人才组成的创业团队正是众多最优质资本的总和。没有不能干事的人，只有放错位置的人才。团队扶持让创业之路不再孤单，正如卡内基所说："把我的厂房拿走，把我的人才留下，一年后，我将建起新的厂房。"团队的力量和扶持是创业成功的重要保障，让创业者能够在艰难的创业道路上不再孤单，共同迎接挑战并实现梦想。

5.1.2　创业团队成员的构成：学科交叉，能力互补

关于团队角色理论概括起来主要有如下几种：

①贝恩、希茨提出的角色理论指出团队必须担任三种角色：团队任务角色、团队建设和维护角色、个人角色。

②双重角色理论：George Prince 提出这一理论，认为成功的团队中任务的完成和社会满意度是通过团队成员的任务专家角色和社会情绪角色这两种类型的角色达成的。

③团队管理轮盘：Margerison 提出，团队中存在八大角色：开拓宣传者、发展评估者、组织推动者、总结者、检查监控者、维持拥护者、报告建议者、创造革新者，并将八大特定角色划分为四类：开拓者、建议者、控制者和组织者。

④贝尔宾团队角色模型：贝尔宾将团队角色划分为九种：协调者、推进者、创新者、信息者、监督者、凝聚者、实干家、完成者和专家，并可归纳为三类：行动类、社交类、思考类。贝尔宾团队角色模型如图 5-1 所示。

图 5-1　贝尔宾团队角色模型　　　　　　团队角色分类表

团队角色与许多因素密切相关，包括管理风格、团队绩效、认知风格以及权力与控制等。在主张变革和发展的管理者所领导的团队中，其角色更倾向于协调者、创新者和推进者。相比之下，那些相对同质化和稳定型的组织里，实干家和完成者的数量则更多。地方政府的高管中大部分是推进者和实干家，而私营企业的高管中创新者、凝聚者以及完成者则出现的更多。因此，不同类型的组织对各种团队角色的类型具有不同的吸引力，这表明团队角色的构成与组织的性质和目标密切相关。

为了更全面地理解团队角色，我们可以进一步探讨其特征和作用。协调者是团队中的核心人物，他们负责协调团队成员之间的合作，确保任务得以顺利完成。创新者则是团队中的思考者和策划者，他们善于提出新思路和解决方案，推动团队不断创新。推进者则扮演着实施和执行的角色，他们积极推动任务的进展，确保目标得以实现。实干家则注重细节和执行力，他们能够将计划转化为实际的成果。最后，完成者则关注团队的规范和标准，他们确保团队工作的质量和标准。

不同类型的组织对各种团队角色的需求不同。例如，创新型组织更倾向于吸引创新者，而实干型组织则更倾向于吸引实干家。此外，组织的规模和发展阶段也会影响团队角色的构成。大型组织可能需要更多的协调者和完成者来确保组织的稳定和规范化，而小型组织则可能需要更多的创新者和推进者来推动组织的快速发展。

总之，不同类型的组织对各种团队角色的类型具有不同的吸引力，这表明团队角色的构成与组织的性质和目标密切相关。为了更好地适应组织的需要和发展，团队成员需要了解自己的角色和职责，并在工作中发挥自己的优势和特长。同时，组织也需要根据自身的特点和目标来合理配置团队角色，以实现组织的最佳绩效和发展。

5.2 选择创业合伙人

5.2.1 明确合伙原因：共同的目标，共享的价值观

企业在初创阶段往往采用商业合伙的模式，这是因为这种模式能够提供一种有效的团队力量，实现共同的目标和利益。通过合伙人的共同努力和互相支持，企业能够更快地发展壮大，实现商业价值。

目前市场上有很多耳熟能详的大公司，也都是从一个小小的创业合伙团队逐步成长的。这些企业在初创阶段通过合伙人的智慧和努力，不断创新、不断进取，最终实现了商业成功。

以国内为例，阿里巴巴成长于以马云为首的十八罗汉，他们通过共同的信仰和目标，打造了一个全球领先的电子商务平台；小米集团成长于以雷军为首的八大金刚，他们通过紧密的合作和高效的执行力，创造了一个全新的商业模式；腾讯集团成长于以马化腾为首的五虎将，他们通过不断创新和拓展业务范围，成为全球最具价值的互联网企业之一；百度公司成长于以李彦宏为首的七剑客，他们通过技术驱动和精准的定位，成为中国最大的搜索引擎；新东方教育科技集团有限公司成长于以俞敏洪为首的三驾马车，他们通过教育领域的专业知识和品牌影响力，成为中国最大的教育机构之一；携程公司成长于以梁建章为首的四君子，他们通过互联网技术和创新的商业模式，成为中国最大的在线旅游平台之一。

这些企业的成功故事广为流传，成为商业领域的经典案例。他们的创业精神和团队合作方式也成为其他企业学习的榜样。通过这些案例可以看出，商业合伙的模式在初创阶段对于企业的发展具有重要的作用。因此，对于想要实现商业成功的企业来说，选择合适的商业合伙模式是至关重要的。

在创业过程中，团队成员之间的互补性和志同道合的重要性是不可忽视的。只有当团队成员在知识、经验、资源、性格、能力等方面互补，并共同追求成功的目标时，才能够形成一个稳定、高效的创业团队。这样的团队才能够在竞争激烈的市场中脱颖而出，实现企业的可持续发展。

首先，组建一个创业团队对于实现专业能力的互补是至关重要的。在现代社会，专业能力已经成为了一个团队能否成功发展的关键因素。由于不同的合伙人在专业领域和能力方面必然存在差异，因此企业需要充分发挥每个合伙人的专业特长，将专业的事情交给专业的人去做。这样能够避免企业发展过程中可能出现的失误，并促进企业的良性发展。

创业公司的成功不仅需要优秀的技术人员，还需要市场经营管理等各方面人才的合理搭配。只有这样，才能够形成团队的核心竞争力。在拥有各种专业人才的科技创业团队中，各种专长之间是相辅相成的关系。例如，团队中可能由一个优秀的技术人员负责企业的核心技术创立，一个有创造力的营销人员负责采用最佳的营销策略和谈判手段将技术推广给目标群体，还有一个具有资源整合能力的领导者负责化解矛盾、凝聚人心，并将这些专长结合起来，更有效地发现和利用有效资源，并为创业过程中的挑战提供有效的解决方案。

其次，组建创业团队对于实现综合能力的互补具有重要意义。每个团队成员的生活经历、教育背景和成长历程都是独一无二的，这些经历塑造了他们独特的价值观，并影响了他

们对同一信息的看待角度和处理方式。这种多样性可以带来更全面的视角和更丰富的想法，从而帮助团队更好地应对各种挑战和机遇。

在创业过程中，不可避免地会面临风险。创业者的风险态度直接关系到企业的生存和发展，特别是对于初创企业来说，创业者的风险态度对创业企业的绩效影响非常显著。因此，通过组建创业团队，可以确保认知的多样性，约束冒险者稳健前行，激励胆小者勇敢迈步，帮助企业找到一条稳健发展的道路。

总之，组建创业团队可以带来多方面的优势，包括实现综合能力的互补、确保认知和知识整合方式的多样性等。这些优势有助于提高团队的创新能力、合作效率并更好地应对风险，从而为企业的成功和发展奠定坚实的基础。

最后，组建创业团队有利于提高合作效率。为了更清晰地说明这个问题，我想分享一个实验案例。

在这个实验中，两组人被要求穿越一片荒漠。甲组是一个人，乙组则是五个人。当规定的时间一到，甲组的那个人立即出发，踏上了漫长的旅程。然而，乙组的五个人却花了两个小时召开会议，讨论如何合作以及如何解决问题。在旅程的前半段，甲组的人遥遥领先，他能够独自高效率地解决问题。然而，乙组的人却坚持团结一致，互相帮助，遇到问题就停下来商议协调，统一意见之后继续前进。随着时间的推移，两组之间的距离逐渐拉大。看似甲组的人在这场比赛中占据了绝对优势，然而，最后的结果却令人大跌眼镜。甲组的那个人没有能够走出沙漠，而乙组的五个人却成功地完成了任务。

这个实验案例告诉我们，虽然一个人可能会走得很快，但一群人却可以走得更远。在企业创建和发展的道路上，我们需要志同道合的伙伴。在企业初创阶段，往往面临着资金、人才、市场等各种各样的问题。这些问题往往使得企业初创之时的道路显得格外艰难曲折，并制约着企业的进一步发展。因此，在这个时候，就特别需要创业团队的齐心合作。

总之，组建创业团队对于提高合作效率、促进企业发展具有重要意义。通过合作、创新和共享资源，创业团队可以更好地应对各种挑战和机遇，推动企业不断向前发展。

5.2.2 挑选合适人选：技能经验，团队协作

俗话说，"三个臭皮匠赛过诸葛亮"。然而，这并不是意味着随便三个"臭皮匠"都能比得上足智多谋的"诸葛亮"。要实现这一点，关键在于这三个或者更多的"皮匠"需要形成一支高效的团队，通过相互协作来发挥各自的优势。这也说明了组建一支高效的团队对于一个初创企业的成功至关重要。

在现实生活中，创业者通常会在有了关于创业的特定想法之后，才开始寻找合伙人。这个过程需要通过彼此的思想交流、信息搜集来明确真正的创业方向。只有当创业者与合伙人之间能够相互理解、相互信任并且能够共同承担责任和风险时，他们才能真正地走向成功。

那么如何组建一个成功的创业团队呢？挑选合适的创业合伙人是非常关键的一步。在选择合伙人时，需要考虑很多方面，包括他们的综合实力、资源状况、投资风格、公司声誉以及财务状况等。这些因素都会对创业团队的成功产生重要影响。

（1）创业合伙人要具备同质性的愿景和目标

团队成员需要具备一致的愿景和共同的目标，这是构建强大的创业团队的基础。每个合

伙人需要充分认同团队的目标，并认识到团队的作用，从而为了实现创业目标而全力以赴。在这样的前提下，创业团队才能有效地运转，充分发挥每个成员的潜力。

在创业团队中，每个合伙人都不可避免地有自己的目标，但这些目标必须与团队的目标相一致。建立统一的目标需要所有成员共同努力，这需要一个明确的计划和策略，以及所有成员的共识和承诺。只有当所有成员都认同团队的目标，并将其作为自己的目标时，才能形成强大的凝聚力和向心力。

目标在团队中具有多重作用。首先，目标能够为团队指明方向。一个明确的目标可以为团队的行动提供指引，使每个成员都知道他们需要朝着哪个方向努力。没有明确的目标，团队可能会迷失方向，浪费时间和精力在一些无关紧要的事情上。

其次，目标能够激励团队成员。一个同质性的目标和愿景可以让团队成员看到他们的工作意义和价值，从而激发他们的积极性和创造力。当团队成员意识到他们的工作对实现团队的目标有着重要作用时，他们会更努力地工作，更加专注于自己的任务。

此外，目标还有凝聚作用。当团队成员意识到团队的目标与他们的个人目标相一致时，他们会更加积极地参与团队的工作，更加合作和互助。他们会感到自己的工作是有价值的，是与整个团队的利益紧密相关的。这样的团队凝聚力能够使团队成为一个紧密的联合体，而不是一盘散沙。

综上所述，目标在团队中具有重要的意义和作用。为了构建一个强大的创业团队，每个成员都需要认同团队的目标，并为之奋斗。只有这样，才能充分发挥每个成员的潜力，实现团队的共同目标。

（2）创业合伙人要具备异质性的技术和商业技能

建立一个紧密的创业团队，需要合伙人之间达成一致的创业目标和愿景，并共同努力，将创业目标转化为实践行动。这种实践过程需要他们在产业经验上具备异质性，从而更好地掌握和利用产业内消费者问题意识，以影响其所开发产品/服务的创新性。

在产品或服务的开发过程中，如果创业团队缺乏对消费者问题知识的深入了解和掌握，就可能会因为对用户需求认知的不足或僵化，而难以生产出符合消费者期望的产品；同时，如果缺乏对技术知识的深入了解和掌握，将无法为生产创新性的产品或服务提供技术支持。因此，创业合伙人需要具备异质性的技术和商业技能，以实现互补和协同发展。

合伙人之间的异质性可以通过合理的搭配来实现相互取长补短的效果。在当今知识爆炸式增长、多元化社会交往的背景下，一个人的力量有限，需要找到志同道合的伙伴，进行知识、技能和经验等方面的互补，从而让企业立于不败之地。合伙人之间的异质性给予了团队互补的可能，这种互补性不仅有助于减少因相似性而可能引发的冲突和内耗，同时还能形成强大的团队合力，将创业团队合作伙伴的知识、技能和经验通过资源整合，合理搭配，以提高解决问题的能力。此外还可以加强合作伙伴之间的依赖关系，使彼此的合作基础更加稳固。

综上所述，建立一个紧密的创业团队需要合伙人之间达成一致的创业目标和愿景，并在实践中共同努力，将创业目标转化为实践行动。同时，合伙人之间的异质性也是非常重要的因素，通过合理搭配可以实现相互取长补短的效果，提高解决问题的能力，加强合作伙伴之间的依赖关系，从而更好地实现最终发展目标。

（3）创业合伙人要具备同质性的价值观

建立一个紧密的创业团队还需要大家具备相似的价值观。这些价值观是对事情的态度和看法，是处理问题的基础。古人讲，"道不同，则不相为谋"，这里主要强调的是价值观在团队共事中的作用。

价值观决定了人的认知，并直接决定了一个人的理想、信念、生活目标和生活的方向。价值观统一是团队共事的基础，如果几个合伙人在一起价值观不一致的话，就会出现各种各样的意外情况，最终对企业的运营产生不良的影响。

创业团队的创业之路上充满着各种困难与挫折，例如创业过程中合伙人可能面临多次的股权调整、控制权调整或利益的分割，可能会面临金钱、利益的诱惑，也可能面临信任的崩塌。在创业过程中团队成员之间难免会产生分歧或争执。此时团队的运营不仅需要相互理解，构建信赖与尊重的关系，维系团队的凝聚力，共同努力追求创业目标，更需要就冲突解决达成共识。合伙人应保持沟通渠道畅通，及时提出并讨论问题，交流创业理念，灵活调整彼此间的关系，以更好地服务于团队整体。因此，共同的价值观在创业过程中显得尤为关键。

在创业过程中，如果团队成员之间的价值观存在差异，可能会对企业的运营和发展产生不良影响。因为价值观差异越大，处理问题方案差异就越大，信任基础也就越薄弱，不利于创业团队的长期发展。

因此，对于想要共同创业的人来说，选择具有相似价值观的合作伙伴是非常重要的。只有在价值观相近的基础上，团队成员才能更好地理解彼此、信任彼此、合作共赢，共同实现创业目标。

通过对创业者选择合作伙伴过程中经常出现的误区进行深入的分析和探讨，为创业者提供有益的指导和建议，帮助创业者更好地选择合作伙伴并避免类似的错误。同时，还提供了一些成功的案例和分析，以帮助创业者更好地理解如何在实际操作中运用这些理论和方法。

挑选创业合伙人的误区

5.2.3　确定合伙方式：股权分配，职责划分

合伙制，顾名思义，是一种由合伙人之间共同制定并签署的协议，旨在共同出资、合伙经营、共享收益、共担风险。这种制度强调的是合伙人之间的深度合作和责任承担，无论是在创业的初期阶段还是发展阶段，都能为创业者提供强大的支持。

（1）事业合伙人

事业合伙人制旨在解决职业经理人在如今这个"职业经理人可以共创、共享，但没有共担"的时代下职业经理人趋于边缘化的问题——在遇到巨大行业风险时，职业经理人将无法承担责任，因此，事业合伙人的出现成为必然的趋势。

经济学家凯文·凯利在其著作《失控》中提道："混乱会产生秩序，而稳定则带来死亡。"这本书的核心并非"失去控制"，而是讲述人类智慧的构成：在蜂群式的集体中，每个个体都要受到周边的影响，要嵌入别人的行动之间，在一个生态体系里面运行。这个整体是无中心的，但它的创造力却极大。这种生态体系的运行模式，为事业合伙人的出现提供了理论支持。

为什么职业经理人未来会消失呢？因为职业经理人最大的一个特点就是不能与企业共患难。他们往往是企业高层管理的中坚人才，尽管他们可以共创共享，但却无法做到共担风险。一旦企业遭遇巨大风险，职业经理人难以依靠。而万科则通过股票跟投和项目跟投的方

式，将职业经理人变成"自己人"，从而解决了这一问题。

从企业管理角度看，事业合伙人分为两种情况：一种是指支持企业发展的中高层管理者，以及对他们所实行的较为特殊的管理机制；另一种是指不分企业层级，在企业内部各个平台上作出贡献的人员，这些都是该平台的事业合伙人，通过分享各平台价值，最终形成企业整体发展的一种管理方式。

原事业合伙人管理模式存在显著的缺陷。其一，由于缺乏明确的评估准则，事业合伙人的评价往往主观性较强，难以准确衡量其绩效，往往仅依赖职务作为评价指标，但职务的选拔又带有很大的偶然性，可能导致真正的人才与事业合伙人之间的不匹配。其二，采用股权激励方式时，因缺乏有效的衡量标准，事业合伙人之间的贡献难以客观评价，容易出现"搭便车"现象，即无论贡献大小，均可获得相同的收益，进而引发"干多干少都一样"的心理。其三，事业合伙人的评定过程过于依赖主观判断，容易形成"小团体"现象。在企业发展顺利时，"小团体"可能为企业带来正面影响，然而一旦企业发展遭遇困境，这些"小团体"可能转化为企业发展的障碍，甚至威胁整个企业的稳定与发展。

因此，如何让事业合伙人成为一种管理机制，而不是一个群体，已经成为企业的共识。以往是先定谁是合伙人，再谈如何管理，如何分配。所谓机制，则是指不管是谁，什么职务，先定管理办法和分配办法。在合伙人机制下，由于有了共同的利益，如何选拔人才、如何解决冲突等的解决办法与之前的办法没什么太大不同，但选拔和解决冲突会更容易，更有针对性。

小米的成功

（2）众筹合伙人

众筹模式是一种创新、灵活、高效的投资模式，它能够将大量分散的资本聚集起来，为企业提供必要的资金支持。众筹模式在近年来逐渐被广泛应用于各种创业项目中，这也正是合伙制所需要的一种重要条件。

为了将合伙模式与众筹有效地结合在一起，更好地推动创业项目的实施，建立一个完善的众筹有限合伙企业是必不可少的步骤。通过搭建这样的企业架构，创业者可以更加便捷地聚集大众投资人的资金，这些投资人每人出资一部分资金，共同成立一个有限合伙企业。

在这个有限合伙企业中，每个投资人都会成为公司的股东，他们将共同享有公司盈利后的分红权利。因此，这种企业架构本质上是一个有限合伙企业，而众筹则是实现这种合伙制的重要前提条件。

通过这种模式，创业者可以快速聚集大量资金，降低创业风险，并获得更多资源支持。同时，众筹平台也可以通过为创业者提供服务获得收益，实现双赢的局面。

在创业的海洋中，生存与死亡并存，九死一生的经历比比皆是。那些如今看来成功的创业公司，背后往往隐藏着无数次的失败和努力。以阿里巴巴和小米为例，它们的成功不仅源于找到了与传统企业不同的道路——合伙制，更源于创始人及其团队的坚持和努力。

阿里巴巴和小米的成功，不仅在于找到了正确的道路，更在于它们在资金、硬件技术等方面采用了众筹模式。这种模式不仅吸引了更多的资金和人脉资源，同时也激发了团队的创新精神和动力。众筹模式使团队成员更加关注公司的未来和发展方向，从而提高了工作效率和创造力。

（3）股权合伙人

合伙人出资购买公司股份，正式成为公司股东之一，深度参与公司的运营项目，与其他股东共享公司利润，承担相应的风险，并享受所持有股份的相应分红。这种合伙制度在过去是最为普遍的一种形式，对于那些处于创业阶段的中小型企业来说，股份合伙制意味着几个合伙人共同出资、共同经营、共负盈亏。而对于已经度过创业阶段的企业来说，企业及其内部团队骨干共同出资，成立一个合资的新主体，这种表现形式则更为常见。

股权合伙人模式是被很多企业实践并且获得了巨大成功的合伙制模式。因为这种合伙模式能够在最大程度上让合伙人直接接触到资本市场，从而在利益共享方面获得巨大的分红。通过这种合伙模式，企业能够激发合伙人的积极性和创造力，提高企业的运营效率和盈利能力。同时，股权合伙模式还能够让企业更加稳定和可持续的发展，因为合伙人的利益与企业的利益紧密相连，使得合伙人更加关注企业的长远发展和战略规划。

5.3　打造核心创业团队

5.3.1　团队建设流程：搭建高效团队架构，激发团队凝聚力

关于创业团队搭建的研究应主要关注创业团队成员构成和团队搭建方式与过程。对于创业团队成员构成的研究，应重点关注高管层的认知、价值观、感知等会影响企业战略决策的因素，这些因素可能导致不同的绩效结果。另外，创业团队成员的年龄、任职经历、受教育背景和从业经历等也是影响团队对内外部环境的认知与判断的重要因素，进而决定他们的战略选择。

在初创期（组建期），搭建创业团队的步骤十分重要。这个阶段需要考虑到各种因素，包括团队成员的互补性技能和经验、团队内部的和谐关系以及凝聚力建设等。初创期的团队搭建是整个创业过程中至关重要的一步，因为它为未来的团队发展和企业成功奠定了基础。搭建创业团队五步图示法如图5-2所示。

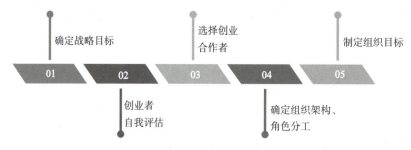

图5-2　搭建创业团队五步图示法

步骤一：确定战略目标。

创业团队的战略目标，是他们通过完成创业阶段的技术、市场、规划、组织、管理等各项工作，实现企业从无到有、从起步到成熟的过程。为了推动团队最终实现这一战略目标，他们将总目标加以分解，设定若干可行的、阶段性的子目标。这些子目标包括但不限于技术研发、市场推广、规划调整、组织变革和管理优化等关键环节。

雷军确定"小米要做高端手机"的理念

步骤二：创业者自我评估。

一旦创业者产生了一个创业想法，他应该立即进行自我评估，这包括对自己在素质、能力

以及现有资源等方面的全面衡量。创业者通常以企业家的身份来思考和行动，他们充满创新和冒险精神，能够在快速变化的环境中坦然面对不确定性带来的风险。为了获得经济利润和其他形式的自我满足（如主观幸福感），他们愿意在高压环境下持续工作。他们的身份代表了成为企业家所应肩负的责任，而他们的创业行为不仅仅是一个由个人利益驱动的商业过程。

　　当个体将与创业者身份相关的外部意义内化并认同这些意义时，创业者身份就形成了。当个体理解成为一个"创业者"的意义后，他会采取与自我身份相符的行为。创业者的特质或其个人魅力，例如他的自我效能感、创业警觉性、先前经验和创业激情，都会对创业企业的成长产生显著的积极影响。这些特质不仅有助于创业者发现和抓住商业机会，还能激发他们的创新精神，推动他们克服困难，实现企业的持续发展和成长。

雷军的连续创业

　　步骤三：选择创业合作者。

　　罗伯特·凯利曾明确指出："企业的成功依赖于团队，而非单独的个人。"在企业的运营中，资金固然重要，但团队的存在更是不可或缺。企业的资金可以由团队共同创造，但仅仅依靠金钱却难以购得一支优秀的团队。即使是一群平凡的人团结在一起，他们所凝聚的力量也是不可小觑的。而当一群各具才能的人汇聚在一起时，他们所能展现出的力量更是强大无比。

雷军招募创始
团队

　　步骤四：确定组织架构、角色分工。

　　组织架构是通过明确规定组织的资源分配、信息流动和成员之间的相互关系，来界定每个成员的地位、权利、责任和作用。这种架构是组织内部运作的基础，使得每个成员都知道自己在整个组织中的位置和角色，以及与其他成员之间的相互关系。

　　传统的组织结构模式包括直线职能制组织结构模式、事业部制组织结构模式、矩阵型组织结构模式和控股公司组织结构模式。其中，直线职能制组织结构模式简称 U 型结构（法约尔模式），是结合了直线制主管人员统一指挥和职能制职能部门参谋、指导的作用，形成的一种高度集权的组织结构模式。这种模式主要适用于生产经营产品单一、经营环境简单稳定的生产制造型企业。

　　在直线职能制组织结构模式中，组织的决策权和控制权集中在高层管理者手中，中下层管理者主要承担执行和协调的职责。这种结构模式的特点是组织结构简单、决策速度快、管理效率高，但也可能因为权力过于集中而导致下属缺乏创新和自主性。

　　除了直线职能制组织结构模式外，还有其他三种传统的组织结构模式。事业部制组织结构模式是根据产品或地区划分部门，每个部门独立核算、自主经营，具有较高的自治权和决策权。这种结构模式适用于大型多元化企业，可以促进部门之间的竞争和合作，提高企业的整体效益。

　　矩阵型组织结构模式是在直线职能制组织结构的基础上，引入了项目管理的概念，形成了双重领导、交叉管理的矩阵式结构。这种结构模式适用于需要同时关注多个项目或产品的企业，可以加强不同部门之间的沟通和协作，提高资源利用效率。

　　控股公司组织结构模式是一种以资本为纽带、以股权控制为基础的集团化组织结构模式。这种结构模式适用于资本密集型或高风险行业，可以扩大企业的资本规模和经营范围，提高企业的抗风险能力。

小米的团队协作

在对团队成员的角色分工上，一个优秀的创业团队需要具备多种角色。例如：需要善于交际、获取新思想的信息者来获取商业机会和信息；需要埋头苦干、脚踏实地将企业决策付诸实践的执行者来落实决策；需要出谋划策的创新者来提供创新的想法和解决方案；需要坚定目标、精益求精将工作落实和维护的完成者来确保工作的质量和效率；需要冷静谨慎、分析复杂问题的监督者来对风险和问题进行深入分析；还需要鼓舞士气、促进合作的协调者来协调团队成员之间的关系和合作。

在实际操作中，由于创业团队的规模和所处行业特征不同，理论上的 9 种角色在新创企业里一般不会由 9 个人承担。但是，9 种团队角色的功能不能欠缺和失衡。可以根据创业团队的 5 类角色将 9 种角色进行搭配，组合成适合行业特点及企业发展的创业团队。

在团队分工上，应使团队成员所承担的职能角色与其偏好的团队角色相匹配。在增补团队成员时，应在分析已有团队的角色组合状况下，确定所需的团队角色，再通过对团队人选的角色胜任力考察，甄选出合适的团队成员加入。在创业团队成长中，不但要注重团队的静态平衡，更要注重团队的动态平衡。当一个团队出现角色缺失时，其他成员应在条件许可的情况下，主动承担起该团队角色，增强角色弹性，使团队的角色结构从整体上趋于合理，以便更好地达成创业团队共同的绩效目标。

综上所述，一个优秀的创业团队需要具备多种角色，并且每个成员都应该承担自己擅长的角色。同时，在组织结构和薪酬体系方面也需要合理规划，以激发员工的积极性和创造力。通过扁平化的组织结构和合理的角色分工，可以更好地促进团队的协作和创新力，从而推动企业的快速发展。

步骤五：制定组织目标。

一旦决定踏上创业的道路，组建一个强大的创业团队和制定组织的目标及章程便成为重中之重。组织目标，是结合组织内部和外部实际情况，制订的一系列具有战略意义的计划或过程。它不仅代表了组织与其所处环境之间的相互关系，而且是组织存在和发展的基础。

在详细考虑组织目标的维度时，我们可以将其细分为五个主要目标：营利性目标、创新性目标、福利性目标、合作性目标和合法性目标。这五个目标各自有着不同的重要性和特点。考量组织目标的五个维度如图 5-3 所示。

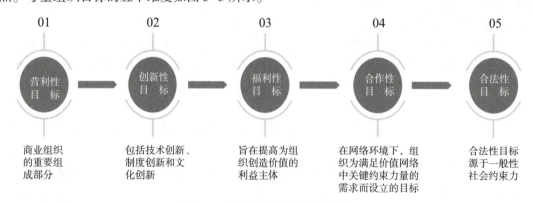

图 5-3 考量组织目标的五个维度

营利性目标是组织目标体系中的重要组成部分，它反映了组织在商业环境中的生存和发展战略。创新性目标则更加注重组织在应对环境挑战和提升竞争力方面的主动性和战略性。

将创新性目标纳入组织目标体系，体现了组织对于新技术、新制度和文化创新的追求，这不仅是组织追求高效率和高竞争力的关键，也是判断组织目标是否具有挑战性和复杂性的重要标准。

从内容上看，组织的创新包括技术创新、制度创新和文化创新等多个方面。技术和制度是推动组织发展的两个关键因素，制度创新为技术创新提供必要的保障，而技术创新反过来又推动制度创新的进一步发展。此外，组织文化作为组织竞争优势的重要来源，也是组织创新不可或缺的一部分。

福利性目标则是为了提高那些为组织创造价值的利益主体的满意度。一个成功的组织不仅需要关注自身的商业目标，还需要关注员工、客户和社会等利益相关者的福利，通过实现福利性目标来提升组织的整体竞争力。

同时，合作性目标和合法性目标也是组织目标中不可忽视的方面。合作性目标是指在网络环境下，组织为满足价值网络中关键约束力量的需求而设立的目标。这些关键约束力量通常包括其他组织、供应商、客户、投资者等。组织间合作不仅是组织间共同创造和分享价值、提升和分配网络价值的重要方式，也是组织应对环境不确定性或复杂性，建立生态优势、实现可持续发展的客观要求。通过与其他组织的合作，组织可以更好地满足客户需求、提供更好的产品和服务，从而实现自身的目标。

合法性目标是指组织需要遵守合法合规的要求。合法性目标源于一般性社会约束力量的需求，包括政府、立法机构、社区公众、行业协会、慈善机构及其他利益集团的诉求。这些力量塑造了社会规则、规范和文化意识，约束着具有社会嵌入性的组织及其行为。组织与环境的互动深化了组织及其行为与社会层面的互依关系。因此，组织需要遵守相关法律法规、行业标准和道德规范，以维护自身的合法性和社会认可度。

在制定组织目标时，创业团队需要有一致的创业思路，成员个人的目标与企业的愿景一致，即认同团队将要努力的目标和方向。只有这样，团队才可以制定组织目标，并一起为之努力奋斗。同时，制定组织目标还需要考虑市场需求、竞争状况和技术发展趋势等因素，以确保组织的战略目标和计划与外部环境相匹配。

合作性目标强调组织在实现自身发展的同时，还需要与外部合作伙伴保持良好的合作关系，通过合作实现共赢。而合法性目标则要求组织在追求自身利益的同时，必须遵守法律法规和社会道德规范，通过合法经营来实现组织的可持续发展。

综上所述，组建创业团队并制定组织的目标和章程是创业过程中不可或缺的一部分。通过明确组织的目标体系并细分成具体的维度，我们可以更好地了解组织的战略意图和发展方向。同时，通过关注创新性、福利性、合作性和合法性等关键目标，组织可以更好地应对环境挑战并提升自身的竞争力，实现可持续发展。

5.3.2　核心团队成员招募原则：能力匹配，经验丰富

创业是一项复杂的工程，其中"定战略，搭班子，带队伍"是创业过程中的三个重要环节。在搭班子这一环节中，创业者需要注重管理的首要问题，并且这是一个长期的过程，需要不断地进行选人、形成核心、塑造企业文化，以及建立班子的工作机制。这些步骤是循

环往复的，需要不断地进行优化和调整。

在搭班子过程中，人的重要性被放在最前面。一个有战斗力的班子是实现战略和带队伍的基础，如果没有一个合适的班子，那么定战略和带队伍都将成为一句空话。因此，招募合适的人员是创业团队组建的关键步骤。

在招募核心团队成员时，创业者需要遵循一些原则。首先，目标明确合理原则是招募团队成员的基础，招募的成员需要与创业目标相符合，并且能够理解并接受创业的理念。其次，互补原则是招募团队成员的关键，团队成员之间需要能够相互补充，相互协作，形成一个高效的团队。再次，精简高效原则是招募团队成员的重要原则，团队成员需要具备高效的工作能力和自我驱动力，能够快速响应并完成任务。最后，动态开放原则也是招募团队成员需要考虑的因素，团队成员需要具备自我学习和自我适应的能力，能够适应不断变化的市场环境。

综上所述，搭班子是创业过程中的重要环节之一，招募合适的人员是组建创业团队的关键步骤。在招募团队成员时，创业者需要遵循目标明确合理原则、互补原则、精简高效原则与动态开放原则。只有这样，才能组建一个高效、有战斗力的团队，为创业的成功打下坚实的基础。

第一，目标明确合理原则。目标是在头脑中形成的一种主观意识形态，是对活动预期结果的主观设想。它不仅为活动指明了方向，而且具有维系组织各个方面关系、构成系统组织方向核心的作用。团队目标不仅是全体成员奋斗的方向，也是感召全体成员精诚合作的一面旗帜。因此，目标必须明确，这样才能使团队成员清楚地认识到共同的奋斗方向是什么。同时，目标也必须是合理的、切实可行的，这样才能真正达到激励的目的。

要实现团队成员之间的目标认同，团队成员必须对团队目标有共同的追求与信念感。统一的目标是组建创业团队的前提，只有当团队成员都认同团队目标时，他们才会愿意为实现这个目标而与其他团队成员相互合作、共同奋斗。因此，在选择团队成员时一定要慎重考虑对方是否认同团队目标。如果对方不认同团队目标，那么即使其能力再强，也不要考虑将其吸纳进团队决策层。

团队成员的目标和价值观应该是一致的。一个成功的团队之所以能够取得成功，往往是因为团队成员有着共同的目标和价值观。这些共同的目标和价值观不仅能够激发团队成员的积极性和创造力，也能够增强团队的凝聚力和战斗力。因此，在组建团队时，应该注重选择与团队目标和价值观一致的成员。

综上所述，目标明确合理原则、目标认同原则以及目标与价值观一致原则是组建创业团队时必须考虑的重要因素。只有在这些原则的指导下，才能组建一个高效、有战斗力的团队。

第二，互补原则。在考虑创业团队的整体能力和发展潜力时，其核心成员之间能否在能力或技术（如管理、技术、营销等）上形成互补显得尤为重要。团队成员的能力总和决定了整个创业团队的能力水平和未来发展的潜力。这种互补性不仅有助于增强团队成员之间的合作，更能保证整个团队的战斗力和更好地发挥团队的作用。

小米如何培养
员工价值观

创业团队成员之间的互补是组建创业团队的基本条件。创业者需要具备准确判断何时引进什么样的人员以及如何与自己形成互补的能力。这种互补性可以强化团队成员间的合作，同时保证整个团队的战斗力，从而更好地发挥团队的作用。

创业者之所以寻求团队合作，是为了弥补自身能力与创业目标之间的差距。只有当团队成员在知识、技能、经验等方面实现互补时，才有可能通过相互协作发挥出"1+1>2"的协同效应。这种互补性是创业团队成功的关键因素之一，可以帮助团队成员相互补充、相互支持，从而实现共同的目标。

团队的核心成员之间需要具备能力互补的特点。这意味着每个人都有自己独特的才能，并且在团队中扮演着不同的角色。这种互补性使得团队能够更好地应对各种挑战和问题，同时也能提高团队的创造力和创新力。

小米豪华的
创始人团队

总之，创业团队成员之间的互补性是实现团队成功的重要因素之一。通过相互补充和支持，团队成员可以共同实现创业目标，并创造出更加出色的成果。

第三，精简高效原则。为了在创业初期尽量减少不必要的开销并确保团队能够获得最大的收益，创业团队的人员组成应该尽可能地简洁和高效。在挑选团队成员时，我们需要考虑一个适度的团队规模，因为这是保证团队能够高效运转的关键因素。普遍认为，创业团队的理想规模应该控制在 2 至 12 人。如果团队成员过少，可能会导致团队无法充分发挥其应有的功能和优势。相反，如果团队成员过多，可能会导致交流障碍和信息传递壁垒，进而使团队分裂成许多小团体，大大削弱团队的凝聚力。

根据组织管理专家沙因的观点，所有组织所面临的问题可以归纳为外部适应性和内部整合性两大类。在外部适应性方面，随着形势的不断变化，组织必须变得更加敏捷和高效，以便更好地应对各种挑战。这意味着创业团队需要具备快速适应市场变化和灵活应对竞争压力的能力。而在内部整合性方面，组织需要更加注重精细化的管理和集约化的成本。这意味着创业团队需要优化内部管理流程、降低成本并提高资源利用效率。通过实现外部适应性和内部整合性的平衡，创业团队可以更好地应对市场竞争并实现可持续发展。

小米的扁平化
管理

第四，动态开放原则。创业过程往往是一个充满不确定性的过程，其中充满了各种挑战和风险。在这个过程中，创业团队中的成员可能会因为各种原因而离开，比如能力不足、观念分歧等。同时，也会有新的成员加入进来，为团队注入新的活力和资源。

在团队管理方面，创业者应注意保持团队的动态性和开放性。这意味着团队的结构和成员应该能够根据创业发展的需要而进行调整和改变。通过这种方式，真正完美匹配的人员可以被吸纳到创业团队中来，优化团队的组织结构和提高整体效能。

此外，创业环境也是影响创业团队生存和发展的重要因素之一。创业团队需要密切关注创业环境的动态变化，以便及时调整自身的策略和行动。创业环境的要素包括制度性环境、基础设施服务、经济环境、社会环境、市场环境、资源环境等多种外部要素。这些要素对创业团队的生存和发展产生直接影响，因此需要对它们进行深入分析和准确把握。

小米领导人的
变迁史

【教学评价】

亲爱的同学，本次课程学习已经圆满结束。感谢你在整个学习过程中的持续努力和积极配合。我们深知，每一次的进步都离不开宝贵的反馈和建议，我们非常期待收到你对本次课程学习的真实感受，从而不断提升我们的教学效果。请放心，我们将采用不记名的方式收集数据，并进行保密。在回答问卷时，有些问题你只需要作出选择，有些问题则可以用几个关键词简单地表达你的想法。

教学评价表如表5-1所示。

表5-1 教学评价表

章节名称： 教师姓名： 授课地点：

课程时间： 年 月 日— 日 第 周					
项目教学组织评价	很满意	满意	一般	不满意	很不满意
你对课堂教学秩序是否满意	□	□	□	□	□
你对教室环境卫生是否满意	□	□	□	□	□
你对小组总体表现是否满意	□	□	□	□	□
你对课程的教学模式是否满意	□	□	□	□	□
授课教师评价	很满意	满意	一般	不满意	很不满意
你如何评价授课教师	□	□	□	□	□
教师授课通俗易懂，结构清晰	□	□	□	□	□
教师非常关注学生的反应	□	□	□	□	□
教师能认真指导学生，因材施教	□	□	□	□	□
你对授课氛围是否满意	□	□	□	□	□
你认为理论、实践安排是否合适	□	□	□	□	□
你对教师在岗情况是否满意	□	□	□	□	□
授课内容评价	很满意	满意	一般	不满意	很不满意
你对授课涉及的内容是否满意	□	□	□	□	□
授课中使用的设备是否丰富	□	□	□	□	□
你对发放的学习资料和在线资源是否满意	□	□	□	□	□

请回答下列问题。

①在教学组织方面，哪些还需要进一步改进？

②哪些授课内容你特别感兴趣，为什么？

③哪些授课内容你不感兴趣，为什么？

④关于授课内容，是否还有你想学但老师没有涉及的？如有，请指出。

⑤你对哪些授课内容比较满意？哪些方面还需要进一步改进？

⑥你希望每次活动都给小组留有一定讨论时间吗？如果有，你认为多长时间合适？

⑦通过这部分内容的学习，你最想对自己说些什么？

⑧通过这部分内容的学习，你最想对教授本部分内容的教师说些什么？

【活页笔记】

学习过程：

重难点记录：

学习体会及收获：

资料补充：

【任务训练】

任务编号：	学时：
实训地点：	小组成员姓名：

任务描述

①演练任务：组建创业团队。

②演练目的：理解创业团队的价值；了解创业合伙方式；掌握创业团队组建的流程和原则。

③演练内容：自由组成一个 3~5 人的创业团队，通过协商的方式确定每个人的工作和职责，并共同制定一份公司规章制度，最后由组长进行课堂汇报。

相关资源

①第四届中国互联网+大学生创新创业大赛季军——北京枭龙科技有限公司。

获奖案例：教你如何组建团队，从 0 到 1 打造创业项目。

②《改变世界·中国杰出企业家管理思想访谈录》。

任务实施

①小组分工组建创业团队并确定课堂汇报人选安排。

②每小组有 5 分钟对本小组组建创业团队的情况进行汇报。

任务成果

①回顾本小组汇报是否阐述清楚？

②回顾本小组团队成员构成及合伙方式阐述是否做到简明扼要，简洁易懂？

③回顾本小组汇报时间是否充足？

【任务评价】

任务评价表如表5-2所示。

表5-2 任务评价表

评价类型	赋分	序号	具体指标	分值	得分		
					自评	组评	师评
职业能力	55	1	团队任务权责清晰、职责分明	15			
		2	团队执行力高效	10			
		3	团队组织架构合理	10			
		4	团队规章制度合理	10			
		5	团队具备创新能力	10			
职业素养	20	1	团队目标明确	5			
		2	团队凝聚力强	5			
		3	团队抗挫折能力强	5			
		4	团队学习能力强	5			
劳动素养	15	1	团队文化、价值观合理	5			
		2	团队协作互助、分工合理	5			
		3	团队工作氛围良好	5			
综合素养	10	1	完成素材学习	5			
		2	对创业团队组建的理解	5			
总分				100			
总结反思							

目标达成：知识□□□□□　　能力□□□□□　　素养□□□□□

学习收获：

教师寄语：

问题反思：

签字：

6

设计商业模式的智慧

【学习目标】

①理解商业模式基本概念和类型。

②区别商业模式与盈利模式等其他相似概念。

③掌握商业模式的核心关键要素，学会使用商业画布工具。

④了解商业生态系统及企业价值链的相关概念。

⑤掌握互联网下的商业模式如何设计等。

【素质目标】

认识企业家精神和社会责任之间密不可分
融入点：企业家精神、社会责任　元素：企业社会责任践行路径
引导学生正确认知危机对企业商业模式带来的冲击和挑战，进而启发学生讨论如何提高企业商业模式的反脆弱能力，应对不确定环境带来的危机，并从中获益。 　　启发学生对客户有一个敬畏心，学会"敬畏用户、关注用户、服务用户、与用户共情"。通过讨论"危机当下，围绕'安全、健康和在线化'，企业可以从哪些方面着手，提高人们的幸福感和获得感呢?"这一问题，可以帮助学生体会作为一个商业模式设计者应该具备的思维方式：用户聚焦，企业家精神、好奇心和协作。 　　引导学生正确认知发挥企业社会责任的重要力量，创新商业模式。启发学生对在商业活动中企业对社会责任的践行和商业伦理的持守提升到更高层面的共鸣。通过组织学生讨论"危机当下，哪些企业在社会责任驱动下进行了商业模式创新应变"，让学生思考如何站在命运共同体的角度，释放大爱，把危机变成创新的生机，体现了新时代中国企业的担当和作为。 　　参考资料：《光明日报》（2020 年 10 月 10 日 04 版）《积极履行新时代企业家的社会责任》

【知识点框架图】

6.1   商业模式的创新思维

6.1.1   商业模式的概念：价值创造，价值传递，价值获取

商业模式是指企业利用商业机会来创造价值，将设计的交易内容、交易结构和对交易的治理方式运行并实现其商业目标的内在规律。传统商业模式是商品在流通过程的价格体现。

（1）商业模式的来源

商业模式的来源可以归结为以下几个方面。

1）市场需求

商业模式的市场需求是指市场对于特定商业模式的需求和接受程度。市场需求是商业模式成功与否的关键因素之一，它决定了商业模式是否能够满足消费者的需求并创造利润。企业需要了解目标市场的需求和趋势，以便开发出符合市场需求的产品或服务，并制定相应的商业模式。市场需求可以从多个方面来考虑，市场需求首先取决于产品或服务本身的需求程度。如果产品或服务能够解决消费者的痛点或提供独特的价值，那么市场需求就会相对较高。

同时市场需求还与市场规模有关，如果目标市场规模较大，那么商业模式的市场需求就会相对较高；相反，如果市场规模较小，商业模式的市场需求可能会受到限制。市场需求还受到竞争环境的影响。如果市场上存在较少的竞争对手或者竞争对手的商业模式不够成熟，那么商业模式的市场需求就会相对较高。对于消费者本身而言，市场需求还受到消费者行为和偏好的影响。如果消费者对于特定商业模式的接受程度较高，那么商业模式的市场需求就会相对较高。相反，如果消费者对于特定商业模式的接受程度较低，商业模式的市场需求可能会受到限制。

2）技术创新

技术的发展和创新可以催生新的商业模式。新的技术可以改变现有的商业模式，创造出新的商业机会。随着科技的不断进步和发展，新的技术创新不断涌现，为商业模式的创新提供了新的机遇和可能性。

首先，技术创新改变了市场需求和消费者行为。新的技术创新不仅改变了人们的生活方式，也改变了人们对产品和服务的需求。例如，互联网的普及和移动设备的普及使电子商务成为可能，人们可以通过在线购物平台方便地购买商品和服务。这种技术创新改变了传统零售业的商业模式，推动了电子商务的兴起。

其次，技术创新提供了新的商业机会。新的技术创新不仅改变了产品和服务的生产方式，也创造了新的商业机会。例如，人工智能和大数据技术的发展，为企业提供了更多的数据分析和决策支持工具，帮助企业更好地了解市场和消费者需求，优化产品和服务。同时，新的技术创新也催生了新的产业和市场，如共享经济、智能家居等，为企业提供了新的商业模式和盈利模式。

再次，技术创新改变了企业的运营和管理方式。新的技术创新不仅改变了产品和服务的生产方式，也改变了企业的运营和管理方式。例如，云计算和物联网技术的发展，使企业可以实现信息的共享和协同工作，提高工作效率和生产效率。同时，新的技术创新也改变了企业与供应商、合作伙伴和客户之间的关系，推动了供应链的整合和协同，提高了企业的竞争力和市场地位。

最后，技术创新推动了商业模式的创新和转型。新的技术创新不仅改变了产品和服务的生产方式，也改变了企业的商业模式。例如，传统的线下零售业通过技术创新可以转型为线上线下结合的新零售模式，通过线上渠道和线下体验相结合，提供更好的购物体验和服务。同时，新的技术创新也催生了新的商业模式，如共享经济、订阅模式等，改变了传统的商业模式，提供了更多的选择和便利。

3）行业竞争

竞争对手的商业模式也是一个重要的参考来源。企业可以通过研究竞争对手的商业模式，了解其优势和不足，从而优化自己的商业模式。在当今的商业环境中，商业模式的成功与否往往受到行业竞争的影响。行业竞争是指同一行业内的企业之间为争夺市场份额、顾客资源和利润而进行的竞争活动。这促使企业不断创新，通过研发和改进产品来满足消费者的需求。商业模式需要根据市场需求和竞争对手的产品特点进行调整，以确保产品的差异化和竞争优势。如果市场上存在大量竞争对手，企业可能需要降低产品价格以吸引更多的消费者。商业模式需要考虑到竞争对手的定价策略，以确定合适的价格水平。

同时，在激烈的竞争环境中，企业需要通过品牌建设来提升消费者对产品的认知和信任度。商业模式需要考虑到品牌建设的重要性，以确定合适的品牌策略和推广方式。为了在竞争中保持竞争力，企业需要不断寻求降低成本的方法，提高生产效率和运营效率。商业模式需要考虑到成本控制的重要性，以确定合适的成本管理策略。

（2）商业模式的重要性

商业模式是一种涵盖了企业的价值主张、目标市场、产品或服务提供方式、收入来源、成本结构以及合作伙伴关系等方面的整体解决方案。它不仅关乎企业如何创造价值，还决定了企业如何实现盈利，如何建立竞争优势，以及如何适应市场的变化和需求的变化。因此，商业模式的重要性体现在以下几个方面。

1）创造价值

商业模式是企业创造价值的源泉。它决定了企业能够提供什么样的产品或服务，以及如何满足客户的需求。一个好的商业模式能够精准地定位目标市场，清晰地阐述自身的价值主张，并能够通过独特的方式满足客户的需求，从而创造独特的价值。在竞争激烈的市场环境中，这种独特价值可以使企业脱颖而出，获得客户的认可和忠诚度。

2）盈利能力

商业模式直接影响到企业的盈利能力。一个有效的商业模式能够确保企业以合理的成本提供有竞争力的产品或服务，并从中获得可持续的盈利。它需要精确地设计成本结构，并能够通过创新的方式实现收入的多元化和最大化。一个成功的商业模式能够在保持竞争力的同时，实现企业的长期盈利目标。

3）竞争优势

商业模式可以成为企业的竞争优势之一。通过创新商业模式，企业可以在市场上找到独特的定位，与竞争对手形成差异化。这种差异化可以帮助企业发现新的市场机会，提高市场份额，并在市场中建立起竞争壁垒。一个成功的商业模式能够使企业在竞争对手面前保持领先地位，并持续地保持这种优势。

4）可持续发展

商业模式需要考虑到企业的长期发展和可持续性。一个良好的商业模式应该能够适应市场的变化和客户需求的变化，并具备灵活性和可调整性。它应该考虑到企业的社会责任和环境可持续性，以实现可持续发展。一个可持续发展的商业模式能够帮助企业实现长期的成功，并在不断变化的市场环境中保持稳健的成长。

综上所述，商业模式是企业成功的关键因素之一。一个好的商业模式能够帮助企业创造价值、实现盈利、建立竞争优势，并适应市场的变化和需求的变化。因此，企业应该重视商业模式的设计和创新，以提升自身的竞争力和可持续发展能力。

6.1.2　商业模式的类型：低成本，差异化，专业化

（1）常见商业模式类型

创业者选择商业模式时，需要考虑多个因素，包括市场需求、竞争环境、资源可用性等。根据不同的特点和目标，传统的商业模式可以分为多种类型，以下是几种常见的商业模式类型。

①传统零售商业模式。

在这种模式下，企业通常需要投入大量的资金来购买商品，并承担库存积压的风险。为了确保销售的稳定和利润的获取，传统零售商需要精心管理库存，确保商品的不断供应和价格的稳定。

此外，传统零售商还需要在店面布置、促销活动、客户服务等方面下功夫，以吸引更多的消费者和提高销售额。这种模式下的经营需要考虑到各种细节，包括商品的采购、存储、运输、销售等，这需要大量的时间和人力资源。

然而，尽管传统零售商业模式有其固有的限制和挑战，但它也有优势。首先，实体店面可以为消费者提供亲身体验商品的机会，从而增强消费者的购买信心。其次，通过库存管理可以更好地掌握市场需求和商品供应情况，避免脱销或积压现象的发生。最后，传统零售商可以通过提供优质的客户服务和促销活动来吸引更多的消费者。

②订阅模式。

订阅模式是一种成熟且广泛应用的商业模式，它让企业能够通过提供定期付费的服务或产品，持续获取收入。这种模式尤其在媒体、软件和云服务等行业表现得尤为突出。对于媒体而言，订阅模式允许他们通过提供独家内容或特色服务来吸引和保持用户的关注，同时保证稳定的收入来源。在软件行业，订阅模式让企业能够提供最新版本的软件更新和持续的技术支持，同时确保用户始终拥有最新的功能和安全性。在云服务领域，订阅模式让用户能够根据需求灵活地选择服务级别和规模，同时享受持续的云服务升级和优化。

此外，订阅模式还有助于企业更好地了解用户需求和行为，从而更好地满足他们的需求。通过订阅模式，企业可以持续收集用户反馈和使用数据，进而对产品或服务进行优化和改进。这种模式的另一个优点是它可以降低用户的门槛，让更多的人能够尝试并享受企业提供的产品或服务。同时，对于企业来说，订阅模式也有助于提高用户黏性和忠诚度，因为用户一旦习惯了某种服务或产品，就不太愿意更换其他品牌或产品。

总的来说，订阅模式是一种双赢的商业模式。它不仅为企业提供了持续的收入来源和用户反馈，还为消费者提供了更好的产品和服务体验。随着数字化时代的不断发展，订阅模式的应用范围也将越来越广泛。

③平台模式。

平台模式是一种创新的企业运营模式，通过提供一个互联网平台，连接供应商和消费者，以促成双方之间的交易或提供其他服务。这种模式在近年来得到了广泛应用，其中最典型的例子包括电商平台和共享经济平台。

在电商平台方面，企业如阿里巴巴、京东等，通过搭建一个在线购物平台，吸引众多的消费者和卖家。消费者可以在平台上浏览和购买各种商品，而卖家则可以通过平台展示和销售自己的产品。平台企业通过收取交易费用或参与广告投放等方式获取利润。

共享经济平台则是另一种典型的平台模式。以共享单车为例，企业提供自行车共享服务，用户可以通过手机 APP 找到附近的共享单车并进行租赁。企业通过向自行车供应商收取佣金来获取利润。此外，共享经济平台还可以通过收集用户数据和优化资源配置等方面实现更高效的经营。

平台模式的优势在于其能够将分散的资源和需求进行有效整合，实现资源的优化配置。同时，平台企业还可以通过数据分析和用户反馈等方式，不断优化服务，提高用户体验。然而，平台模式也面临着一些挑战，如监管风险、信息安全等问题。因此，平台企业需要不断加强内部管理和外部合作，确保平台的可持续发展。

④Freemium 模式。

Freemium 模式是一种流行的商业模式，指的是企业提供基本的免费服务，以吸引用户并增加用户数量，同时通过提供高级功能或增值服务来获得收入。这种模式在软件和游戏行业尤为常见，因为它能够吸引更多的用户，并在此基础上向用户提供额外的付费服务。

在软件行业中，Freemium 模式被广泛采用，因为这种模式能够让用户免费使用基本功能，同时通过提供高级功能或增值服务来吸引用户付费。这种模式对于软件开发者来说非常有利，因为它能够迅速扩大用户群，并在用户基础上获得收入。

在游戏行业中，Freemium 模式也备受青睐。游戏开发者通过提供基本的免费游戏体验来吸引玩家，同时通过提供额外的付费服务来增加收入。这种模式可以让玩家免费体验游戏，同时获得更好的游戏体验和更多的游戏内容。

总之，Freemium 模式是一种非常成功的商业模式，它能够吸引更多的用户，并在用户基础上获得收入。这种模式在软件和游戏行业中尤为常见，但也被广泛应用于其他行业。

⑤拥有和授权模式。

拥有和授权模式是指企业对其所拥有的技术或知识产权具有完全的控制权，并通过将其授权给其他企业使用来获取收入。这种模式在科技和娱乐行

拥有和授权模式
的特点

业尤为常见，因为这些行业对创新和知识产权的需求较大。在科技行业，一项新的技术或专利可能会为企业带来巨大的竞争优势，而通过授权给其他企业使用，企业不仅能够从中获得丰厚的收入，还能够扩大其技术的市场影响力。而在娱乐行业，知识产权的保护尤为重要，因为创意和创意成果是这些企业的核心资产。通过授权给其他企业使用其知识产权，企业不仅能够获得经济上的回报，还能够扩大其品牌的影响力。

综上所述，拥有和授权模式是一种非常有价值的商业模式，尤其适用于科技和娱乐行业。在这些行业中，拥有和授权模式不仅能够为企业带来丰厚的收入，还能够扩大其技术的市场影响力并保护其知识产权。

⑥社交媒体模式。

社交媒体模式是一种创新的企业运营策略，即通过提供社交平台吸引用户参与并生成内容，以获取广告收入。这种模式在社交媒体和在线广告行业中被广泛应用，并且近年来逐渐成为数字营销领域的一种主流模式。

在这种模式下，企业通常会开发一个社交平台，为用户提供互动和分享的平台，鼓励用户生成内容并分享。这些平台通常具有丰富的功能和工具，使用户能够轻松地创建和发布各种形式的内容，如文字、图片、视频等。同时，这些平台还会提供各种形式的广告投放服务，通过展示广告来获取收入。

通过社交媒体模式，企业不仅能够吸引更多的用户参与和互动，还能够通过用户生成的内容和广告收入来提高自身的盈利能力和市场竞争力。此外，这种模式还能够提高用户的参与度和忠诚度，增强品牌影响力和市场占有率。

总之，社交媒体模式是一种创新的企业运营策略，通过提供社交平台和吸引用户生成内容来获取广告收入。这种模式在社交媒体和在线广告行业中被广泛应用，并且具有广阔的应用前景和市场潜力。

⑦数据驱动模式。

数据驱动模式，顾名思义，是指企业以数据为核心，通过收集、分析和利用大数据来提供更为个性化、精准的产品和服务，并借助于广告或数据销售等方式来实现盈利的一种商业模式。这种模式在当今的互联网和科技行业中尤为常见，它充分利用了大数据技术的强大功能，以实现企业运营效益的最大化。

数据驱动模式之所以受到众多企业的青睐，其优势主要体现在以下几个方面。

首先，通过大数据分析，企业可以更加准确地了解市场需求和消费者喜好，从而提供更为贴合用户需求的产品和服务。这不仅有助于提高企业的市场竞争力，还能够提升用户满意度，为企业赢得更多的忠实客户。

其次，数据驱动模式有助于企业实现精准营销。通过大数据分析，企业可以精确地掌握消费者的购买习惯、偏好等信息，从而制定更为精准的营销策略，提高营销效果。同时，数据驱动的广告投放也能够有效降低广告成本，提高广告投放的回报率。

最后，数据驱动模式还可以帮助企业优化产品和服务设计。通过对用户反馈和行为数据进行深入分析，企业可以发现产品或服务中的不足之处，及时进行改进和优化。这不仅可以提高产品的质量和性能，还能够提升用户体验，进一步增强企业的市场竞争力。

总之，数据驱动模式在互联网和科技行业中具有广泛的应用前景。它通过收集、分析和利用大数据来提供更为个性化、精准的产品和服务，并为企业带来可观的商业价值。随着大数据技术的不断发展，我们有理由相信，数据驱动模式将会在更多的行业中得到应用和推广。

⑧物流模式。

物流模式是指创业者通过提供一系列物流服务，包括仓储、配送等，以满足市场对物流的需求。这些物流服务可以有效地解决客户在物流方面的痛点，并帮助创业者获得更多的商业机会。通过这种模式，创业者可以获得更多的竞争优势，并在激烈的市场竞争中脱颖而出。

创业者提供物流服务的原因有很多。首先，随着电商和互联网的快速发展，市场对物流服务的需求越来越大。许多消费者和企业都需要快速、可靠的物流服务来满足他们的需求。因此，提供物流服务可以成为创业者在市场中的差异化竞争优势。

其次，提供物流服务可以为创业者带来更多的商业机会。随着经济的发展和社会的进步，越来越多的企业和消费者开始注重物流服务的质量和效率。如果创业者能够提供高质量、高效率的物流服务，他们将更容易获得客户的信任和认可，从而获得更多的商业机会。

最后，提供物流服务也可以为创业者带来更多的收益。随着物流行业的不断发展，物流服务的成本和难度也在逐渐降低。因此，创业者可以通过提供物流服务来获得更多的收益，并提高企业的盈利能力。

总之，物流模式是一种非常重要的商业模式，它可以有效地解决客户在物流方面的痛点，并帮助创业者获得更多的商业机会和收益。

⑨专利模式。

专利模式是一种非常重要的途径，可以帮助创业者保护他们的技术或创新，从而获得独特的竞争优势。通过研发和申请专利，创业者可以确保他们的独特解决方案或发明不会受到他人未经授权的使用或复制。这不仅有助于确保他们的知识产权得到保护，还可以帮助他们赢得市场份额，获得经济回报，并激励他们在创新领域继续投入和探索。

在这个过程中，创业者需要进行深入的研究和开发，以创造出具有独特价值的解决方案。然后，他们需要仔细地准备和提交专利申请，确保他们的发明得到充分保护。专利模式为创业者提供了一个强有力的工具，使他们能够从自己的创新中获得最大的价值，同时也鼓励其他人投资于创新和研发，推动科技的进步和社会的发展。

总之，通过专利模式，创业者可以获得独特的竞争优势，保护他们的知识产权，并推动社会的进步和发展。这是一个非常重要的途径，有助于实现他们的商业目标和推动社会的发展。

⑩联盟模式。

联盟模式是一种合作策略，创业者可以通过与其他公司或组织建立合作伙伴关系，共同开展业务，分享资源和风险。这种合作模式可以提供更多的机会和资源，提高创业成功的概率。同时，联盟模式还可以帮助创业者降低风险，因为合作伙伴可以共同承担成本和风险。此外，联盟模式还可以帮助创业者扩大市场影响力，提高品牌知名度，并获得更多的机会来拓展业务。

以上列举了传统商业模式的一些常见类型，这些模式在企业发展过程中起到了重要的推动作用，也为创业者提供了许多值得借鉴学习的经验。在创业成功的企业中，还有许多其他类型的商业模式，如平台型、生态型、产业链型等，这些模式具有更加独特的优势和特点，能够更好地满足不断变化的商业环境。

创业者在选择商业模式时，需要综合考虑自身的优势、市场需求、竞争环境等因素，并灵活调整和创新，以适应不断变化的商业环境。企业可以根据自身的特点和市场需求选择适合的商业模式，以实现盈利和可持续发展。例如，一些企业通过打造平台型商业模式，提供更加便捷、高效、智能的服务，吸引更多的用户和客户，从而实现盈利和可持续发展。另外，一些企业则通过打造生态型商业模式，整合产业链上下游的资源，形成完整的生态系统，从而更好地满足市场需求和实现盈利。

总之，商业模式的选择和创新是创业成功的重要因素之一。创业者需要综合考虑自身的优势、市场需求、竞争环境等因素，并灵活调整和创新，以适应不断变化的商业环境。同时，企业也需要根据自身的特点和市场需求选择适合的商业模式，以实现盈利和可持续发展。

（2）现代新型商业模式类型

现代新型商业模式可以分为以下几种类型。

①诱钓模式。

根据所售卖商品的属性和定位不同，可以在此基础上细分为传统诱钓模式和逆诱钓模式。其中传统诱钓模式是低价销售主产品，同时高价销售与主产品紧密联系的配套耗材、配件或软件；逆诱钓模式是低价销售与主产品配套的耗材、配件或软件，而高价销售主产品。两种看似截然不同的商业模式在背后都体现出在创业道路上需要严抓盈利点，同时适当释放出亏损点，在两者相辅相成共同增长中找到最大收益范围。

②价廉物美模式。

在一个竞争激烈的行业中，通过高效的管理效率和独特的技术水平，企业可以大大降低生产成本，并通过卓越的品控能力，确保产品质量。在这个模式下，如何控制成本并增加效果是应用推广过程中最核心的问题。为了解决这个问题，企业可以应用人工智能技术，简化事务流程等，从而节省人力物力，达到成本低廉的目的。通过这种方式，企业可以在竞争中获得更大的优势，提高市场占有率，实现可持续发展。

③垂直整合模式。

垂直整合是指一个公司由原本负责其中一个阶段，向上扩张到之前由其供货商负责的原料供应阶段或向下涉足之前由其所生产原料制成的产品阶段的一种模式。这种模式在业务中是一种常见的策略，它可以帮助公司更好地控制其供应链，降低成本，提高效率，并获得更多的利润。垂直整合还可以提高公司的竞争力，使其能够更好地掌握市场动态，更好地满足客户需求。此外，垂直整合还可以帮助公司减少对外部供应商的依赖，提高公司的自主性和独立性。

④连锁模式。

连锁模式是一种高效且具有策略性的商业模式，它通过实施统一采购、配送、标识、营销和核算的策略，实现了规模化经营。这种模式确保了品牌形象的统一性，并为消费者带来了优质且价格合理的产品或服务。

在连锁模式的运营过程中，由于连锁商铺完全遵循总经销商的商业逻辑，这从根本上避免了"走弯路"的情况。这种模式的规模化经营带来了规模经济效应，使得连锁店铺能够更加高效地进行采购、配送和销售等环节。此外，品牌效应也是连锁模式的一大优势，它可以帮助店铺快速获得消费者的信任，从而加速发展和壮大。

连锁模式的成功不仅依赖于其商业策略的合理性，还与该模式所涉及的各个方面密切相关。例如，连锁总经销商需要具备强大的采购能力和高效的物流系统，以确保产品供应的稳定性和及时性。同时，连锁店铺也需要提供优质的服务和产品，以满足消费者的需求和期望。

总的来说，连锁模式是一种成熟且有效的商业模式，它通过规模化经营和品牌效应等策略，为消费者带来了优质的产品或服务，同时也帮助连锁店铺实现了快速的发展和壮大。

⑤线上线下商务（Online to Offline，O2O）模式。

O2O，全称为 Online To Offline，其核心理念是通过将线下的商务机会与互联网结合，利用互联网线上链接信息的优势，实现从线上到线下的无缝衔接。在 5G 快速发展的时代，O2O 模式以其高效、便捷、覆盖面广的特点，为创业者提供了间接的广告营销服务，消费者也可以通过互联网快速认知品牌和产品，进而帮助企业发展。

O2O 模式不仅能够实现线上线下的完美结合，还可以为创业者提供更多的商业机会。通过 O2O 平台，创业者可以将产品或服务推广到更广泛的消费者群体中，从而扩大市场份额，提高品牌知名度。同时，O2O 模式还可以为消费者提供更加便捷的购物体验，消费者可以在线上浏览商品信息，线下体验商品或服务，从而更好地满足个性化需求。

在 O2O 模式的应用过程中，互联网技术的作用不可忽视。利用大数据、人工智能等先进技术，O2O 平台可以更加精准地分析消费者行为和需求，为创业者提供更加精准的广告营销服务。同时，O2O 平台还可以通过智能化推荐、个性化推荐等方式，为消费者提供更加个性化的购物体验。

总之，O2O 模式以其独特的优势和广阔的应用前景，成为当今商业领域中的一股强大力量。通过将线下的商务机会与互联网结合，O2O 模式不仅可以提高企业的营销效果和效率，还可以为消费者提供更加便捷、个性化的购物体验。在 5G 快速发展的时代，O2O 模式将会发挥更加重要的作用。

⑥免费模式。

免费模式并不是指完全免费的创业，而是适当让出一定利益，目的是获得消费者背后更大的利益点。可以具体分为免费+广告模式、免费+收费模式和免费+增值服务模式，创业者可以根据所售产品的不同进行决策。

免费+广告模式是指免费受众在享受免费内容的同时创造关注度或者流量价值，使企业拥有将流量通过广告变现的可能，譬如小红书、抖音和快手等直播平台。

免费+收费模式是指用户可以免费体验产品的部分或全部功能，再根据需要选择是否付费。

免费+增值服务模式是针对消费者提供一种基础的免费服务，利用流量，为用户提供其他互补的服务或增加部分付费的增值功能来赚取费用。

⑦共享模式。

共享模式是通过共享资源、服务或产品，实现资源的最大化利用和效益的最大化，其核心理念是将闲置的资源或者已有的资源进行共享，以满足用户的需求，同时也能够创造经济价值。共享模式在各个行业都有应用，比如共享经济平台、共享物流、共享知识和技能等，它的优势在于能够最大化利用资源，提高资源的利用效率，同时也能够满足用户的需求。然而，共享模式也面临一些挑战，如资源的不均衡分配、信任问题等。因此，在发展共享模式的过程中，需要建立健全的监管机制和信用体系，以保障共享模式的可持续发展。

⑧SPA 模式。

自有品牌零售商模式意在企业拥有自己的品牌，并通过自己的零售渠道销售产品。这种模式通常涉及产品的设计、生产、销售和营销等环节，企业可以直接控制产品的品质、定价和市场推广等方面。它的优势包括品牌控制、产品差异化、利润空间和市场反应速度等方面。然而，这种模式也面临着产品研发和生产成本高、品牌建设和市场推广的挑战。因此，企业在选择自有品牌零售商模式时需要综合考虑市场需求、竞争环境和自身实力等因素。

⑨众包模式。

众包模式是通过互联网平台将任务或项目外包给广大的网络用户群体，利用众包者的智慧、时间和资源来完成工作。众包模式的核心理念是将任务分解为小块，由众包者自愿参与，通过竞争或合作的方式完成任务，并获得相应的报酬，把传统上由企业内部员工承担的工作，通过互联网以自由自愿的形式转交给企业外部的大众群体来完成的一种组织模式。众包模式的优势在于可以快速、高效地完成大量的工作，同时降低成本和风险。该模式的成功关键在于平台的设计和管理，需要建立起可信任的众包者群体，确保任务的质量和效率。同时，企业也需要合理设定任务的报酬和奖励机制，激励众包者的参与和贡献。

⑩电子商务模式。

电子商务模式是网络环境和大数据环境中基于一定技术基础的商务运作方式和盈利模式。在网络环境和大数据环境中，基于一定技术基础的商务运作方式和盈利模式正在不断发展和创新。

以下是一些常见的商务运作方式和盈利模式。

a. 电子商务平台：随着互联网的普及和电子商务的兴起，电子商务平台成为一种常见的商务运作方式。通过搭建一个线上平台，商家可以将产品或服务展示给消费者，并进行交易。这种模式的盈利方式主要是通过收取交易手续费、广告费用或订阅费用等。

b. 数据分析和挖掘：在大数据环境中，数据分析和挖掘成为一种重要的商务运作方式。通过收集和分析大量的数据，企业可以发现潜在的商机和市场趋势，从而作出更明智的商业决策。盈利方式可以是提供数据分析服务、销售数据分析工具或将数据转化为商业智能产品等。

c. 个性化推荐和定制化服务：在大数据环境中，企业可以通过分析用户的行为和偏好，提供个性化的推荐和定制化的服务。通过精准的推荐和定制，企业可以提高用户的满意度和忠诚度，从而增加销售额和盈利。盈利方式可以是销售个性化推荐的产品或服务，或者通过广告和合作推广获得收入。

d. 云计算和软件即服务（Software as a Service，SaaS）：随着云计算技术的发展，企业可以将软件和服务提供给用户，而不需要用户自己购买和维护硬件和软件。通过提供云计算和 SaaS 服务，企业可以降低用户的成本和风险，同时获得稳定的收入。盈利方式可以是按照订阅或使用量收取费用，或者提供增值服务获得额外收入。

e. 数据交易和共享：在大数据环境中，企业可以将自己的数据进行交易和共享。通过出售数据或与其他企业进行数据共享，企业可以获得额外的收入。盈利方式可以是按照数据交易的数量或价值收取费用，或者通过数据共享获得合作伙伴的支持和资源。

企业可以通过技术基础的支持，利用数据和互联网的力量，开拓新的商机和盈利模式。该模式又包括企业对企业电子商务（Business to Business，B2B），企业对顾客电子商务

（Business to Consumer，B2C），顾客对顾客电子商务（Customer to Customer，C2C），企业网购引入质量控制（Business to Business and ensure the Quality，B2Q）和企业–经营者–企业（Business–Operator–Business，BOB）等。

⑪众筹模式。

众筹模式是一种通过互联网平台，集合大量个人或小额投资者的资金，用于支持创业项目、产品或服务的一种融资方式。众筹商业模式的核心是通过广泛的社交网络和互联网平台，将创业者与投资者直接连接起来，实现资金的集聚和项目的推广。

众筹模式的主要特点包括以下五个方面。

a. 创业项目的融资：众筹模式为创业者提供了一种新的融资途径，可以通过向大众募集资金来支持自己的创业项目。相比传统的融资方式，众筹可以降低融资门槛，让更多的创业者有机会获得资金支持。

b. 大众参与：众筹模式的核心是大众的参与和支持。通过互联网平台，任何人都可以成为投资者，以小额资金参与到创业项目中。这种参与方式不仅可以帮助创业者筹集资金，还可以增加项目的曝光度和市场认可度。

c. 项目验证：众筹模式可以帮助创业者验证自己的项目是否受到市场的认可和支持。通过众筹平台，创业者可以与潜在用户进行互动，了解他们的需求和反馈，从而不断改进和优化自己的产品或服务。

d. 社交推广：众筹模式的成功离不开社交网络的推广。创业者需要通过各种社交媒体和网络渠道，积极宣传自己的项目，吸引更多的关注和支持。同时，投资者也可以通过分享和推荐，帮助项目扩大影响力和用户基础。

e. 回报机制：众筹模式通常会设定一定的回报机制，以激励投资者的参与和支持。这些回报可以是项目的股权、产品的折扣或特殊待遇等，既可以满足投资者的利益诉求，也可以增加项目的吸引力。

众筹模式通过互联网平台，将创业者与投资者直接连接起来，实现资金的集聚和项目的推广。它为创业者提供了一种新的融资途径，同时也为投资者提供了参与创业项目的机会。众筹模式的成功离不开社交网络的推广和回报机制的设计，它可以帮助创业者验证项目的可行性，增加市场认可度，并最终实现商业成功。

6.2　商业模式的构建与优化

6.2.1　商业模式的构成要素：产品或服务，客户群体，盈利模式

商业模式描述了企业如何创造、交付和捕获价值，以及如何与供应商、客户和其他利益相关者进行合作，它决定了企业的竞争优势和可持续发展能力。一个成功的商业模式应该能够创造持续的价值，并能够适应市场变化和技术进步。企业应该不断优化和调整商业模式，以适应不断变化的市场需求和竞争环境。商业模式的设计和创新是企业成功的关键因素之一。随着市场环境的变化和竞争的加剧，企业需要不断调整和优化自己的商业模式，以适应市场需求和实现可持续发展。

相同的企业定位可以通过不一样的业务系统实现，同样的业务系统也可以有不同的关键

资源能力、不同的盈利模式和不一样的现金流结构。例如，业务系统相同的家电企业，有些企业可能擅长制造，有些可能擅长研发，有些则更擅长渠道建设；同样是门户网站，有些是收费的，而有些则不直接收费等。商业模式的构成要素中只要有一个要素不同，就意味着不同的商业模式。一个能对企业各个利益相关者有贡献的商业模式需要企业家反复推敲、实验、调整和实践，这几个要素才能产生。

成功的商业模式应该能够创造价值、建立竞争优势、适应变化、创新变革、可复制扩展、合作共享，并注重用户体验和满意度。这些特点共同构成了一个成功的商业模式的基础。

成功商业模式的特点可以归纳为以下七点。

（1）价值创造

成功的商业模式并不仅仅是提供产品或服务，更重要的是创造出具有独特优势的价值，这些价值能够满足市场的需求并解决客户的问题。这些商业模式能够精确地了解客户的需求和期望，从而在产品或服务的设计、功能、价格等方面体现出独特的优势，使客户愿意购买并为这些优势付费。

（2）可持续竞争优势

成功的商业模式不仅在当下具有竞争力，更能够建立起可持续的竞争优势，从而在未来长期存在并保持盈利能力。这些优势可能来自技术创新、品牌影响力、供应链管理等方面的独特优势，也可能是对市场变化的敏锐洞察和灵活应对。这些优势使企业在市场竞争中能够保持领先地位，并持续获得市场份额。

（3）弹性和适应性

成功的商业模式通常具有弹性和适应性，能够灵活地适应市场变化和客户需求的变化。这些模式能够根据市场环境的变化及时调整和改进自身，以适应不断变化的商业环境和竞争压力。这种灵活性和适应性使企业能够迅速抓住市场机会，应对挑战并保持竞争力。

（4）创新和变革

成功的商业模式往往具有创新性和变革性。这些模式能够引领行业发展，打破传统的商业模式和思维定式，创造新的商业机会和市场空间。它们勇于尝试新的商业模式、管理方法、技术应用等，以创新的方式提高效率、降低成本、提升用户体验，从而在市场竞争中脱颖而出。

（5）可复制性和可扩展性

成功的商业模式通常具有可复制和可扩展的特点。这些模式能够在不同的市场和地区复制和扩展，实现规模化经营，并且能够保持一致的品质和服务水平。这种可复制性和可扩展性使企业能够迅速扩大市场份额，提高品牌影响力，实现持续增长。

（6）合作与共享

成功的商业模式通常能够建立起合作伙伴关系和共享资源的机制。这些模式能够与供应商、合作伙伴和客户建立紧密的合作关系，实现资源共享和互利共赢。通过建立合作伙伴关系和共享资源，企业能够提高效率、降低成本、增强竞争力，并为客户提供更优质的产品和服务。

（7）用户体验和满意度

成功的商业模式注重用户体验和满意度。这些模式能够提供优质的产品和服务，满足用户的需求，并建立起良好的用户关系和口碑。它们致力于提升用户体验，通过提供个性化的产品和服务、优质的售后服务、便捷的购买渠道等方面来提高用户的满意度。这种对用户体验和满意度的关注有助于培养忠诚客户，提高品牌影响力，从而实现长期稳定的发展。

6.2.2 商业模式的设计：持续迭代，适应变化

在探索商业模式时，企业需要进行市场调研、竞争分析和商业模式创新等工作。同时，还需要不断试错和调整，以适应市场变化和客户需求的变化。最终，企业可以通过不断优化和创新商业模式，实现持续的盈利和可持续发展。商业模式的创新是指企业在经营过程中对传统商业模式进行改进和创新，以适应市场变化和满足消费者需求的一种策略。商业模式创新可以帮助企业获得竞争优势，提高盈利能力，并在市场中取得成功。

（1）商业模式创新

商业模式创新的方式有很多种，以下是一些常见的商业模式创新。

①付费模式创新。

随着互联网的发展，传统的付费模式已经无法满足用户的需求，因此付费模式创新成为许多企业的关注点。通过改变产品或服务的付费方式，如订阅模式、按需付费模式、免费试用模式等，以吸引更多用户或提高用户留存率，提高用户体验，同时也能够获得更稳定的收入。

②平台模式创新。

随着互联网的快速发展，平台模式创新成为许多企业追求的目标。平台模式创新是指企业通过构建一个开放的、多边的、互联网化的平台，将供应商、消费者、合作伙伴等各方连接起来，实现资源共享、价值共创的商业模式。通过建立平台，将供应商和消费者连接起来，实现供需双方的价值交换。平台模式的创新可以带来更高的规模效应和网络效应。平台模式创新的核心是构建一个具有网络效应的平台，通过吸引更多的用户和参与者加入，不断扩大平台的规模和影响力。

平台模式创新在许多行业都得到了广泛应用。例如，电商平台阿里巴巴、京东等通过整合供应链资源，实现了商品的在线销售和配送；共享经济平台滴滴出行、共享单车等通过整合闲置资源，实现了出行服务的共享和优化；社交媒体平台微信、微博等通过整合用户资源，实现了信息传播和社交互动。

③数据驱动模式创新。

数据驱动模式创新是指通过收集、分析和利用大量的数据来推动创新和决策的一种方法。它基于数据的实际情况和趋势，通过深入分析和挖掘数据中的信息，发现新的商业机会、解决问题和改进业务流程。通过收集和分析大数据，了解用户需求和行为，从而提供个性化的产品或服务，增加用户黏性和满意度。数据驱动模式创新的核心是将数据作为决策和创新的基础，而不是仅仅依靠经验和直觉。通过收集和整理大量的数据，可以更好地了解市场需求、消费者行为、竞争对手的动态等，从而为企业提供更准确的决策依据。

数据驱动模式创新的优势在于可以减少决策的主观性和风险，提高决策的准确性和效果。通过数据的支持，企业可以更好地了解市场和消费者需求，及时调整和优化产品和服务，提高竞争力和市场份额。然而，数据驱动模式创新也面临一些挑战，包括数据质量问题、数据隐私和安全问题等。因此，在实施数据驱动模式创新时，企业需要建立健全的数据管理和保护机制，确保数据的准确性、完整性和安全性。同时，还需要培养数据分析和创新的能力，以充分发挥数据驱动模式创新的潜力。

④生态系统模式创新。

生态系统模式创新是指在现有生态系统基础上，通过引入新的技术、业务模式或组织形式，实现生态系统的升级和创新。生态系统模式创新旨在通过与其他企业合作，构建一个完整的生态系统，实现资源共享和价值共创，扩大企业的市场份额和影响力。

生态系统模式创新的核心是打破传统的垂直产业链，促进各个环节之间的协同和合作。传统的产业链模式通常是由一个或几个主导企业控制整个价值链，而生态系统模式则强调各个参与者之间的互动和合作，通过共享资源、共同创新和共同营销等方式，实现整个生态系统的共同发展。生态系统模式创新的关键是建立一个开放、包容和共享的平台。这个平台可以是物理的，如共享经济平台，也可以是虚拟的，如互联网平台。通过这个平台，各个参与者可以共享信息、资源和技术，实现互利共赢的局面。

⑤社交化模式创新。

社交化模式创新是指在社交领域中，通过引入新的思维方式、技术手段或商业模式，来改变人们的社交行为和社交方式。这种创新可以涉及社交媒体、社交网络、社交应用、社交平台等方面，旨在提供更好的社交体验和满足人们不断变化的社交需求，通过整合社交媒体和社交网络，将用户的社交关系和消费行为结合起来，实现社交化的产品或服务，增加用户参与度和口碑传播效应。

社交化模式创新的重要性在于，社交是人类社会中不可或缺的一部分，而随着科技的发展和社会的变迁，人们的社交方式也在不断演变。传统的面对面交流逐渐被线上社交所取代，人们更多地通过社交媒体和社交网络来与他人交流、分享信息和建立关系。因此，社交化模式创新成为满足人们社交需求的重要途径。

⑥线上线下融合模式创新。

随着互联网的快速发展，线上线下融合模式成为商业创新的重要方向。线上线下融合模式是指将线上和线下两种商业模式相结合，通过互联网技术和平台的支持，实现线上线下的无缝连接和互动，通过线上线下渠道的融合，实现线上线下的无缝连接，提供更便捷的购物体验和增值服务，线上线下融合模式将会在商业领域发挥越来越重要的作用。

商业模式创新需要企业具备敏锐的市场洞察力和创新能力，同时也需要与时俱进，不断适应市场变化和消费者需求的变化。通过商业模式创新，企业可以在竞争激烈的市场中脱颖而出，实现可持续发展。

（2）商业模式的内容

创业者在创业前期尝试撰写商业计划书的过程中，具体又可以将商业模式归结为如图6-1所示的商业画布。

图6-1　商业画布

1）重要伙伴

在商业模式中，重要伙伴是指与企业合作、共同创造价值并支持企业运营的关键合作伙伴。这些合作伙伴可以是供应商、分销商、合作伙伴、技术提供商、合作联盟等。

以下是一些常见的重要伙伴类型。

①供应商：供应商是企业获取原材料、产品或服务的重要伙伴。他们提供企业所需的物品或服务，确保企业能够顺利运营。供应商的质量、可靠性和成本效益对企业的成功至关重要。

②分销商：分销商是企业产品或服务的销售渠道。他们帮助企业将产品或服务推向市场，并与最终客户建立联系。分销商可以是零售商、批发商、经销商等，他们通过销售和分销网络帮助企业扩大市场份额。

③合作伙伴：合作伙伴是与企业共同合作、共同创造价值的伙伴。他们可以是其他企业、组织或个人，通过合作共赢的方式实现互利互惠。合作伙伴可以提供额外的资源、技术、市场渠道等，帮助企业实现业务目标。

④技术提供商：技术提供商是为企业提供关键技术支持和解决方案的伙伴。他们可以提供软件、硬件、云计算、数据分析等技术服务，帮助企业提高效率、降低成本、创新产品或服务。

⑤合作联盟：合作联盟是由多个企业或组织组成的合作伙伴关系。他们共同合作，共享资源、知识和市场渠道，以实现共同的业务目标。合作联盟可以通过共同推广、共同研发、共同市场等方式增强企业的竞争力。

重要伙伴在商业模式中扮演着关键的角色，他们为企业提供支持和资源，帮助企业实现战略目标，扩大市场份额，提高竞争力。因此，企业需要与重要伙伴建立良好的合作关系，并进行有效的沟通和协调，以实现共同的利益。

2）关键业务

商业模式中的关键业务是指企业为了实现其商业目标而必须进行的核心活动或提供的关键产品或服务。这些关键业务通常是企业的竞争优势所在，能够为企业带来收入和利润。

以下是一些常见的关键业务。

①产品研发：开发新产品或改进现有产品，以满足市场需求并保持竞争力。

②生产制造：将原材料转化为最终产品的制造过程，确保产品质量和交付时间。

③销售和市场营销：通过各种渠道和策略推广以及销售产品，吸引客户并建立品牌认知。

④客户服务：提供良好的售后服务，解决客户问题和投诉，增强客户满意度和忠诚度。

⑤供应链管理：管理供应商关系，确保原材料和零部件的及时供应，以保证生产和交付的顺利进行。

⑥物流和配送：管理产品的运输和配送过程，确保产品按时到达客户手中。

⑦技术支持：为客户提供技术支持和培训，确保产品的正常使用和维护。

⑧数据分析和市场调研：收集和分析市场数据，了解客户需求和竞争对手动态，为决策提供依据。

⑨合作伙伴关系管理：与合作伙伴建立良好的合作关系，共同开发市场和提供综合解决方案。

⑩金融管理：管理企业的财务和资金流动，确保企业的财务稳定和可持续发展。

这些关键业务相互关联，共同支撑企业的商业模式，确保企业能够提供有竞争力的产品或服务，并实现盈利。不同行业和企业的关键业务可能有所不同，根据企业的战略定位和市场需求进行调整和优化。

3）核心资源

商业模式中的核心资源是指企业所拥有的能够为其创造价值并支撑其运营的重要资源。这些资源可以是物质性的，如设备、设施、原材料等，也可以是非物质性的，如品牌、专利、技术等。核心资源的选择和运用对于企业的竞争力和持续发展至关重要。

以下是一些常见的商业模式中的核心资源。

①物质性资源：包括生产设备、生产线、仓储设施、原材料等。这些资源对于生产和提供产品或服务至关重要，能够直接影响企业的生产效率和产品质量。

②知识和技术资源：包括专利、技术、专业知识等。这些资源可以帮助企业在市场上保持竞争优势，创造独特的产品或服务，并提供技术支持和解决方案。

③品牌和声誉资源：包括企业的品牌价值和声誉。这些资源可以帮助企业建立良好的品牌形象，提高产品或服务的认知度和信任度，吸引更多的客户和合作伙伴。

④人力资源：包括员工的技能、经验和专业知识。这些资源是企业最重要的资产，能够推动企业的创新和发展，提供优质的客户服务，并保持竞争力。

⑤财务资源：包括企业的资金、投资和财务能力。这些资源可以支持企业的运营和扩张，提供资金支持和投资机会，确保企业的稳定发展。

⑥合作伙伴和供应链资源：包括与其他企业或组织建立的合作关系和供应链网络。这些资源可以帮助企业扩大市场份额，降低成本，提高效率，并获得更多的商业机会。

企业在选择和管理核心资源时，需要考虑资源的稀缺性、可替代性、可复制性和可转移性等因素，以确保资源的有效利用和持续竞争优势。

4）价值主张

商业模式中的价值主张是指企业向客户提供的产品或服务的独特价值，以满足客户的需求和解决客户的问题。价值主张是企业与竞争对手的差异化关键，能够帮助企业在市场中获得竞争优势。

以下是一些常见的商业模式中的价值主张。

①产品差异化：企业通过提供独特的产品或服务来满足客户的需求。这可以包括技术创新、设计优势、品质保证等方面的差异化。

②价格优势：企业通过提供更具竞争力的价格来吸引客户。这可以通过规模经济、供应链优化、成本控制等方式实现。

③客户体验：企业通过提供卓越的客户体验来吸引和留住客户。这可以包括个性化定制、便利性、售后服务等方面的差异化。

④解决方案提供：企业通过提供综合解决方案来解决客户的问题。这可以包括整合多个产品或服务、提供一站式服务等方式。

⑤社会责任：企业通过关注环境、社会和道德问题来赢得客户的支持。这可以包括可持续发展、公益活动、社会贡献等方面的差异化。

⑥数据驱动：企业通过收集和分析大数据来提供个性化的产品或服务。这可以帮助企业

更好地了解客户需求，提供更精准的解决方案。

⑦品牌认知：企业通过建立强大的品牌形象来吸引客户。这可以通过品牌价值、品牌声誉、品牌故事等方式实现。

企业可以根据自身的资源、能力和市场需求来选择适合的价值主张，并通过不断创新和优化来提升竞争力。

如何建立客户关系

5）客户关系

客户关系是商业模式中的一个重要组成部分，它涉及企业与客户之间的互动和沟通方式。一个成功的商业模式需要建立良好的客户关系，以满足客户的需求并建立长期的合作关系。

在商业模式中，客户关系可以分为以下五种类型。

①个人化关系：企业与客户之间建立个人化的关系，通过了解客户的需求和偏好，提供个性化的产品和服务。这种关系通常在高端市场和奢侈品行业中较为常见。

②自助关系：企业提供自助服务平台，让客户可以自行解决问题和获取所需的信息。这种关系适用于大规模客户和低价值产品的市场，可以降低企业的运营成本。

③社区关系：企业通过建立社区平台，促进客户之间的互动和交流。这种关系可以增强客户的忠诚度和参与度，提高品牌影响力。

④集中关系：企业与少数几个重要客户建立紧密的合作关系，共同开发市场和产品。这种关系通常在B2B市场中较为常见，可以实现资源共享和风险分担。

⑤无关系：企业与客户之间没有直接的互动和沟通，客户通过第三方渠道购买产品或服务。这种关系适用于大规模消费品市场和电子商务平台。

综上所述，客户关系是商业模式中至关重要的一环，它可以帮助企业与客户建立良好的互动和合作关系，提高客户满意度和忠诚度，从而实现商业成功。

6）渠道通路

渠道通路是商业模式中的一个重要组成部分，它指的是企业将产品或服务从生产者传递给最终用户的路径和方式。渠道通路的设计和选择对于企业的销售和市场份额具有重要影响。在商业模式中，渠道通路可以分为直接渠道和间接渠道两种类型。

①直接渠道：直接渠道是指企业直接将产品或服务销售给最终用户，没有中间商或经销商的参与。直接渠道可以通过以下方式实现。

a. 自有零售店：企业自己拥有和经营的零售店，直接向消费者销售产品或服务。

b. 网上商店：通过互联网平台建立自己的在线商店，直接向消费者销售产品或服务。

c. 电话销售：通过电话销售团队直接与消费者联系，进行产品或服务的销售。

d. 个人销售代表：企业派遣销售代表直接与消费者接触，进行产品或服务的销售。

②间接渠道：间接渠道是指企业通过中间商或经销商将产品或服务传递给最终用户。间接渠道可以通过以下方式实现。

a. 批发商：企业将产品批量销售给批发商，由批发商再将产品销售给零售商或最终用户。

b. 经销商：企业与经销商建立合作关系，由经销商负责销售和分销产品或服务。

c. 零售商：企业将产品或服务销售给零售商，由零售商负责向最终用户销售。

d. 代理商：企业与代理商签订代理协议，由代理商代表企业销售和推广产品或服务。

渠道通路在商业模式中起着至关重要的作用，企业需要根据市场需求、产品特点和竞争环境等因素来选择合适的渠道通路，以实现销售和市场份额的增长。

7）用户细分

在商业模式中，用户细分是指将整个市场分成不同的用户群体，根据他们的需求、特征和行为进行分类。通过用户细分，企业可以更好地了解不同用户群体的需求，从而针对性地开展产品设计、市场营销和服务等活动，提高用户满意度和市场竞争力。

以下是一些常见的商业模式中的用户细分：

①消费者细分：根据消费者的年龄、性别、收入、教育程度、兴趣爱好等特征进行细分。例如，针对不同年龄段的消费者推出不同款式和价格的产品。

②企业细分：根据企业的规模、行业、地理位置等特征进行细分。例如，针对中小型企业提供定制化的解决方案，针对特定行业提供专业化的产品和服务。

③地理细分：根据用户所在的地理位置进行细分。例如，根据不同地区的消费习惯和文化差异，调整产品的包装和营销策略。

④行为细分：根据用户的购买行为、使用习惯、忠诚度等进行细分。例如，根据用户的购买频率和金额，将用户分为高价值用户和低价值用户，采取不同的营销策略。

⑤需求细分：根据用户的需求进行细分。例如，将用户分为功能导向型用户和情感导向型用户，针对不同的需求提供不同的产品和服务。

⑥渠道细分：根据用户的购买渠道进行细分。例如，将用户分为线上购买用户和线下购买用户，针对不同的购买渠道提供不同的促销活动和服务。

通过对用户进行细分，企业可以更好地了解用户的需求和行为，精确定位目标用户群体，提供个性化的产品和服务，从而提高用户满意度和市场竞争力。

8）成本结构

商业模式中的成本结构是指企业在运营过程中所需承担的各项成本。成本结构的构成因企业的性质、规模和行业特点而异，但通常包括以下七个方面。

①固定成本：固定成本是指企业在一定时期内不随产量或销售额的变化而变化的成本，如租金、折旧、人员工资等。这些成本不受销售额的影响，无论企业的销售额是高还是低，都需要支付。

②可变成本：可变成本是指随着产量或销售额的变化而变化的成本，如原材料采购成本、生产成本、销售费用等。这些成本与企业的销售额密切相关，销售额增加时成本也会相应增加，销售额减少时成本也会相应减少。

③半固定成本：半固定成本是介于固定成本和可变成本之间的一种成本形式，如人员培训费用、广告宣传费用等。这些成本在一定范围内是固定的，但超出一定范围后会随销售额的变化而变化。

④研发成本：研发成本是指企业为开发新产品、改进现有产品或提高生产效率而进行的研究和开发活动所需的成本，如研发人员工资、实验设备费用等。这些成本通常是一次性的，但对于创新型企业来说，研发成本可能是一个重要的成本项目。

⑤运营成本：运营成本是指企业在日常运营过程中所需承担的各项费用，如办公场地租金、水电费、办公设备维护费用等。这些成本是企业正常运营所必需的，与企业的规模和行业特点有关。

⑥管理成本：管理成本是指企业为实现良好的管理和组织运作而发生的各项费用，如管理人员工资、培训费用、办公用品费用等。这些成本是为了提高企业的管理效率和组织能力而产生的。

⑦销售成本：销售成本是指企业为推广和销售产品或服务而发生的各项费用，如销售人员工资、广告宣传费用、市场调研费用等。这些成本是为了提高产品或服务的市场占有率和销售额而产生的。

不同的企业在不同的阶段和行业中，成本结构的比重和构成可能会有所不同。了解和掌握企业的成本结构，有助于企业进行成本控制和优化，提高企业的盈利能力和竞争力。

9）收入来源

商业模式中的收入来源可以有多种形式，以下是一些常见的收入来源。

①销售产品或服务：商业模式的核心通常是销售产品或服务，通过直接销售或在线销售来获得收入。这可以是实体产品、数字产品、软件、咨询服务等。

②订阅模式：订阅模式是指用户每月或每年支付一定费用来获得特定的产品或服务。这种模式常见于媒体、软件、云存储等领域。

③广告收入：通过向其他企业或品牌提供广告展示的机会来获得收入。这可以是在线广告、电视广告、杂志广告等。

④佣金或手续费：通过为其他企业或个人提供中介服务来获得佣金或手续费。例如，电商平台可以从卖家的销售额中抽取一定比例的佣金。

⑤特许经营费用：将品牌、技术或商业模式授权给其他企业，以获得特许经营费用。这种模式常见于连锁店、餐饮业等。

⑥数据销售：通过收集、分析和销售用户数据来获得收入。这种模式常见于社交媒体、市场研究等领域。

⑦会员费用：通过向用户提供特殊权益或服务来获得会员费用。这可以是高级会员、VIP会员等。

⑧授权费用：将知识产权、专利或技术授权给其他企业，以获得授权费用。

⑨增值服务：通过为用户提供额外的增值服务来获得收入。例如，电商平台可以提供物流、售后服务等。

⑩捐赠或赞助：通过接受个人、企业或组织的捐赠或赞助来获得收入。这种模式常见于公益组织、慈善基金会等非营利组织。

以上只是一些常见的商业模式收入来源，实际上还有很多其他的收入来源，具体取决于不同行业和企业的特点。

【教学评价】

亲爱的同学，本次课程学习已经圆满结束。感谢你在整个学习过程中的持续努力和积极配合。我们深知，每一次的进步都离不开宝贵的反馈和建议，我们非常期待收到你对本次课程学习的真实感受，从而不断提升我们的教学效果。请放心，我们将采用不记名的方式收集数据，并进行保密。在回答问卷时，有些问题你只需要作出选择，有些问题则可以用几个关键词简单地表达你的想法。

教学评价表如表 6-1 所示。

表 6-1　教学评价表

章节名称：　　　　　　　　教师姓名：　　　　　　授课地点：

课程时间：　年　月　日—　日 第　周					
项目教学组织评价	很满意	满意	一般	不满意	很不满意
你对课堂教学秩序是否满意	☐	☐	☐	☐	☐
你对教室环境卫生是否满意	☐	☐	☐	☐	☐
你对小组总体表现是否满意	☐	☐	☐	☐	☐
你对课程的教学模式是否满意	☐	☐	☐	☐	☐
授课教师评价	很满意	满意	一般	不满意	很不满意
你如何评价授课教师	☐	☐	☐	☐	☐
教师授课通俗易懂，结构清晰	☐	☐	☐	☐	☐
教师非常关注学生的反应	☐	☐	☐	☐	☐
教师能认真指导学生，因材施教	☐	☐	☐	☐	☐
你对授课氛围是否满意	☐	☐	☐	☐	☐
你认为理论、实践安排是否合适	☐	☐	☐	☐	☐
你对教师在岗情况是否满意	☐	☐	☐	☐	☐
授课内容评价	很满意	满意	一般	不满意	很不满意
你对授课涉及的内容是否满意	☐	☐	☐	☐	☐
授课中使用的设备是否丰富	☐	☐	☐	☐	☐
你对发放的学习资料和在线资源是否满意	☐	☐	☐	☐	☐

请回答下列问题。

①在教学组织方面，哪些还需要进一步改进？

②哪些授课内容你特别感兴趣，为什么？

③哪些授课内容你不感兴趣，为什么？

④关于授课内容，是否还有你想学但老师没有涉及的？如有，请指出。

⑤你对哪些授课内容比较满意？哪些方面还需要进一步改进？

⑥你希望每次活动都给小组留有一定讨论时间吗？如果有，你认为多长时间合适？

⑦通过这部分内容的学习，你最想对自己说些什么？

⑧通过这部分内容的学习，你最想对教授本部分内容的教师说些什么？

【活页笔记】

学习过程：

重难点记录：

学习体会及收获：

资料补充：

【任务训练】

任务编号：		学时：
实训地点：		小组成员姓名：

任务描述
①商业模式到底是什么？大家都是如何理解的？
②如何准确描述商业模式的核心内容？
③通过商业模式设计与创新如何实现收益倍增？
④什么样的商业模式是好的商业模式？如何防范竞争对手模仿抄袭？

小组讨论
①创业者选择加盟店有哪些好处？
②大学生创业者选择代理或经销产品应注意的问题是什么？

案例分析
创建新企业是一个复杂的过程，程序烦琐，对于学生来说还不现实，但是你们可以先给自己的公司想个名字，设想一下公司的位置、大致的工作区设置等。哪位同学来说一说自己公司的名字是什么，有什么含义？

任务成果
虽通过任务训练，但在创业的道路上不会一帆风顺，我们需要战胜自我，超越自我。我们需要对自己进行权衡，作出合理可行的决策。

【任务评价】

任务评价表如表 6-2 所示。

表 6-2　任务评价表

评价类型	赋分	序号	具体指标	分值	得分		
					自评	组评	师评
职业能力	50	1	任务训练准备充分	20			
		2	表演逻辑清晰	15			
		3	情景设计的掌控力	15			
职业素养	20	1	面部表情自然	3			
		2	身体移动自然	3			
		3	目光交流自然	2			
		4	动作手势自信	2			
		5	语速适中、语调自信	10			
劳动素养	20	1	按时完成，认真填写记录	5			
		2	保持座位卫生、整洁、有序	5			
		3	协作互助、小组分工合理性	5			
		4	小组讨论积极	5			
综合素养	10	1	完成素材学习	5			
		2	谈一谈自己对商业模式的理解	5			
总分				100			
总结反思							

目标达成：知识□□□□□　　能力□□□□□　　素养□□□□□

学习收获：

教师寄语：

问题反思：

签字：

7

精益创业与产品迭代之路

【学习目标】

①了解精益创业的时代背景，系统掌握精益创业方法论。

②了解精益创业的内涵与特征、主要框架、实施步骤等。

③了解精益创业与传统创业模式的区别与联系。

【素质目标】

不断创新，持续引领
融入点：精益创业、不断创新　元素：始终保持干事创业精神状态
永葆干事创业精神状态是中国共产党的政治本色和优良传统。习近平总书记指出：“我们党之所以历经百年而风华正茂、饱经磨难而生生不息，就是凭着那么一股革命加拼命的强大精神。”从革命时期战胜强大敌人，到建设时期克服物质困难，再到改革时期冲破束缚生产力发展障碍，中国共产党始终保持干事创业精神状态。迈向新的伟大征程、完成新的使命任务，中国共产党以更加昂扬向上的精神状态应对前进道路上的各种风险挑战。 　　是否始终保持干事创业精神状态，事关中国特色社会主义事业的兴衰成败，事关中国共产党的长期执政地位是否稳固。对于我们这样一个拥有9 600多万名党员490多万个基层党组织的大党来说，执政时间越长，取得的成绩越多，保持初心、艰苦创业越不容易。必须着力解决好“始终保持干事创业精神状态”这一难题，以“创业不易，守业更难”的清醒与坚定，不断提升党的执政能力、巩固党的长期执政地位。 　　参考资料：中央纪委国家监委网站《始终保持干事创业精神状态》

【知识点框架图】

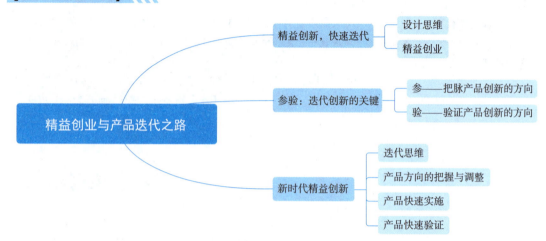

7.1   精益创新，快速迭代

我们目前所处的商业时代是互联网化和全球化的。这个时代竞争很激烈，企业只有提供更能满足客户需求的产品才能生存。从消费趋势来看，用户的需求越来越多元化，满足这些用户需求的难度也不断提高。从技术发展来看，以互联网为代表的信息技术，可以帮助企业深入了解客户和消费者，根据需求来迭代产品，节约成本，让效益最大化。

那么我们要怎么做好迭代创新呢？精益创业为我们提供了一套核心模式：目标用户—小范围测试—反馈修改—产品迭代—获得核心认知—高速增长。

事实上这个模式在互联网行业都是很常见的，那些耳熟能详的企业或者产品都是通过这个模式在短短时间内获得上千万或者上亿顾客的。不过在传统企业这样的模式还是十分罕见，但随着传统企业的数字化转型进程的加快，相信这个模式必然会在行业内流行开来。

在传统精益创业理论中有一个核心理念是最小化可行产品（Minimum Viable Product），在本书中我们在"最小化可行产品"理念基础上结合数字化技术创新提出最优价值产品（Most Valuable Product），提倡企业进行"验证性学习"。公司可以先向市场推出简易的原型产品，然后在不断的试验和学习中，以最小的成本和有效的方式验证产品是否符合用户需求，灵活调整方向，从而实现最优价值产品。如果产品不符合市场需求，最好能"快速的失败、廉价的失败"，而不要"昂贵的失败"。

7.1.1   设计思维：以用户为中心，解决实际问题

设计思维是一种富有创意和实效的解决问题的方法，它融合了设计者深入的理解和技能，将技术的可行性、商业策略以及用户需求完美结合，从而转化为显著的用户价值和市场机会。作为一种思维模式，设计思维被广泛认为具有综合处理的能力，它能够理解问题产生的复杂背景，激发洞察力和创新解决方案，并理性地分析出最合适的解决方案。

设计思维是一种灵活、开放的思维方式，它鼓励创新思考和跨学科合作。设计思维利用设计者的专业知识和技能，通过迭代的过程，将问题解决与实际需求相结合。这种思维方式不仅关注问题的解决方案，还注重在解决问题的过程中创造价值，从而实现商业目标。

设计思维的应用范围非常广泛，无论是在产品开发、服务设计、组织战略等领域，还是在解决社会问题、应对环境挑战等方面，它都展现出了强大的潜力。设计思维方法论可以指导人们从多角度、多层次思考问题，从而更好地解决复杂的问题，并创造出具有创新性和可持续性的解决方案。

设计思维是一个循环往复的过程，在此过程中，我们要努力理解用户的痛点与需求，定义问题，以便创建新的策略和解决方案。

通常的设计思维包括以下六个阶段（见图7-1）。

①Empathize：与用户建立同理心。

②Define：定义用户的需求与痛点。

③Ideate：头脑风暴，构思创意想法。

④Prototype：制作原型并创建解决方案。

⑤Test：测试方案并进行迭代优化。

⑥Implement：交付并应用产品。

图7-1 设计思维的六个阶段

IDEO 的 CEO 兼总裁 Tim Brown 曾经道出设计思维的本质：

"设计思维是一种以人为本的创新思维方法，通过一系列设计方法以挖掘用户深层的需求，决定技术实现手段，和拓展业务领域。"

设计思维作为一种方法论，用于为寻求未来改进结果的问题或事件提供实用和富有创造性的解决方案。在这方面，它是一种以解决方案为基础的，或者说以解决方案为导向的思维形式，它不是从某个问题入手，而是从目标或者是要达成的成果着手，然后，通过对当前和未来的关注，同时探索问题中的各项参数变量及解决方案。这种类型的思维方式最经常发生在已成型的环境中，这种环境也称为人工环境。

这与科研的方式有所不同，科研的方式一般是先确定问题的所有变量，再来确定解决方案。而设计思维的方式与之相反，通过设计解决问题的方式是，先设定一个解决方案，然后来确认能够使目标达成的足够多的因素，使通往目标的路径得到优化。因此，在设计思维中，解决方案实际上是解决问题的起始点。

综上所述，设计思维是一种以人为本、创新且综合的思维方式，它能够将技术、商业和用户需求相融合，实现价值创造和市场机会的转化。在未来，随着人工智能技术的不断发展，设计思维将会在更多的领域得到应用和发展。

7.1.2 精益创业：最小可行性产品，快速迭代核心原则

尽管精益一词的使用源于丰田的精益生产系统，但精益创业方法论却是在 20 世纪 90 年代的硅谷应运而生。这种方法论为初创公司提供了一种科学的方法来创建和管理公司，能够将所需的产品更快地交付给客户。它强调了以最小代价、最快速度进行产品迭代和持续改进的理念，以实现商业价值的最大化。

太多的创业公司在开始时只是根据他们认为人们想要的产品进行计划，然后花费数月甚至数年的时间去完善该产品。在此期间，他们甚至没有以任何形式向潜在客户展示该产品。这样的做法存在很大的风险，因为如果他们设计的产品无法获得客户的广泛认可，那么就意味着大量时间和金钱的浪费。这些创业公司失败的原因在于他们从未与潜在客户进行交流，也没有确定产品的可行性。

此时，我们发现引入最优价值产品，也就是埃里克先生在《精益创业》一书中提倡的最小可行产品，是一种十分重要的方法。最优价值产品是一种以最小代价、最快速度进行产品迭代和持续改进的理念，它可以帮助初创公司在创建新产品与服务的过程中，更快地接近商业成功。通过不断地与客户交流并获取反馈，初创公司可以不断地优化和改进产品，从而更快地将产品推向市场并获得商业成功。

开发最优价值产品就是精益创业方法论的核心组成部分，快速构建产品原型。首先第一步是找出需要解决的用户需求和市场问题，然后开发最优价值产品以尽快开始测试。一旦建立了最优价值产品，设计和开发团队就可以通过它去进行用户测试，以衡量产品功能和技术实现是否满足大众需求，这一步骤可以快速检验产品可行性，评估后续开发成本，包括需要投入的人力和时间成本。特别是现在互联网技术的发展和普及，以及数字孪生技术的成熟使得最优价值产品的开发成本和市场调研成本急速下降，使产品迭代创新越来越快，效果也越来越好。

精益创新，就是在一种面对高度不确定性的环境下，极大程度降低互联网化转型创新风险的一种模式。它所注重的是实验和试错，而不是精心的计划——在移动互联网时代，根本没有办法进行计划，计划也根本赶不上变化；它所注重的是市场和用户反馈，而并非相信直觉——未经验证的一切假设都是瞎猜，移动互联网时代已经能够迅速引入市场和用户反馈，甚至能够和用户一起进行创新；它所注重的是迭代和步进式的设计，而非瀑布式的一次成型的开发模式——在"互联网+"时代，在连消费者的需求都没有办法侦查的时代，我们根本没有办法"事先进行详细设计"。

我们也会发现，在"互联网+"创新兴盛时代的机遇暗中潜伏若干风险。虽然已经努力，针对互联网化的创新，我们缺乏清晰的管理模式，缺乏成型的发展规范，虽然有寥寥无

几的企业能够成功，但是成功的周围有更多的失败。互联网的尝试令人痛心疾首，不仅仅造成时间成本、企业、品牌、投资、创新人才的损失，而且还造成宝贵创新资源的浪费，对于创新热情、创新技术也是重大打击，甚至还可能堵塞进一步创新的道路。

现在你所要做的事情就是，在移动互联网和互联网这次工业革命中，基于传统企业的优势资源，面向用户，从用户出发，从一点一滴改动，一点一滴优化，去帮助用户解决需要解决的问题。

7.2 参验：迭代创新的关键

在互联网大数据时代，持续成功的企业必须具备参验的能力。一方面，只有随时洞悉、把握并验证用户的需求变化，及时根据用户痛点开发出新产品，才能持久地粘住客户。另一方面，互联网时代为企业提供了海量数据支撑，使进行深入的参验成为可能。

7.2.1 参——把脉产品创新的方向

成功的产品创新需要创新者具备从数据中领悟、反思、洞察的本领和定力。

（1）参悟产品创新的机会，解决创新是什么的问题

在互联网时代，以产品为王、为客户创造价值、抓住客户痛点等理念，已经成为产品开发的基本法则。这些理念不仅体现了企业对客户需求的关注，也反映了在激烈的市场竞争中，产品品质和用户体验的重要性。然而，如何在竞争激烈的市场中抓住新的产品机会，则需要创新者在"参"字上下功夫。

"参"字在这里可以理解为对市场、用户需求、行业趋势等各方面的深入洞察和精准把握。这需要企业在产品开发过程中，积极探索和研究用户需求和用户体验，关注市场变化和竞争态势，以便能够及时调整产品策略，抓住新的市场机会。

用户需求和用户体验一直是产品开发的重中之重。对于企业来说，了解用户需求和偏好是至关重要的。然而，用户需求和偏好瞬息万变，今天的需求可能在明天就过时了。因此，企业需要不断地进行市场调研、用户访谈等活动，以便及时掌握用户需求的变化，从而调整产品策略。

在研究用户需求和用户体验的过程中，企业还需要注重用户数据的收集和分析。这些数据可以帮助企业更好地了解用户的行为习惯、需求偏好以及消费习惯等，从而为产品的设计和优化提供有力的支持。

综上所述，抓住新的产品机会需要在"参"字上下功夫，即深入洞察市场和用户需求，精准把握行业趋势，同时注重用户数据的收集和分析。只有这样，才能在竞争激烈的市场中立于不败之地。

（2）参悟外部环境的变化，解决产品创新过程的动态调整问题

一项重要的产品创新往往起始于捕捉到外部新的信息，这些信息可能包括客户的需求信息、最新的技术发展信息、行业的趋势发展信息，以及政府的政策导向信息等。在互联网时代，这是一个信息爆炸且瞬息万变的时代，对于那些追求创新的企业或个人来说，时刻保持敏锐的洞察力和警惕性以捕捉外部信息的变化是至关重要的。这不仅需要我们具备对这些信息的准确识别和判断能力，更需要我们有足够的敏锐度和反应速度，以便根据这些外部信息

的变化及时调整我们的产品创新方向以及内外部资源的匹配方式。

在这个高速发展的时代，信息的获取和处理变得尤为重要。对于企业而言，能够及时获取并准确解读这些信息，意味着能够更好地适应市场的变化，把握行业发展的趋势，从而在激烈的市场竞争中获得优势。同时，对于个人而言，具备敏锐的信息洞察力和处理能力，也能让他们在职业生涯中保持领先地位。

因此，无论是企业还是个人，要在这个信息爆炸的时代获得成功，必须时刻保持对外部信息的敏感度和警惕性。这不仅是一种能力，更是一种态度，一种对未来的敬畏和追求。只有那些能够敏锐地捕捉到外部信息的变化，并能够快速调整策略以适应这些变化的人或企业，才能在未来的竞争中占据主导地位。

（3）参悟内外部资源的匹配，解决创新如何实现的问题

一方面，企业不能过于自闭，完全将自己看做一个独立的、封闭的系统，只依赖自身的资源和技术进行创新。这种闭门造车的方式往往会导致企业无法跟上市场的变化和技术的进步，无法满足用户的需求，从而失去竞争力和市场份额。因此，企业需要开放自己的思维和视野，积极寻求外部的合作和资源，借助外部的力量和智慧来推动创新。

另一方面，企业也不能完全崇拜外部技术，过度模仿竞品的开发思路。这种做法虽然可以短期内获得一定的成果，但长期来看，会导致企业缺乏自主创新的能力，无法形成自己的核心技术和竞争优势。因此，企业需要在借鉴外部技术的同时，注重自身的研发和创新，不断提升自身的技术水平和创新能力。

创新者的成功需要立足于自身资源和能力的现状，以及对外部技术发展方向和可用资源的判断。他们需要在内部资源和外部资源之间找到一个合适的平衡点，既能够充分利用自身的技术和资源优势，又能够积极借助外部的资源和智慧，从而实现内外资源的有效整合和最佳利用。同时，创新者还需要具备敏锐的市场洞察力和技术判断力，能够及时把握市场和技术的发展趋势，以便及时调整自身的创新策略和方向。

7.2.2　验——验证产品创新的方向

"验"是指将通过"参"初步确定的产品开发愿景转化为可证伪的基本假设，借助用户数据、工业大数据和物联网数据等，基于科学的实验方法，对其可行性进行实时验证。

（1）要找到验证产品或商业模式的核心指标

用户被视为互联网时代的核心驱动力，企业的产品研发、资源配置和能力构建都应紧密围绕用户这一核心展开。在验证产品或服务是否准确地满足目标用户群体的需求时，关键在于验证创新者所识别的用户痛点是否真实且准确。痛点的定义和识别是至关重要的，因为它为产品或服务的方向和功能提供了明确的指导。

为了准确把握用户痛点，创新者需要深入了解目标用户的需求、习惯、行为模式和偏好。这需要收集和分析大量的用户数据，并运用科学的实验方法进行验证。通过实时跟踪和评估绩效指标，可以确保产品或服务的改进与用户需求的变化保持一致。这些绩效指标不仅包括传统的衡量标准，如用户满意度、留存率、转化率等，而且涉及更具体的指标，如用户使用产品的频率、时长、反馈等。

因此，为了更好地满足用户需求并提高产品或服务的质量，企业需要始终关注用户的核心需求，深入挖掘痛点，并运用科学的方法进行数据驱动的决策。这不仅可以提高企业的竞

争力，还可以增强用户对产品或服务的信任和忠诚度。

（2）验证产品功能，解决产品创新的爆点问题

创新者们为了解决特定用户群体的需求，首先需要对目标用户进行深入的分析，了解他们的痛点所在，然后才能精准地开发出能够解决这些痛点的产品。这个过程需要创新者具备敏锐的洞察力和扎实的市场调研能力。在锁定目标用户群之后，创新者需要快速地构建出产品的最小可行性产品，也就是最优价值产品。这个最小可行性产品不必过于复杂，但是一定要能够体现出产品的核心功能，能够满足用户最基本的需求。

最小可行性产品强调要以最小的成本、最快的速度开发出能够满足用户需求的产品。通过不断地迭代和优化，创新者可以逐渐完善产品，提高产品的质量和用户体验。这种方法的优势在于可以快速验证产品的市场接受度，避免因为开发过于复杂的产品而浪费时间和资源。同时，最小可行性产品也能够帮助创新者建立起与用户的紧密联系，了解用户的需求和反馈，从而更好地完善产品。

总之，创新者需要具备敏锐的市场洞察力和扎实的市场调研能力，快速开发出能够解决用户痛点的最小可行性产品，并通过迭代和优化不断完善产品，提高产品的质量和用户体验。只有这样，才能在激烈的市场竞争中脱颖而出，实现商业价值和社会价值的双重提升。

（3）验证产品创新的资源和能力匹配，解决产品创新的基本保障问题

资源和能力是产品创新的基本保障，在验证了产品的客户群和功能之后，如何合理配置这些资源和能力，是缩短产品进入市场时间、在短期内提升竞争力和利润水平的关键。为了实现这一目标，企业需要在资源调配上基于历史经验和当前产品开发实际进行合理匹配，并形成基本的法则和惯例。只有这样，才能够成功地为产品创新提供保障，确保企业在激烈的市场竞争中获得优势。

在资源匹配方面，企业需要综合考虑各种因素，包括人力资源、技术资源、物资资源、时间资源等。这些资源的配置必须根据产品的特点和市场需求进行合理分配，以确保产品开发和推广过程中的各个环节都能够得到充分的支持和保障。

同时，企业还需要在产品开发过程中形成基本的法则和惯例，以便在资源调配过程中遵循这些规则和惯例。这些法则和惯例的形成需要基于企业的历史经验和当前实际情况，并且需要在实践中不断总结和完善。只有这样，才能够为企业的产品创新提供可靠的保障，确保企业在市场竞争中保持领先地位。

总之，只有在资源匹配上做好文章，并形成基本的法则和惯例，才能够为企业的产品创新提供有力的支持，确保企业在市场竞争中获得更大的成功。

我们始终坚信，在产品创新的全过程中，参验是至关重要的环节。通过持续的、互动的、迭代的参验，我们可以不断地逼近用户痛点和寻找有效的解决方案。这种参验不仅需要以开放的形式展开，更需要多元化的技术、知识和管理背景的参与。只有这样，我们才能从不同的角度对产品创新中遇到的问题进行深入反思和验证，从而更容易找到解决问题的方案。

每一次参验所获得的认知循环结果都应该被付诸具体的创新行动之中，以发挥其指导创新实践的作用。这也正是为什么我们强调，在互联网企业中，持续创新与迭代是保持竞争力的关键所在。无论是什么企业，无论在什么领域，速度确实是与竞争对手拉开距离的重要因素。

但是，只有在方向正确的前提下，速度才能成为决定胜利的关键。如果方向错误，那么速度再快也只会加速企业的衰败。因此，我们在追求创新和迭代的同时，更要确保我们的方向是正确的，这样才能在激烈的市场竞争中立于不败之地。

7.3　新时代精益创新

7.3.1　迭代思维：探索发现，迭代纠错

如果你是一名充满激情和决心的创业者，那么启动你的"互联网+"精益转型之轮是实现创业目标的关键步骤。在这个信息爆炸的时代，互联网化转型已经成为不可逆转的趋势，它不仅改变了人们的生活方式，更在商业领域内引发了革命性的变革。因此，作为一名创业者，你必须紧跟这一趋势，探索创新和创业的新路径。

首先你需要明确自己的创业目标。这个目标不仅包括你想要解决的问题，还包括你想要实现的具体收益。例如，你可以通过互联网平台来提供更加便捷、高效、低成本的服务，或者通过大数据和人工智能等技术来提升传统产业的效率和品质。

在确定目标之后，你需要进行市场调研，了解目标市场的需求和竞争情况。在这个过程中，你需要深入了解目标客户的需求和痛点，同时分析竞争对手的优势和劣势。这样可以帮助你更好地定位自己的产品或服务，并制定更加精准的营销策略。

接下来是制定具体的实施计划。这一步需要你发挥自己的创造力和团队合作精神，结合市场调研结果和自己的专业知识，制定出一套切实可行的实施方案。这个方案应该包括具体的目标、实施步骤、时间表和预算等内容，同时要考虑到可能出现的风险和挑战，并制定相应的应对措施。

在实施计划的过程中，你需要不断进行迭代和优化。互联网化转型是一个不断探索和试错的过程，你需要根据市场反馈和实际效果不断调整自己的策略。在这个过程中，你需要保持敏锐的市场洞察力和灵活的思维方式，同时要善于学习和吸收新的知识和经验。

最后是推广和营销。在完成初步的试错和优化之后，你需要将你的产品或服务推向市场，并制定相应的营销策略。在这个过程中，你需要充分利用互联网平台和社交媒体等渠道进行宣传和推广，同时要注重口碑和品牌的建设。

总之，启动"互联网+"精益转型之轮是每个创业者必须经历的重要环节。在这个过程中，你需要充分发挥自己的创造力和团队合作精神，不断探索和尝试新的商业模式和创新路径。只有这样，你才能在激烈的竞争中脱颖而出，实现自己的创业梦想。

（1）精益创新与传统创新不同之处

1）延续性创新，所要执行的是商业模式

在移动互联网时代，互联网化转型，所需要做的是寻找商业模式。互联网化转型的创新，带有浓厚的颠覆性创新的色彩，在摸着石头过河中，在可承受的范围内快速失败，快速学习，快速积累，快速迭代，快速改进，快速调整，最后获得成功。

随着新增的消费需求是未知的因素，如果将传统的创新流程应用到当前"互联网+"的环境，所设定的前提都是假设，而往往是这些假设，让我们的创新实践出现极大的偏差。我们很清楚客户需要什么，其实我们的假设往往在没有经过消费认知验证的情况下，都是错误

的。因为一切未知，必须采取探索的模式，通过测试每一个初始的假设，修正条件、继续测试，以通往正确之路。

随着新增的消费需求逐渐呈现出多样化、个性化的特点，这些未知的因素给创新实践带来了极大的挑战。在"互联网+"的环境下，传统的创新流程已经无法满足当前的需求，因为它们所设定的前提都是基于假设的，而这些假设往往没有经过消费认知的验证，因此很可能是错误的。

为了解决这个问题，我们必须要采取探索的模式，通过测试每一个初始的假设，不断修正条件、继续测试，直到找到正确的道路。在这个过程中，我们需要借助大数据、AI 等新技术来帮助我们更好地理解客户的需求，以及他们的行为和偏好。

2）传统创新尽量认为：不跟踪、不犯错

"互联网+"的精益创新允许犯错，只有犯错才会知道什么是正确的。"互联网+"的精益创新善于从失败中学习经验，易于在充满风险、缺乏路线图的不稳定环境中开展工作，需充满好奇心、求知欲以及跨界的知识整合能力，高度敏捷的应对市场变化和消费者的变化，能够摆脱既定模式对创新管理的限制，能够坦然接受失败，并将其视为学习和调整的机会。

销售和营销部门习惯于遵循传统的计划来执行活动，他们倾向于按照既定的步骤和程序来推进。然而，随着时代的变迁和技术的不断发展，一种新的创新方法逐渐引起了人们的关注，这就是"互联网+"的精益创新方法。

这种精益创新方法强调对客户群体的深入了解，包括他们的需求、问题和痛点。通过这种了解，我们能够更好地定位和设计产品或服务，以便更好地满足客户的需求。同时，这种方法也强调测试和验证事实的重要性。在不断的测试和验证过程中，我们可以逐步完善产品或服务，以使其更加符合客户的需求。

在"互联网+"的时代，品牌的影响力也需要不断地适应和创新。以前的品牌角色可能需要被新的、更加符合时代发展的品牌形象所取代，而这个过程也需要时间和努力来完成。

在消费者群体中，存在着不同的群体，如天使消费群体、尝鲜消费群体和主流消费群体。这些群体之间存在天然的鸿沟，需要时间和工作来跨越。仓促的扩张和冒进可能会带来可怕的后果，甚至可能导致"互联网+"的创新产品的失败。因此，我们需要谨慎行事，逐步推进，以实现可持续的发展。

（2）"互联网+"精益创新的轨迹

走出办公室寻找目标顾客—小范围的实验—反馈修改—产品快速迭代—获得核心认知—建立品类—成为领导者—快速增长。

探索"互联网+"唯一的方法是带着有创意的新点子走出办公室，测试消费者群体对每个创意假设的反应，从反馈中获得潜在的需求和真知灼见。只有走出办公室、实验室或者策划室，走到消费群体中，倾听消费者的想法，才能了解消费者的变化、价值点、尚未满足的需求。这并不是所谓的"柜台开发"，也不是传统意义上的调研，更不是头脑风暴，而是在用已经成型的创意和创新点，在市场上进行验证测试，并获得消费者的反馈。在这个阶段，传统企业要营造创新的氛围，允许不同的创意思路和概念的出现，鼓励更发散性的思路呈现，并创造条件接触目标客户进行——验证。

"互联网+"精益创新的第二阶段是把"移动互联网+"的想法变成最小化的产品。所开发的产品最好是精简的原型，投入最少的金钱和精力开发出体现核心价值的产品。创新团队在有效的资源和时间窗口之内，用很短的时间做出产品，并快速投入到市场，通过不断地小规模实验，获得顾客反馈，进而不断迭代，让产品得到天使用户的市场验证。在这个阶段，为推动创新提供温床，为新产品、新创意、新模式、新尝试提供孵化的环境。

精益创新的第三个阶段是对"互联网+"正确的创新形态进行重点投入，找到最有价值的认知，形成和构建成熟的模式。

"互联网+"精益创新的第四个阶段是在创新的迷雾中找到消费者需求价值点，并解决消费者需求痛点之后，成功的创新往往伴随着爆发式的增长，创新产品与传统的、陈旧的市场势力展开了在位者和进攻者的阵地战，创新产品的力量之源爆发，在此之前积累的对用户深入的理解和市场快速的反应成为核心竞争力，突破性创新获得市场认可。竞争已经不是点子的竞争、创意的竞争，而是对品牌、成本、管理、质量类型的竞争，所需要的是从已知的需求到已知的解决办法，重点是执行。但是在移动互联网时代，这一切都改变了。一个传统的企业渗透到线上，或者使用移动互联网的工具开辟一个新的领域，需求是未知的，消费者是未知的，方法是未知的，如果用传统企业的惯用方法移植到移动互联网世界，那么结果基本上是九死一生。

移动互联网的世界，整个市场是在一团迷雾当中，不知道走向什么地方，真正的需求在哪里，真正的解决方案是什么，这时候调研公司、战略公司、数据分析、历史资料统统失效，想到的第一步就是：仔细做研究，找准地方再下手。但是结果依然是找不准——因为"互联网+"创新根本就是不确定的，不确定的东西无法真正去调研。

而且更惨的是，做的调研越深入，就会越自信，越会把所有的精力，所有的资源，都往这个计划里砸。一旦失败，造成的伤害就更大，以后就越难收手，很难掉头。另外一种方式就是，不需要调研，像机关枪一样扫射出去，一把银针暗器扔出去，总能命中一些目标，什么好就抄什么，有时候摇摇摆摆踩到别人的地盘，被一些大佬瞬间给灭掉——不反对有人有梦想，但是现在要做一个 QQ、淘宝或者微信，代码是简单的，但行业壁垒是显而易见的，"BAT"大佬们不费吹灰之力让你的神仙思想灰飞烟灭。

所以，目前唯一的正确选择就是探索-调整-学习的精益创新模型。"互联网+"的创新不是看准了某个点，去执行一个计划，或者找到了解决方案，一步步把解决方案做出来，而是探索不确定的市场和消费者，看准了一个大方向，在航行中发生什么事情，坚决不能拘泥于海图，而是要根据实际的情况，实时地去判断。创新是探索，而不是执行。

"互联网+"精益创新的特性决定了你走多快其实是不重要的。因为如果你走在了一个错误的方向上，那么你走多快就死多快，没有意义。最重要的事情，是要探索如何走正确的路。要走正确的路，每一小步都要走得足够的短，投入的资源要足够的少，转向要转得足够快。

"互联网+"时代的精益创新特性决定了你行走的速度并不是最重要的。毕竟，如果你走上了一条错误的道路，那么你越快前行，就意味着你距离失败越近。因此，最重要的不是速度，而是如何找到正确的方向。

为了找到正确的方向，每一步行动都必须深思熟虑，每一步的资源投入都要恰到好处，同时也要具备快速转向的能力。在这个快速变化的时代，只有把握好正确的方向，才能确保你的行动是有意义的，你的努力才能得到回报。

同时，"互联网+"时代的精益创新也强调了持续改进和迭代的重要性。在探索新的道路时，必须保持敏锐的洞察力，及时发现并修正错误，不断优化和改进自己的路线。这样的创新方式不仅可以减少失败的风险，还能在失败发生时快速恢复，实现更快、更有效的进步。

因此，"互联网+"时代的精益创新不仅仅是一种管理方法，更是一种思维方式。它鼓励我们以开放的心态面对变化，以批判的精神审视自己，以持续改进的态度追求卓越。在这种思维方式的指引下，我们可以更好地应对挑战，抓住机遇，实现持续、有效的创新和发展。

早期投资人看中
Facebook 的原因

7.3.2　产品方向的把握与调整：求证需求，验证假设

在移动互联网的浪潮中，我们面临着前所未有的不确定性，这要求我们必须采取精益创新的方法去寻找和理解那些不确定的需求。精益创新的思想重新构建了我们在移动互联网转型中的管理和方式的认识，它强调以用户为中心，以数据为驱动，以快速迭代为手段，以科学验证为依据，去发现和满足用户的需求。

在高度不确定性的环境下，我们不能盲目地追求大规模和全面性，而是要通过实证和科学的验证，来检验我们的假设和决策。这就需要我们在明确的目标和假设的前提下，预测消费者的反应，通过实证法进行验证。这个过程就像科学研究一样，是以理论为基础，而突破性创新则是以最初的假设和目标为指引，在不断的验证中不断地调整最初的假设和目标。

精益创新的方法并不仅仅局限于产品研发或者营销创新等领域，它同样可以应用于企业的社会责任等方面。新创企业是理念转变为产品的催化剂，通过与用户的互动获取反馈和数据。这些反馈既有定性的（比如喜欢什么，不喜欢什么），也有定量的（比如有多少人使用了该产品，并认为它是有用的）。我们可以通过"开发—测试—认知"的反馈循环，来看清这个三段式流程。

这个"开发—测试—认知"的反馈循环是新创企业模式的核心内容。尽管我们把反馈循环按活动发生顺序写成"开发—测试—认知"，但我们制定计划的工作却是相反的：先确定需要知道什么，再用创新核算方法来确定需要评估什么，是否获得了经证实的认知，最后确定需要开发什么产品来进行实验，并获取哪些评估。在这个过程中，我们始终坚持以用户为中心，以数据为驱动，以科学验证为依据的原则，不断地迭代和优化我们的产品和服务。

每个商业计划都是从一系列假设开始的，在默认这些假设的基础上，提出一项战略，并阐述如何实现企业愿景。但假设终究是假设，它们未经证实，而且在现实生活中往往还是错的。因此，新创企业早期努力的目标，应该是尽可能迅速地验证这些假设。在典型的商业计划中，很多假设是具有普遍性的。它们是从过去的行业经验或直接推理中得出的非常成熟的事实。

隐藏在这些平淡细节中的，是很多需要勇气来提出的假设；记得要用一般现在时态来提出这些假设，把假设说得像真的一样，是创业者典型的超能力。正是因为整个企业的成功寄托在这一点上，所以它们被称作"信念飞跃"。如果对了，无数机遇近在眼前；如果错了，企业将陷入困难。因此，有不少著名创业家看起来是因为生在机遇年代，所以赚的盆满钵满。可是，同样生在机遇年代的其他创业家，却以失败告终。

成功案例和失败案例之间的差别在于，成功的创业者高瞻远瞩，有能力和工具去发现他们的计划中哪些部分运作顺利，哪些部分误入歧途，然后相应调整策略。

一定要了解第一手顾客需求。丰田就是这样做成功的。丰田生产体系中最核心的一个原则是：注重把战略决策建立在对顾客第一手需求的理解上。

丰田模式与其他管理方式的区别是什么呢？不管是在制造、产品开发、销售、分销还是公关部门，最常听到的第一反应是"现地现物"。除非亲自观察，你无法确定自己是否真正了解任何商业问题中的任何部分。想当然和只依靠别人的汇报都是不能被接受的。

"人"才是最重要的衡量指标。不管在企业和顾客之间有多少中介物，最终端的顾客才是会呼吸、会思考、会作出购买决定的个体。所有成功的销售模式，都要依靠把迥然不同的个体从其组成的整体组织中分解出来。

丰田 2024 年款塞纳
小型厢式车的开发

新创企业需要广泛接触并了解潜在客户，这个过程的第一步，是确认"信任飞跃"式问题的真实性，也就是顾客确实有一个重要的问题需要解决。

7.3.3 产品快速实施：启动原型，迅速实施

美国的证券法 Security Act 的核心思想是"Protect widows money"，本意是需要保护寡妇的钱。其缘由是寡妇的钱少，如果风险太大，赔进去，赔不起；寡妇对项目的判断能力低；寡妇赔了，会为赔钱嚷嚷的。所以对于"互联网+"时代的创新资源投入就是这个道理，尤其是牵头人员对待这种资源要慎之又慎。

传统企业进军互联网并非没有可能，而是产业结构、文化壁垒和企业边界先天地限制了其进入，使新兴互联网企业只能够在边缘地带出现。传统企业互联网化转型，其本身就是一个高度风险的转型过程，必须要求实施的项目有风险承受能力，即风险承受能力和风险必须完全匹配。

传统企业的创新是一个线性的、瀑布式的开发过程，一次性尽可能完美成型的过程，每一次实施或许需要耗时数月甚至是一年以上的时间；而"互联网+"时代的转型追求的却是尽可能地压缩创新周期，实施重复性短周期，需要在高度不确定环境之下寻找到真正的需求，尤其这种需求在新的时间进程中，或许又会发生一些变化。

那么最好的方法就是用最小化的原型就可以迅速启动，在最小的风险中进行最大范围的试错。最优价值产品是精益创业的核心组成部分。一个最优价值产品有助于创业者尽早开启学习认知的历程，它并不一定是想象中的最小型产品，也不一定是我们要做的最完美产品，它是用最快的方式，以最少精力完成"开发—测量—认知"的反馈循环。

如果有一款最小化的、最简化的可实行产品，足以包含最关键的几个特征，那么将这些特征投入到用户、消费者之中，收集反馈甚至是邀请用户一起参与，不断修正和迭代之后，求证需求、验证假设之后继续完善。

Zapposd 和大众点
评网如何成功

那些反对最优价值产品的人，最惧怕的是竞争对手，特别是对大型的成熟企业的恐惧，害怕他们盗用自己新创企业的构思。但是要知道，在现在互联网时代，真的要盗用一个好点子是很容易的。作为一个新创企业，想要你产品的构思不为任何人所知，几乎是不可能的，更别提竞争对手了。

事实上，大多数产品经理对好构思早都顾不过来了，他们最关心的是如何给这么多好的构思安排一个先后排序，并且落实执行。一旦创意构思被竞争对手知道了，而他们又能够更

好更快地执行这些创意，那这个新创企业就"完蛋"了。所以在创业之前，一定要相信自己能比任何人都更快速推进产品。一家新的创业公司迟早是要面对竞争公司的，先发优势没有任何作用。唯一的优势就是比别人学得快，产品迭代得比别人快、比别人好。

无论最优价值产品的测试结果如何，都不要放弃希望，成功的创业者不会一看到困难就不做了，也不会一条道走到黑。他们应该兼具坚持不懈和灵活应变的特质。在这条道路上经历多次反复后，就可以认识到产品中有哪些失败的地方，然后考虑是继续坚持还是及时转型。

7.3.4　产品快速验证：验证价值，验证增长

广告大师奥格威说过：我知道我的广告费有一半浪费了，但是我不知道这一半浪费在哪里。如果一个营销投入或者宣传推广行为，没有精准的命中消费者的需求，即使是经过任何成本核算和广告绩效考核，也仅仅是南辕北辙，最大的浪费莫过如此。

在这里，提出最重要的两个假设分别为价值假设和增长假设。

（1）价值假设

价值假设衡量的是当用户使用某种产品或服务时，产品是不是真的实现了本身的价值。首先要去验证员工付出的时间是不是有价值的，可以发起少量的志愿者工作，如果参与的人自愿投入大量的时间和注意力，就证明工作是有意义的。验证价值假设也就是看所转型的方案所面对的受众群体是否具备价值；在少数目标、少数范围进行实验之后，的确有价值，那么再逐步推进；如果发觉一点价值都没有，项目就"洗洗睡吧"。

（2）增长假设

增长假设是用来测试新用户如何发现一种产品或服务的。最重要的衡量指标是员工的行为：早期的参与者是否积极地把产品分享给身边的朋友 *FotT 和 Group-on 如何互联网化* 来使用，能让这个产品实现"病毒式"增长。验证增长假设就是经过验证之后的方案是否具备增长的可能，有的项目或许是一锤子买卖，信息收到者是否会进行再次传播和加入，是否具有可复制性。

传统的创新方式会采取非常严密的保密措施，避免被竞争对手学习或赶超；而"互联网+"精益创新的模式，用户参与和用户反馈比保密更为重要，持续的用户反馈比断续的测试更为重要。因为验证价值，验证增长，是移动互联网时代确定转型的最为关键的环节。

每一个传统企业都担心互联网化转型的项目是否能够成功，它们往往采取两种极端表现：搞一点点钱试试看，试验不好赶快收手；往往投入巨资，希望一次转型成功。

对未来的茫然和高度不确定性，最好的办法就是小范围的试验和试错，包括类似通用电气这样的巨型公司。通用电气的能量存储部门发明了一种电池，有可能颠覆整个行业。一般的做法就是立即筹建工厂、扩大生产，并把这款新电池作为传统产品的延伸投放市场。但是最后结果还是采取精益创新的方式，在认真倾听客户对现有电池的不满，深度挖掘客户如何购买工业电池、使用电池的频率以及使用环境的差异后，原以为需要这种电池的是数据中心，最后却发现原来在电网不稳定的发展中国家的手机供应商中最受欢迎。

【教学评价】

亲爱的同学，本次课程学习已经圆满结束。感谢你在整个学习过程中的持续努力和积极配合。我们深知，每一次的进步都离不开宝贵的反馈和建议，我们非常期待收到你对本次课程学习的真实感受，从而不断提升我们的教学效果。请放心，我们将采用不记名的方式收集数据，并进行保密。在回答问卷时，有些问题你只需要作出选择，有些问题则可以用几个关键词简单地表达你的想法。

教学评价表如表 7-1 所示。

表 7-1　教学评价表

章节名称：　　　　　　　　教师姓名：　　　　　　授课地点：

课程时间：　年　月　日— 日第　周					
项目教学组织评价	很满意	满意	一般	不满意	很不满意
你对课堂教学秩序是否满意	☐	☐	☐	☐	☐
你对教室环境卫生是否满意	☐	☐	☐	☐	☐
你对小组总体表现是否满意	☐	☐	☐	☐	☐
你对课程的教学模式是否满意	☐	☐	☐	☐	☐
授课教师评价	很满意	满意	一般	不满意	很不满意
你如何评价授课教师	☐	☐	☐	☐	☐
教师授课通俗易懂，结构清晰	☐	☐	☐	☐	☐
教师非常关注学生的反应	☐	☐	☐	☐	☐
教师能认真指导学生，因材施教	☐	☐	☐	☐	☐
你对授课氛围是否满意	☐	☐	☐	☐	☐
你认为理论、实践安排是否合适	☐	☐	☐	☐	☐
你对教师在岗情况是否满意	☐	☐	☐	☐	☐
授课内容评价	很满意	满意	一般	不满意	很不满意
你对授课涉及的内容是否满意	☐	☐	☐	☐	☐
授课中使用的设备是否丰富	☐	☐	☐	☐	☐
你对发放的学习资料和在线资源是否满意	☐	☐	☐	☐	☐

请回答下列问题。

①在教学组织方面，哪些还需要进一步改进？

②哪些授课内容你特别感兴趣，为什么？

③哪些授课内容你不感兴趣，为什么？

④关于授课内容，是否还有你想学但老师没有涉及的？如有，请指出。

⑤你对哪些授课内容比较满意？哪些方面还需要进一步改进？

⑥你希望每次活动都给小组留有一定讨论时间吗？如果有，你认为多长时间合适？

⑦通过这部分内容的学习，你最想对自己说些什么？

⑧通过这部分内容的学习，你最想对教授本部分内容的教师说些什么？

【活页笔记】\\\

学习过程：

重难点记录：

学习体会及收获：

资料补充：

【任务训练】

任务编号：	学时：
实训地点：	小组成员姓名：
任务描述 举例说明科技进步对社会发展的影响。	
小组讨论 思考一下，数码产品的更新换代为什么这么快？	
案例分析 在网上查询资料，分析一下微信如何进行更新换代。	
任务成果 创业者应该时刻关注市场反馈和用户需求，不断进行测试和优化，建立高效的团队协作，采用敏捷开发等来实现快速迭代，最终实现创业成功。	

【任务评价】

任务评价表如表7-2所示。

表7-2 任务评价表

评价类型	赋分	序号	具体指标	分值	得分		
					自评	组评	师评
职业能力	50	1	任务训练准备充分	20			
		2	表演逻辑清晰	15			
		3	情景设计的掌控力	15			
职业素养	20	1	面部表情自然	3			
		2	身体移动自然	3			
		3	目光交流自然	2			
		4	动作手势自信	2			
		5	语速适中、语调自信	10			
劳动素养	20	1	按时完成，认真填写记录	5			
		2	保持座位卫生、整洁、有序	5			
		3	协作互助、小组分工合理性	5			
		4	小组讨论积极	5			
综合素养	10	1	完成素材学习	5			
		2	谈一谈自己对精益创新的理解	5			
总分				100			
总结反思							

目标达成：知识□□□□□　　能力□□□□□　　素养□□□□□

学习收获：

教师寄语：

问题反思：

签字：

8

创业财务之智慧导航

【学习目标】

①掌握通过财务报表发现企业的财务状况、经营成果和价值所在，了解利润的来源和实现路径。

②了解利润分配中的纳税陷阱，能够正确区分成本和费用以及对利润的影响。

③了解大学生创业的融资渠道，理解初创期的融资模式。

【素质目标】

树立纳税光荣，合法税筹的思想意识

融入点：依法纳税、合理融资　元素：为国聚财 为民收税

习近平总书记强调："在坚持党的领导这个重大原则上，我们脑子要特别清醒、眼睛要特别明亮、立场要特别坚定，绝不能有任何含糊和动摇。"中国特色社会主义最本质的特征是中国共产党领导，中国特色社会主义制度的最大优势是中国共产党领导，历史和现实证明，没有中国共产党，就没有新中国，就没有中华民族伟大复兴。新时代的税务人要始终在思想上行动上同以习近平同志为核心的党中央保持高度一致，进一步增强责任感、使命感。

党的十八大以来，党团结带领全国各族人民万众一心、风雨同舟、攻坚克难，战胜一系列重大风险挑战，打赢一场又一场硬仗，创造一个又一个辉煌，在中华民族伟大复兴历史进程中写下浓墨重彩的一笔。治国有常，利民为本。党的二十大报告深刻指出，"中国共产党领导人民打江山、守江山，守的是人民的心"。习近平总书记在党的二十大闭幕时再次强调，"一定要牢记江山就是人民、人民就是江山，践行全心全意为人民服务的根本宗旨"。纵观党的二十大报告，"人民"是贯穿始终的鲜明主线，全面、深入贯彻党的二十大精神，就要始终坚持以人民为中心的发展思想，坚守为民初心，砥砺担当作为，通过树立以服务纳税人缴费人为中心的核心理念，来回应纳税人更加个性化、多样化的需求。

参考资料：国家税务总局办公厅《国家税务总局召开全国税务系统学习贯彻习近平新时代中国特色社会主义思想主题教育动员会》

【知识点框架图】

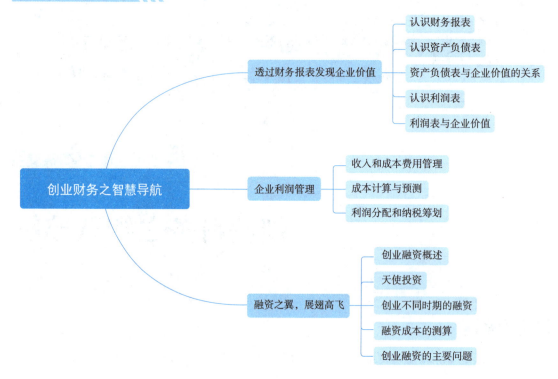

8.1　透过财务报表发现企业价值

8.1.1　认识财务报表：企业之窗，洞察商机

财务报表是每一个创业者都需要掌握的工具，创业者通过阅读财务报表了解企业的经营情况，发现企业的价值所在，为企业的后续发展提供有价值的参考。

财务报表是对一家企业财务状况，经营成果和现金流量的结构性表述，是对一家企业的经营情况在财务数据方面的全面反映。其中，财务状况反映了在某一时间点该企业拥有多少资产，承担着多少债务，最后有多少真正属于股东的财富。经营成果反映出在过去某一时间段内（财务上称会计期间）企业的收入是多少，有多少的成本费用支出，需要向国家缴纳多少税金，最后剩余多少是真正属于股东自己净赚的财富。现金流量反映的是在过去某一时间段内企业有多少资金进账，分别是什么性质的资金收入，又有多少资金支付出去，分别是什么类型的支出，最后账上还剩多少资金够后续业务的开展或者留给股东今后分红等，当然这都是真金白银的存在。

为了能够更直观地观察和分析企业的财务状况、经营成果和现金流量，将这些相关的财务数据按照一定的格式和结构以表格的形式展现出来，就形成了财务报表。一套完整的财务报表由资产负债表、利润表（也叫损益表）、现金流量表、所有者权益变动表和附注五部分组成。其中最常用的是资产负债表和利润表。本节接下来将重点阐述这两张报表及其对企业的价值，希望对创业者有所帮助。

8.1.2　认识资产负债表：资产与负债的平衡艺术

（1）概念

资产负债表是反映企业在某一特定日期财务状况的会计报表，是按一定标准和顺序适当排列编制的，反映某一特定日期所拥有或控制的经济资源，所承担的现时义务和所有者对净资产的要求权。资产负债表是月度报表，以"资产=负债+所有者权益"这一基本等式为基础编制，反映企业静态（某一时点，譬如某年6月30日）财务状况。

（2）内容和结构

资产负债表共由三个大项目组成，分别是资产类项目、负债类项目和所有者权益类项目。每个大的项目分别又包含若干个小项目，各项目按照不同的规则在资产负债表中排序，具体的规则如下。

资产类项目：资产指企业过去的交易或者事项形成的、由企业拥有或者控制的、预期会给企业带来经济利益的资源。譬如企业的存货、固定资产、应收客户的货款等。

在资产负债表中，资产类项目按流动性（即变现速度）进行排列，流动性强的排在前面，流动性差的排在后面，并按流动资产和非流动资产分项列示。例如，应收账款项目比存货项目变现速度快（因为仓库中的存货只有通过销售之后才能变现，也有可能销售之后先形成应收账款，过一段时间才能收回货款变现），所以应收账款项目排在存货项目前面。存货项目属于流动资产，固定资产项目属于非流动资产，他们要分别列示在各自项目之下，并且存货项目在前，固定资产项目列示在后，这也同样遵循按流动性排列的规则。

负债类项目：负债指企业过去的交易或者事项形成的、预期会导致经济利益流出企业的现时义务。现时义务是指企业在现行条件下已承担的义务。未来发生的交易或者事项形成的义务，不属于现时义务，不应当确认为负债。譬如向银行的借款、应支付给员工的工资、欠供应商的货款等都是企业之前的行为或者交易形成的现时义务，属于负债。只是和供应商签了合同，约定下月交货付款，当月双方都还未履行义务，是将来要进行的交易，就不能形成负债。预计下月会有利润，需要向国家缴纳税款，也不是当月的现时义务，也不属于当月的负债。

在资产负债表中，负债类项目按负债清偿的到期日的远近进行排列，先到期的排在前面，后到期的排在后面；并按流动负债和非流动负债分项列示。例如短期借款到期短于1年，长期借款于1年后到期，故短期借款排在长期借款前面，且分属流动负债和非流动负债。

所有者权益类项目：所有者权益指企业资产扣除负债后，由所有者享有的剩余权益。公司的所有者权益又称为股东权益。所有者权益是所有者对企业资产的剩余索取权。

在资产负债表中，所有者权益类项目一般按照实收资本、其他权益工具、资本公积、其他综合收益、盈余公积和未分配利润分项列示。国际上也有的学者称之为按照索取权由强到弱进行的排列。

资产负债表的结构分为账户式与报告式两种形式。账户式结构的特点是资产类项目在左，负债和所有者权益类项目在右。报告式结构的特点是资产类项目在前，负债和所有者权益类项目在后。国际上这两种格式都有使用，在我国只允许使用账户式结构对外披露。

（3）样表

我国企业分为一般企业和小企业两类，两类企业执行的会计准则不同，使用的部分会计科目也有差异，随之产生不同的会计报表项目。但无论企业执行哪种会计准则，其报表的逻辑结构是一致的，资产负债表都遵循恒等式"资产＝负债＋所有者权益"。

一般企业资产负债表格式和小企业资产负债表格式

8.1.3　资产负债表与企业价值的关系：负债与企业的紧密联系

资产负债表直观地体现了企业的价值构成，通过资产负债表，可以了解企业的总体资产构成，无论是企业拥有的资产，还是虽然所有权不属于企业，但可以为企业所控制（如通过融资租赁取得的资产），都可以在将来为企业创造价值。资产负债表反映了企业的资产构成层次，如货币资金、金融资产、存货、长期股权投资、无形资产、固定资产等，这些资产在不同时期，以不同的形式为企业创造增值服务。负债虽然体现为企业对外的债务，将来是要企业以资产或者其他形式偿还的，形成企业未来经济利益的流出，但从另一个侧面反映了企业是有价值的，否则债权人（无论是供应商、银行、还是员工）是不会让企业负债的。这是企业的一种非财务形式的无形资产，是企业价值的体现。所有者权益更是企业的净资产，是企业最终的价值体现。

资产负债表体现了企业的价值，但我们也应该明白，资产负债表有其自身的局限性。

首先，历史成本的计量属性决定了在编制资产负债表时，绝大部分资产（只有个别资产按照公允价值计量，如投资性房地产）只能按照历史成本计量。这使资产负债表反映的资产金额不一定与资产目前的市场价值一致。譬如 10 年前购置的办公楼，价值 300 万，每年折旧 10 万，目前账面价值只有 200 万。可现实是，近 10 年来房价一直在上涨，该房产市场价已经是 500 万了，与账面价值差异有 300 万。

其次，资产负债表体现的是企业可以用货币衡量的资产，无论是资产，还是负债和所有者权益，都有各自的界定范围，对于不符合界定条件的资产，即便能给企业带来价值，也不能纳入资产负债表。譬如，我们常说的人才、企业的商业机密、核心配方（未形成无形资产）等能为企业带来价值，但不符合资产的定义和确认条件，不能视为资产负债表意义上的资产。

正因为如此，我们要很好地理解资产负债表：一方面，要通过资产负债表评估一家企业的价值，更好地作出相应决策；另一方面，要全面评价企业价值，还要认识到资产负债表的不足，能够在资产负债表的基础上对一些资产价值重新评估，找出企业资产负债表外价值所在。

8.1.4　认识利润表：利润增长，成长之机

（1）概念

利润表是反映企业在一定会计期间经营成果的报表。依据权责发生制和配比原则的要求，以"收入−费用＝利润"的会计等式为基础，它是一张动态（某一时期，譬如某年 6 月 1 日至 6 月 30 日）的会计报表。

（2）内容和结构

利润表的主要内容由相互关联的三部分组成，分别是营业利润、利润总额和净利润，其

中营业利润=营业收入-营业成本-税金及附加-营业费用-管理费用-财务费用+其他收益。

（3）样表

与资产负债表相同，由于在我国企业分为一般企业和小企业两类，两类企业执行的会计准则不同，使用的部分会计科目也有差异，随之产生不同的会计报表项目。但无论企业执行哪种会计准则，其报表的逻辑结构是一致的，利润表都遵循恒等式"利润=收入-费用"。

一般企业利润表
格式和小企业
利润表格式

8.1.5　利润表与企业价值：盈利的密码，价值的体现

利润表展示了在某一个时间段内（会计期间）企业创造的价值。该表展示了企业在这段时间内实现了多少收入，对应发生了多少成本，以及相应的税金及附加费用，和为了实现收入产生的相关费用（管理费用、销售费用和财务费用）等，最后以净利润的形式表示该会计期间产生的价值增减。通常以收入减去成本和费用表示利润。只有企业利润大于 0 时，我们说企业价值增加了，当企业利润小于 0 时，我们认为企业价值减少了。企业价值的增减以利润是否大于 0 为标准。

像资产负债表一样，利润表也是以权责发生制为基础，利润表上显示的收入，仅代表本期实现了多少收入，但这部分收入可能收到了款项，也有可能是客户的欠款，并未实际收到货款。这就是为什么有的企业账面上一直在盈利，但就是资金不足的原因之一。

另外，有些非正常的业务也会增加企业的利润，譬如出售了一幢办公楼，账面价值只有200 万，可能现在售价是 500 万。那么这项出售行为就会增加企业利润 300 万元。但从企业发展的长期来看，企业不可能不停地出售固定资产。所以，我们判定企业是否增加价值，不能单着眼于总利润，而要重点观察其主营业务利润，或者说毛利润。如果一家企业的毛利润率比较高，那么，该企业就是具有价值的。否则，即便某一个会计期间盈利，但企业的毛利率比较低甚至为负数的话，从长远看，企业的价值也是较低的。

所以，要评估企业价值，不但要看总利润，更要注意其毛利润，不但要看利润表，还要结合现金流量表和资产负债表，多维度进行企业价值评估。

8.2　企业利润管理

利润对于企业的价值创造而言是至关重要的。而利润主要来自两方面，即收入的增加和成本费用的控制。本节就主要探讨如何通过对收入的管理，对成本控制达到增加利润，为企业创造价值的目的。

8.2.1　收入和成本费用管理：利润的双翼，协同飞翔

对于收入的管理主要做好以下几个方面。

（1）做好收入价格的合同管理

无论是货物贸易还是服务交易，确定价格都是双方非常重视的一个环节，那么我们在进行合同确认时，就要对合同定价进行严格界定。合同价格是否含税，该价格是否包含运输、搬运和包装等费用，包含货物和服务的合同，是一揽子价格确定，还是分别进行定价，等等。这些问题如果界定不清楚，都会使未来的收入不确定，造成不必要的收入减少。

例如：甲乙签订一批采购 A 产品的合同，合同定价 130 元/件，销售税率 13%，数量 10 000 件，合计 130 万元(130 元×10 000 件)。

如果未说明是否含税，甲（供应方）认为是不含税 130 元/件，那么总的收入应该是 130 万元，销项税金为 16.9 万，合计需要收取 146.9 万元。乙（采购方）认为是含税 130 元/件，那么总的成本应该是 115.04 万元（130 元/(1+13%)×10 000 件），进项税金为 14.96 万，合计需要收取 130 万元。

因为双方对价格的理解不一致会形成 14.96 万的收入差异。

(2) 做好产品或者服务的定价管理

目前大多数产品或服务都是买方市场，作为卖家，价格定得过高，就容易失去客户，减少总的收入，价格定得太低，可能会失去一些利润，有时甚至出现亏损。那么如何制定产品的价格比较合适呢，这里给出几种确定产品价格的方法：成本导向定价法、需求导向定价法和竞争导向定价法。

1) 成本导向定价法

成本导向定价法是一种以产品成本为主要依据的定价方法，是一种操作相对简单且应用比较广泛的定价方法。成本导向定价法包括总成本定价法、边际成本定价法、盈亏平衡定价法。其中总成本定价法又可以分为成本加成定价法和目标利润定价法。分别介绍如下。

①总成本加成定价法是指把所有为生产某种产品而发生的耗费均计入成本的范围，计算单位产品的变动成本，合理分摊相应的固定成本，再按一定的目标利润率来决定价格的一种定价方法。

②成本加成定价法是指在成本的基础上加上一定百分比的利润（即加成率）即为产品的报价的一种定价方法。

用公式表示为：产品价格＝产品单位成本×(1+加成率)

③目标利润定价法是一种根据企业总成本和预期销售量，确定一个目标利润率，并以此作为定价标准的定价方法。

用公式表示为：产品价格＝总成本×(1+目标利润率)/预计销售量

④边际成本定价法，也叫边际贡献定价法，指企业以单位产品的边际成本为基础的一种定价方法。边际成本指每一单位新增生产的产品（或者购买的产品）带来的总成本的增加。边际成本定价法以变动成本作为定价基础，只要定价高于变动成本，企业就可以获得边际收益，用以抵补固定成本，剩余即为盈利。

⑤盈亏平衡定价法：盈亏平衡定价也叫保本定价法或收支平衡定价法，是指在销量既定的条件下，企业产品的价格必须达到一定的水平才能做到盈亏平衡、收支相抵。企业试图找到一种价格，使用这种价格时，企业的收入与成本相抵，或者能达到期望中的利润目标。

2) 需求导向定价法

需求导向定价法是指根据市场需求状况和消费者对产品的感觉差异来确定价格的定价方法。需求导向定价法分为理解价值定价法、需求差异定价法、反向定价法等。

3) 竞争导向定价法

竞争导向定价法是企业通过研究竞争对手的生产条件、服务状况、价格水平等因素，依据自身的竞争实力，参考成本和供求状况来确定商品价格，以市场上竞争者的类似产品的价格作为该企业产品定价的参照系的一种定价方法。竞争导向定价主要包括随行就市定价法、产品差别定价法和密封投标定价法等。

收入管理主要是通过对外关系实现的，但如果成本意识淡薄，产品质量低下，成本过高，成本分摊不科学，也难以制定出合理的价格，这属于内部管理问题。一个企业成本水平的高低是企业生产水平、技术水平和管理水平的综合体现，决定着企业的竞争能力的强弱和盈利能力的大小。因此，企业要实现利润，对内的成本管理也是非常重要的。

对企业成本费用的管理，主要关注以下几点：

①要有大成本意识。很多人对成本的认识比较模糊，特别是制造型企业，不少管理者甚至认为成本就是产品的制造成本，成本管控就是让产品的制造成本降低。从报表层面来看，成本确实是利润表上的营业成本，但就成本管控来说，产品的直接制造成本只是最低层面的成本，对其管控的空间很有限。管理成本要从企业价值链角度进行管控，不仅从企业内部经营环节形成的内部价值链，还要通过与上下游合作伙伴形成的纵向价值链进行管理，不仅要管理显性成本，更要管理好隐性成本，譬如要对会增加整体成本的多余的流程和岗位进行整合优化，对存货进行管理等。另外，要注意在研发环节就要对产品成本进行设计管理，而不是到形成量产之后再进行表面控制。无论是采购入库环节，还是产品完工入库前环节，都要加强质量检验，否则，将会形成更大浪费，产生更多的成本。总之，要正确认识成本，有大成本意识，不仅仅局限于制造成本和显性成本，要更多关注隐性成本，关注整体成本而非局部成本的优化节约。

②做好成本供应链管理。对于一家制造型企业来说，控制成本的源头一是产品设计，二是各类供应商管理。我们常说，产品质量是制造出来的，但好的质量除了熟练的工人、严格的检验外，质优价廉的材料也是非常关键的。质优价廉的材料获取依靠对材料供应商的管理。

对材料供应商的管理主要是两个方面：一是选择合适的供应商；二是对供应商进行跟踪管理。要选择那些供应及时、质量合格、价格适当的供应商，建立合格供应商档案。定期对供应商的供货情况进行跟踪，包括送货及时性、行动方案的配合、材料合格率、不合格材料的处理速度及价格变动情况等，建立适当的供应商预警和淘汰机制，确保产品的材料成本合理。对于服务供应商来说，上述对材料供应商的管理措施同样适用。譬如为企业提供餐饮服务的供应商，只有及时、按需提供给企业餐食，才能确保企业员工在最短时间内用餐，减少等待时间。假设餐饮公司经常送餐迟到，或者出现食品安全问题，势必会影响员工的就餐时间，增加企业的等待成本。所以，通过对供应商的管理，可以有效地控制企业的成本，减少不必要的浪费和损失。

③要有目标管理。目标管理是成本管理的主要抓手，没有目标的成本管理是盲目的。在制定目标时切忌各自为营，不顾整体。

现实工作中，很多公司都有这种现象：每个部门都有成本指标，且在年终考核时都很圆满地完成了各项成本指标，但企业整体成本不降反增。为什么呢？主要是各部门为了完成各自的任务，想尽办法降本，促成本部门任务的完成，却把一些成本转移到下一个环节。而最后一个环节认为增加的成本不是自己部门的，应该是公司的或者其他部门的。

譬如，采购部门为了完成降本指标，会向供应商压价，如果压价超过了供应商的预期，那么其会采取降低产品质量的方式满足企业的要求，这样产品质量会得不到保障；生产部门要降低制造成本很可能会选用新人，而新人的技能和效率又得不到保障，这样也会给产品质量埋下隐患。由于采购部门和生产部门都压低了成本，完成了本部门的成本指标，可能售后服务部门就会被动接受大量的市场退货和返工，造成售后服务成本大幅上升。而售后服务部门会将这多出来的成本归责于前端部门或者统一归为公司。所以，进行成本管理，要从企业整体出发，制定翔实、可操作且能够相互制约的目标，而不是各自独立、相互隔离的目标。我们应该达成的成本降低目标应是整体水平的下降，而不是成本在企业内部的此消彼长。

④成本管理考核机制。进行成本管理要制定科学的考核机制。考核不仅仅是对未完成成本指标的惩罚，更重要的是要对达标甚至作出特殊成绩的部门进行奖励，特别是对降本增效效果显著的行为进行正面激励是非常有必要的。很多企业虽然有成本管理考核机制，但效果不佳，主要就是因为对成本管理缺少正面激励，使很多员工对降本增效持消极态度，甚至有抵触情绪。所以，企业欲取得成本管理的良好效果，制定科学有效的，有奖有罚的，以激励为主的考核机制是必不可少的。

⑤遵守商业规则和守法意识。企业进行成本管理要遵循商业规则，在合同规则下与客商建立良好的合作关系，不能为了获取利益出现欺诈、以次充好、故意拖延等违反契约的行为，更不能为了降低成本出现危害社会或者违法的行为。譬如鉴于环保法令日渐严格，企业应随时注意法令的变更，调整生产流程，改善污水、废弃物的处理。这样做显然会增加企业的成本，但这维护了社会的整体利益，否则就属于违法。所以，我们提倡的降本增效都是在遵循商业规则和守法基础上的，而不能以牺牲他人利益或者社会大众的集体利益为代价。

⑥利用信息化手段加强成本管控力度。之前由于技术的限制，很多企业的成本核算和管理比较粗略，许多数据无法通过手工整理，或虽然可以获取相关数据但需耗费大量的人力和时间，对于时效性非常强的财务数据效果不佳。

随着信息化技术的发展，越来越多的成本数据可以通过信息系统呈现出来，甚至可以通过诸如 ERP 系统进行集成和分析。以前很难开展的多因素分摊制造费用（相当于作业成本法分摊成本）可以快速实现，手工（包括电子表格）难以实现的分摊运输费用到材料成本的情况在信息化工具下可以很容易实现。而且利用信息化工具可以更具体和快速地将相关成本费用归集到对应的项目或者非常明细级的单位（可能是部门、小组或者个人等）。

所以，在数字化时代，企业要充分利用现代信息技术对企业成本进行细化核算和归集分配，形成对企业决策有支持作用的系列报表数据。同时，可利用信息化工具对企业成本进行实时监控，发现问题，及时采取措施进行纠偏处理。

PDCA 方法在成本管理中的运用。如前所述，企业成本管理不是一蹴而就和一劳永逸的，需要不断地优化改善，逐步取得成效。PDCA 方法是一种可以用于成本管理的管理方法。

PDCA 方法最早适用于质量管理，是美国质量管理专家休哈特博士首先提出的，由世界著名的质量管理专家威廉·爱德华兹·戴明采纳、宣传，获得普及，所以又称戴明环。PDCA 循环的含义是将质量管理分为四个阶段，即 Plan（计划）、Do（执行）、Check（检查）和 Action（处理）。在质量管理活动中，要求把各项工作按照作出计划、实施计划、检查实施效果，然后将成功的纳入标准，不成功的留待下一循环去解决这样的循环去做。这一工作方法是质量管理的基本方法，也是企业管理各项工作的一般规律，当然也适用于企业成本管理。

在成本管理中，首先，要制定企业成本控制目标、实施的关键流程，从众多的方案中选择最优的解决方案。其次，确定实施该成本管理方案。再次，定期或者不定期对实施方案进行检查，总结出哪些方面做得好，哪些地方有问题，需要进一步改进。最后，对检查和汇总进行处理。好的经验进行固化，形成标准，对问题进行分析，查找出现问题的原因，制订改进的计划和方案，进入下一个 PDCA 循环。

8.2.2 成本计算与预测：精准决策，未来可期

（1）成本计算

成本管理是企业利润管理的重要组成部分，也是利润管理中最复杂的内部管理。成本计算首先要界定成本核算的范围，要区分企业支出中，哪些可以计入成本中，哪些不能直接计入成本范围（譬如固定资产投资、对外投资等），哪些成本支出要计入产品制造成本，哪些支出计入期间费用，哪些支出可以直接计入对应产品成本，哪些需要以一定的方法分摊计入产品成本，还要注意一点，期末哪部分产品的成本需要计入当期利润进行核算，哪些需要作为存货资产，列入资产负债表，等等。本部分内容将以制造型企业甲公司为例，通过举例说明的方式，阐述从采购环节到产品销售环节，整个企业的成本形成过程和成本计算方法。非制造型企业与制造型企业类似的业务也可以作为参考。

在成本范围界定后，我们把与产品制造成本相关的支出（以下简称产品制造成本）在当期先进行归集，期末再进行核算计入产品成本，非制造相关支出（以下简称非制造成本）在发生时直接计入当期费用。

产品制造成本一般包括材料成本、直接人工成本和制造费用。以下重点介绍他们的构成和归集及计算方式。

1）材料成本

直接材料指企业在生产产品过程中所消耗的，直接用于产品生产，构成产品实体的原料。当期采购的材料先入材料库（不管实际情况是否先入材料库，还是直接到生产现场用于生产，形式上均要进入材料库）记作存货，只有生产领用的材料（减去期末退材料库部分）才能计入材料成本，计入材料成本的金额不但包括发票上显示的材料采购款，还要将运输材料的运费、挑选费、包装费等以一定的方式计入该材料成本。

例如：甲公司当月采购 P 材料 500 吨，单价 1 万元/kg，运输费和挑选费等 50 万元，如果当期领用 110 吨，期末退回材料库 10 吨。那么该批材料计入存货的金额为 550 万元（单价为 1.1 万元/吨），当月计入材料成本的数量为 100 吨（110 吨-10 吨），金额为 110 万元。

如果甲公司用上述 P 材料生产 A 产品 5 万件，B 产品 1 万件，A 产品单件耗用 P 材料数量是 B 产品的 2 倍，则 A 产品单位材料成本为：20 元/件，B 产品单位材料成本为：10 元/件。

如果当期领用的材料不仅有档期采购的，还有以前期间采购的，且价格不同，则需要对领用材料的价格按照一定的方法进行计算后进行确定（譬如移动平均法、加权平均法、先进先出法、个别计价法等）。

2）直接人工成本

直接人工是指生产过程中所耗费的人力成本，可用工资薪金和福利费等计算。该部分成本为现场生产产品的员工的人工成本，包括工资、福利费、社保、加班费、奖金等可归属于该部分员工的支出，一般由企业采用一定的方法进行核算。该部分成本一般按月进行归集，

期末企业根据实际情况或企业规定在产成品和在产品之间按照一定的方法进行分配，或者全部直接计入当期产品成本。如果当期产品品种较多，还需要根据实际情况采用一定的方法在各种产品之间进行分配。

例如：当期甲公司共发生人工成本 60 万元，其中 A 产品 5 万件，B 产品 1 万件，不考虑在产品，甲公司按照件数分摊人工成本（也可以根据实际情况以产品人工工时，机器工时等其他因素为标准），则甲公司 A 产品人工成本为 10 元/件，B 产品人工成本为 10 元/件。

3）制造费用

制造费用则是指生产过程中使用的厂房、机器、车辆及设备等设施及机物料和辅料，它们的耗用一部分是通过折旧方式计入成本，另一部分是通过维修、定额费用、机物料耗用和辅料耗用等方式计入成本。

一般企业中，制造费用是整个产品制造成本中最复杂、最难以对应到产品中的部分，也是最能够衡量一家企业成本管理水平高低的部分。制造费用一般包含的内容比较多，凡是为组织和管理生产所产生的费用，都可以计入制造费用，譬如车间管理人员工资，由车间负担的财产保险费，车间使用的固定资产折旧费，机器修理费，试验检验费，车间管理部门耗用的一般消耗材料、办公费、差旅费等。

制造费用平时按照类别进行归集，期末（一般是月末）按照一定的方式首先在在产品和产成品部之间进行分配，然后将归属于产成品的制造费用在各产品之间进行二次分配，最终使制造费用分摊到对应的产品。根据企业的管理要求或者人员素质的不同，制造费用分摊的方式可以采用单一指标（譬如产品件数、工时），或者采用作业成本法使用多指标进行分配。有的企业在产品数量比较少或者制造费用不多的情况下，也可以将整个制造费用全部在产成品之间进行分配。

上述直接人工和制造费用的分配方法一旦确定，在一个会计年度内不能变更，如要变更必须有合理的理由并要在财务报告中作出说明。

平时归集相关材料成本，直接人工和制造费用的相关数据，期末按照上述要求进行分配，最终得出当月的产品制造成本。归集及分配方式举例如表 8-1 所示。

表 8-1   归集及分配方式举例   万元

产品	件数	材料成本	人工成本	制造费用	生产成本合计	在产品	产成品
公式		A	B	C	D＝A+B+C	E	F＝D-E
A 产品	5 万	580	60	120	760	100	660
B 产品	1 万	120	30	100	250	60	190
合计	6 万	700	90	220	1010	160	850

非制造成本的计算相对简单，关键是费用的分类归集和日常的控制非常重要。譬如，同样是一张餐饮发票，对于不同的部门为不同的业务支出，就会归入不同的费用类型，如是为开拓市场的业务招待费，是员工出差的差旅费，开展团建的餐费，或者是召开会议的会务费等。

还要注意区分是销售费用还是管理费用，譬如同样是出差的餐饮发票，如果是业务部门出差开拓市场的，就计入销售费用下的差旅费，如果是人事部门外出办事的餐饮票就要计入管理费用下的差旅费。对于费用的控制，最好有相关的控制标准和一定的监督机制。

（2）成本预测

成本预测指运用一定的科学方法，对未来成本水平及其变化趋势作出科学的估计。通过成本预测，掌握未来的成本水平及其变动趋势，有助于减少决策的盲目性，使经营管理者易于选择最优方案，作出正确决策。

成本预测是成本费用管理的重要内容，是进行成本费用管理的起点。搞好成本预测，对于挖掘降低成本的潜力，科学地编制成本计划，正确进行经营决策，提高经济效益都具有重要意义。

从成本管理的全过程来看，成本预测主要包括以下内容。

①在新产品投产之前，测算产品的设计成本，确定产品按正常批量生产的成本水平，并把测算的数据作为选取最优产品设计方案的重要依据。

②在正式编制生产经营计划之前，进行成本费用预测。计划阶段的成本费用预测是编制成本费用计划必不可少的分析工作。

③在成本费用计划执行过程中，进行期中成本费用预测，科学预计推测成本费用计划能否按期完成。

④企业采用新技术、新工艺，以及在提高产品质量过程中也要进行成本费用预测，以保证技术上可行，经济上合理。

上述过程中，在新产品投产前和进行新技术、新工艺阶段对成本的预测，由于没有历史经营数据，主要利用物料清单（Bill Of Material，BOM）和实际需要数量对成本进行测算。批量生产之后，特别是对于成熟的产品，因为有历史运营数据，对产品成本的预测通常是通过编制预算（对整体成本进行预测）或者制定标准成本（注重对单个成本进行预测）方式实现。

但不论使用哪种方式进行成本预测，一般会遵循以下步骤。

第一步：确定成本目标。主要是根据企业当前的利润状况，成本构成因素和各成本因素的比重，结合预期的变化情况，预测企业在现有条件下可以实现的目标成本，为下一步预测奠定基础。

第二步：搜集整理与各成本因素相关信息数据。如构成产品的材料价格变动预测数据，产品的 BOM 设计变更信息，工人的薪资和工人构成信息，以及机器设备，用水用电变动情况等，为产品预测提供基础数据。

第三步：对成本进行预测。根据前两步获取的信息，采取科学可行的方法，对产品成本进行预测，求出成本预测值。可选的方法包括定性分析法和定量分析法：定性分析法（如调查研究判断法、主观概率法、类推法、头脑风暴法、德尔菲法、名义小组法等），定量分析法（如趋势预测法，包括线性回归模型、简单平均法、加权平均法和指数平滑法等；因果预测法，包括本量利分析法、投入产出分析法、回归分析法等）。在实际工作中，往往不会单一的采用某一种方法，而是根据实际情况，同时采用几种方法。譬如采用本量利分析法对某一产品成本进行确定后，采用头脑风暴法或者德尔菲法对其再进行分析确定，以找到该产品最接近的成本，便于对该产品进行定价。

第四步：对成本预测数据进行修正。无论是采用哪种方法对成本数据进行预测，都不能完全反映预测期成本费用的实际情况。随着时间的推移，科技、环境条件的变化以及工人熟练程度发生变化，产品成本也会随之变化。因此，对产品成本的预算需要定期进行修正。对于成熟产品而言，通常采用 PDCA 持续改进的方法进行成本预测数据的修正，以得出最佳成本预测值，使成本预测结果更加接近实际。

对产品成本的预测，应该有计划按步骤进行，应尽可能避免预测的主观性、随意性，提高预测的科学水平，使预测目标更接近实际。只有预测科学合理，对未来企业的运营才有指导意义，才能为决策层提供更多具有参考价值的信息。

8.2.3 利润分配和纳税筹划：合规之路，价值之路

对利润的管理也是企业管理的重要内容之一。对利润的管理不仅仅是如何获取利润，更重要的是如何分配利润。对于不同类型的企业，在企业发展的不同阶段，对利润的分配方式大有不同。作为创业者必须学会管理利润，懂得如何分配利润。

利润分配首先要合法。根据《中华人民共和国公司法》第 166 条规定：公司分配当年税后利润时，应当提取利润的 10% 列入公司法定公积金。公司法定公积金累计额为公司注册资本的 50% 以上的，可以不再提取。公司的法定公积金不足以弥补以前年度亏损的，在依照前款规定提取法定公积金之前，应当先用当年利润弥补亏损。公司从税后利润中提取法定公积金后，经股东会或者股东大会决议，还可以从税后利润中提取任意公积金。

公司弥补亏损和提取公积金后所余税后利润，有限责任公司依照本法第三十四条的规定分配；股份有限公司按照股东持有的股份比例分配，但股份有限公司章程规定不按持股比例分配的除外。股东会、股东大会或者董事会违反前款规定，在公司弥补亏损和提取法定公积金之前向股东分配利润的，股东必须将违反规定分配的利润退还公司。公司持有的本公司股份不得分配利润。

企业在符合上述法律规定的前提下，才能对剩余的利润进行安排，可以将利润全部分配给股东，也可以全部留在企业用作企业继续发展的资金，还可以将其转为股权，作为对企业的投资。总之，分配利润要兼顾投资者、经营者、职工等多方面的利益，企业必须兼顾，并尽可能地保持稳定的利润分配方案。

利润分配方式往往以股利政策的形式体现，以下介绍几种常见的股利分配政策和它们使用的场景。

(1) 剩余股利政策

指企业在有良好的投资机会时，根据目标资本结构，测算出投资所需的权益资本额，先从可分配利润中留用，然后将剩余的利润作为股利来分配，即净利润首先满足公司的资金需求，如果还有剩余，就派发股利；如果没有，则不派发股利。这种政策往往适用于初创期企业。初创期企业利润有限，但需要大量资金投入，所以，先满足企业发展，再考虑分配。

(2) 固定或稳定增长的股利政策

指企业将每年派发的股利额固定在某一特定水平或是在此基础上维持某一固定比率逐年稳定增长。这种政策适合于比较成熟稳定的企业或者增长稳定的企业。该政策有利于向市场传递企业正常发展的信息，有利于树立企业的良好形象，增强投资者对企业的信心，另外，还有利于投资者安排股利收入和支出，有利于吸引那些打算进行长期投资并对股利有很高依赖性的股东。

(3) 固定股利支付率政策

指企业将每年净利润的某一固定百分比作为股利分派给股东。这种政策适用于发展不稳

定、利润变化不定的企业。该政策使得股利与企业盈余紧密配合，体现了"多盈多分、少盈少分、无盈不分"的股利分配原则，从企业的支付能力的角度分析，这是一项相对比较稳定的股利政策。

（4）低正常股利加额外股利政策

指企业事先设定一个较低的正常股利额，每年除了按正常股利额向股东发放股利外，还在企业盈余较多、资金较为充裕的年份向股东发放额外股利。但是，额外股利不是固定的，即企业不会永久地提高股利支付额。这种政策适用于那些高速增长阶段的企业。该政策赋予企业较大的灵活性，使企业在股利发放上留有余地，并且具有较大的财务弹性。企业可根据每年的具体情况，选择不同的股利发放水平，该政策还有利于吸引那些依靠股利度日的投资者，因为他们每年至少可以得到虽然较低但是比较稳定的股利收入。

研究优化完善
部分阶段性
税费优惠政策

上述 4 种股利分配政策的前提是符合公司法的规定，即在弥补法定亏损，计提法定公积金之后才能够按照上述规则进行分配。

税金是企业的一种成本形式，税金的大小往往会影响到企业的利润。纳税也是企业的义务，具有强制性，但同时国家也出台了大量的税收优惠政策，针对不同类型的企业，不同地区的企业以及不同的税种（我们目前有 18 个税种）国家给予的税收优惠政策是不同的。因此，对于创业者而言，要有税收筹划的意识，即在法律允许的范围内，合理地利用国家给予的减税、免税政策，达到节约成本，增加企业利润的目的。

当然，纳税筹划是一项专业性非常强的工作，并不是要求每个创业者都能够成为税筹划专家，但至少要有节税的意识，可以在税务专业人士的指导下进行纳税筹划。

举例：王先生和李先生共同投资甲企业，王先生占比 70%，李先生占比 30%，甲企业当年实现税后利润 1 000 万元，王先生计划将从甲企业分得的利润全部投资乙企业。根据我国个人所得税法第三条第三款的规定，自然人股东取得的股利所得，按照 20% 税率征收个人所得税。即王先生最终可以获得的分配额为：1 000 万×70%×（1−20%）= 560 万，即最多只能投资乙企业 560 万元。

如果王先生懂得纳税筹划，在投资甲企业时，不是以自然人名义投资，而是先成立一家 A 企业，并以 A 企业名义投资甲企业，那么甲企业分配利润时，A 企业可以直接获得 700 万的利润（我国企业所得税法第二十六条第二款规定，符合条件的居民企业之间的股息、红利等权益性投资收益免征企业所得税。A 企业即为符合条件的居民企业），然后再以 A 企业名义投资乙企业 700 万元，同样可以达到投资的目的，但投资额增加了 140 万元。

8.3 融资之翼，展翅高飞

8.3.1 创业融资概述：资本的力量，推动梦想

创业需要资金，资金从哪里来？

通过什么方式获取资金？

分别在什么时间获取资金比较合适？

这就涉及融资问题。所谓融资，是指一个企业的资金筹集的行为与过程，即企业根据自

身的生产经营状况、资金拥有的状况，以及企业未来经营发展的需要，通过科学的预测和决策，采用一定的方式，通过一定的渠道向企业的现有或者潜在投资者和债权人筹集资金，组织资金的供应，以保证企业的正常生产需要、经营管理活动需要的理财行为。企业无论大小，都需要融资，只不过融资金额大小、方式和渠道不同罢了。

企业发展所需资金从哪里获取？就涉及融资渠道的问题。所谓融资渠道，是指资金的来源或通道，它从资金供应方角度以明确资金的真正来源。譬如获取国家财政资金支持、银行信用或抵押贷款资金、非银行金融机构资金、股东个人或者亲朋好友的闲置资金、企业利润盈余自留的资金以及境外资金等。

与融资渠道相对应的是融资方式，融资方式解决以什么形式获取资金的问题。所谓融资方式，是指企业融入资金所采用的具体形式，它是从资金需求方角度以明确企业取得资金的具体行为和方式。主要有吸收直接投资、发行股票、发行债券、银行借款、融资租赁、信托融资等多种形式。我国目前企业融资主要以商业银行贷款为主，部分发展比较成熟的企业也在积极利用资本市场，通过股票、公司债券、短期融资券等多种融资方式进行融资。

对企业或者股东而言，无论是股权融资，还是债权融资都具有一定的风险性，所以企业融资需要合理规划，以免出现债务危机或者企业控制权丧失。企业在进行融资时，一般应遵循以下原则。

第一，与企业战略匹配原则。

企业进行融资一定要从企业发展的整体，长远考虑，不能只顾眼前，得过且过。融资要与企业的投资战略相匹配，能够支持企业的长期投资增长和可持续发展目标。

第二，控制权保持原则。

有时企业为了获取长远资金支持，不得不让渡一部分股权，但不管在什么情况下，创业者都需要保持其对企业的控制权，因为控制权意味着对自身利益的保护，一旦失去了控制权，股东可能无法对企业的重大决策施加影响。

第三，成本最优原则。

企业要从融资成本角度考虑在什么时间，通过何种渠道，采用何种融资方式费用最低，而不是在不需要的时候采用高成本融资。融资目的是为了扩大生产，投资新项目，所以其成本不能超出预期可以获取的收益，否则融资和投资就是失败的。

第四，风险与收益匹配原则。

企业融资的目的是将所融资金投入企业运营，最终获取经济效益，实现企业价值（或者股东价值）最大化。在每次融资之前，企业往往会预测本次融资能够给企业带来的最终收益，收益越大往往意味着企业利润越多，因此融资总收益最大似乎应该成为企业融资的一大原则。

但同时，收益和风险往往是相伴而生的，高收益意味着高风险，譬如，债务融资规模越大，可使用的资金就越多，那么将来可能给企业带来的利润就越多，但以后的还本压力也就越大，甚至可能面临到期不能还本的违约风险。再如，对创业者而言股权融资不需要还本，将来资金压力比较小，但是未来有股权稀释风险。所以，企业在融资时一定要权衡风险和收益的关系，不能盲目融资而使企业面临巨大的风险。

第五，资本结构合理原则。

企业取得最佳资本结构的最终目的是为了提高资本运营效果，而衡量企业资本结构是否达到最佳的主要标准应该是企业资本的总成本是否最小、企业价值是否最大。

加权平均资本成本最低时的资本结构与企业价值最大时的资本结构应该是一致的。企业的资本总成本和企业价值的确定都直接与现金流量、风险等因素相关联，因而两者应同时成为衡量最佳资本结构的标准。

第六，融资期限适宜原则。

企业融资是有成本的，期限越长，成本越高，所以融资期限不是越长越好。但是期限过短，也会出现资金链紧张、投资失败的后果。因此，企业进行融资，要根据企业战略或者投资项目时间的长短等因素，将企业融资按照期限划分为短期融资和长期融资。

企业究竟是选择短期融资还是长期融资，主要取决于融资的用途和融资成本等因素。一般情况下，短期投资和流动资产的取得匹配短期融资，中长期投资和非流动资产的取得匹配长期融资，部分永久性流动资产也可匹配长期融资。

第七，融资规模适度原则。

融资规模与企业风险和未来利润相关联，企业必须予以重视。确定企业的融资规模，在初创企业融资过程中更为重要。融资过多，可能会造成资金闲置浪费，增加融资成本，或者可能导致企业融资负债过多，使其承担过高的融资利息，到期偿还本金困难，增加经营风险。而如果企业融资过少，又会影响企业投资计划的实施及其他生产运营业务的正常开展。

所以，企业在进行融资决策时，要根据企业实际情况和企业战略预测未来对资金的需求、企业当前的实际条件以及融资的难易程度和融资成本等因素，确定合适的融资规模。

第八，融资机会最佳原则。

所谓融资机会，是指由有利于企业融资的一系列内外部因素所构成的有利的融资环境和时机。企业选择融资机会的过程，就是企业寻求与企业内部条件相适应的外部环境的过程。

从企业内部来讲，过早融资会造成资金闲置，增加利息成本支出，如果过晚融资又会造成投资机会的丧失或者可使用的资金紧张。

从企业外部来讲，由于经济形势瞬息万变，这些变化又将直接影响企业，特别是初创企业融资的难度和成本。

因此，初创企业如果能抓住企业内外部变化提供的有利时机进行融资，会让企业比较容易地获得成本较低的资金支持。

8.3.2 天使投资：初创的守护者，共筑未来

创业初期的企业常常面临着资金短缺的问题，同时由于企业规模相对较小，发展方向尚未明朗，经营状况也具有一定的不确定性，因此往往被认为风险较高，难以从外部筹集到所需的资金，尤其是债务资金。然而，许多初创企业往往拥有极具前景的项目，这些项目在市场上可能具有较大的潜力和竞争优势，且由于竞争者较少，一旦项目取得成功，将会带来相当可观的利润。

尽管投资初创企业存在一定的风险，但这些企业所具有的潜在价值和未来的收益也吸引了一部分具有冒险精神的投资者。特别是对于那些权益投资者来说，如天使投资者，他们更注重企业的长期价值和潜在回报。

所谓的天使投资，通常是指具有一定净财富的个人或机构，对具有巨大发展潜力但同时具有高风险性的初创企业进行早期的直接投资。这是一种权益资本投资的形式，强调的是一次性的前期投资行为。这种投资方式源于纽约的百老汇，并于 1978 年在美国首次被使用。

天使投资者的投资行为往往具有一定的自发性和分散性，他们更注重对初创企业的早期扶持和长期价值的投资。

天使投资是一种非常独特的投资方式，通常涉及较小的投资金额，并且主要针对初创企业。以下是关于天使投资的一些特点。

（1）投资金额相对较小

天使投资人通常会投资几十万至几百万不等的资金，这些资金通常是一次性投入，且一旦被投资项目表现出良好的前景，天使投资人就会考虑退出并获取回报。相对于其他类型的投资者，如风险投资人或私募股权公司，天使投资人的投资金额往往较小。

（2）偏好初创企业

天使投资人通常对初创企业或新兴行业具有浓厚的兴趣。他们了解初创企业所面临的挑战和困难，因此更愿意为这些企业提供资金支持，帮助其度过早期的发展阶段。

（3）投资决策基于个人经验和情感

天使投资人通常是具有创业经历的企业家或具有丰富投资经验的专业人士。他们在选择投资项目时，往往是根据自己的个人经验和情感进行决策，例如对某个行业或团队的喜好。这种个人化的投资决策方式有时会导致天使投资具有偶然性和随意性。

（4）提供附加价值

除了提供资金支持外，天使投资人通常还会为企业提供其他有价值的资源，如指导、人脉和渠道等。这些资源可以帮助初创企业更好地发展，并在竞争激烈的市场中取得优势。

（5）个人投资者为主

天使投资人通常是个人投资者，而不是机构投资者。这意味着天使投资人在投资决策中更多的是基于个人情感和经验，而不是基于严格的投资分析和风险评估。

（6）短期行为和较低的容忍度

由于天使投资人的资金来源通常是个人储蓄或家族财富，他们通常没有长期的投资计划。因此，天使投资人通常不会进行长期投资，也不会伴随企业一同成长。他们对亏损的容忍度也相对较低，一旦投资项目出现亏损迹象，他们可能会选择迅速退出。

（7）高风险与高收益

由于天使投资人在选择投资项目时往往没有进行严格的调查和分析，因此他们的投资风险相对较高。但是，一旦他们的投资项目成功并获得高额回报，他们也可以获得相应的丰厚收益。

8.3.3 创业不同时期的融资：适配资源，稳步前行

创业者在创业的不同阶段都需要融资，但融资的渠道和方式，以及融资的规模和用途可能有所不同。

在创业初期（包括种子期和初创期），企业规模较小，市场份额不大，发展方向不明确，社会声誉较低，很难从外部获得融资支持。在此阶段，创业者一般是使用自有资金，或者通过亲朋好友获得资金，有的创业者通过风投资金，可能会取得一部分天使投资。在目前大环境下，国家为了鼓励创业，也出台了大量扶持中小企业发展的资金支持政策，对符合条件的创业者给予一定的资金支持，甚至可以获取一部分政府补贴，这也是初创企业获取融资的一条渠道。这个时期的融资规模一般都较小，渠道相对单一，以债务融资为主，会有少量

的政府扶持资金，权益融资相对较少。关于这个时期的权益融资——天使投资，前文已有说明，此处不再赘述。

在企业快速成长阶段，企业规模不断扩大，市场份额持续增长，能够创造一定的利润，但同时为了继续扩大市场规模、开发新产品、拓展销售渠道、对产品进行宣传、招揽更多的优秀人才等，需要源源不断地投入大量的资金。在这个阶段，单一融资已经远远不能满足其需求，需要多方式宽渠道获取融资。可以通过向金融机构借款，吸引部分风险投资，或者进行融资租赁等获取外部融资，对内可以采取将企业创造的利润留存用于扩大再生产，不分或者少分股利的措施。

在企业快速增长阶段，一定要注意企业的发展速度，融资的规模和利润创造之间的平衡，如果企业发展速度过快，融资速度不能同步就会出现资金链断裂的风险。同样道理，如果融资规模过大，特别是债务融资过多，企业创造的利润或者现金流不能及时清偿到期债务，就很容易出现违约风险，甚至出现资不抵债，造成企业倒闭。无数案例已经说明，很多发展前景非常好的企业，在快速扩张的道路上，只是因为资金链断裂而走向破产或者被强制收购，其中比较典型的案例就是大家比较熟知的王忠旺创建的五谷道场集团破产重整案例。所以，平衡企业发展速度、融资规模和企业利润创造三者之间的关系非常重要。

另外，在企业高速发展阶段，融资时还要注意融资的结构。有的创业者为了获取更多的发展资金，短期内又不想有过多的偿债压力，就会倾向于投资机构的股权融资。

股权融资的优势是可以长期使用该资金，不用归还，除非企业进行清算。但劣势是对原始创业者而言企业创造的利润要被分割一部分，最为关键是的，原有创业者的股权可能在不断引进新的股权投资后被稀释，甚至控制权逐渐丧失。这样的案例也数不胜数，其中典型的案例就是俏江南的原创始人在引入资本投资后被赶出局。

在企业走向成熟阶段，企业规模一般相对比较大，有相当的市场份额，各方面发展比较成熟，此时企业的资金已经从研发转向费用的控制，此时企业获得利润更大化的关键是对成本的有效控制。在此阶段企业仍然需要一定的技术研发，但此时企业的融资方式可以多样选择，处于成熟期的企业往往会选择上市或者发行债券来筹集更多的社会闲散资金融资。在这个阶段，企业中的利益相关者各有所想，其中原始创业者希望企业可以高价卖出或者上市，这样他们就可以将资金投向新的创业企业，而同时风险投资机构期望收回对企业前期的高额回报，希望企业的股份可以高价卖出，此时企业上市的趋势就越来越明显，此时企业的融资大多通过上市发行股票或者发行债券方式实现。

8.3.4 融资成本的测算：经济之舟，破浪前行

无论是债务融资还是权益融资，都是需要成本的。创业者在进行融资前除了需要考虑融资的必要性、可行性，融资规模，融资渠道和融资方式外，还要重点考虑融资成本。下面分别就融资成本的构成、债务融资和权益融资的成本及融资规模的测算进行介绍。

（1）融资成本的构成

融资成本是指企业筹资和使用资金而付出的代价，这里的资金是指企业所筹集的各类资金，包括股权资金和债务资金。

融资成本包括筹资费用和用资费用。其中筹资费用指为了筹措资金所发生的费用，往往是一次性的费用，如果金额较小，在核算资金成本时可以忽略不计。常见的筹资费用包括办

理银行贷款的手续费，发行债券、股票的发行费等。

用资费用是指资金使用者使用资金而付出的代价，从投资者角度看是投资者让渡资金使用权要求的必要报酬或最低报酬。用资费用是经常性支付的费用。常见的用资费用包括税前利息和税后的股利。

融资成本可用绝对数表示，也可以用相对数表示，即融资成本率，其公式如下：融资成本率＝用资费用/筹资净额＝用资费用/（筹资总额−筹资费用）

企业同一时期可能只有一种融资，融资成本使用上述公式即可测算，但有时候企业也有可能同时使用多种融资方式，就需要使用综合融资成本公式测算企业的融资成本。

接下来，我们先介绍单一融资成本，再介绍综合融资成本的测算。

（2）债务融资成本测算

债务融资包括银行贷款和发行债券等。因为债务融资成本可以在企业所得税前扣除，因此在测算其融资成本时需要考虑所得税因素。其公式为：

债务融资成本＝税前利息×(1−所得税税率)/（筹资额−筹资费用）

例：A 企业从银行借款 200 万元，借款的年利率为 11%。每年付息，到期一次性还本，筹资费用率为 0.5%，企业所得税率为 25%，那么该笔借款的融资成本率为：200 万×11%×(1−25%)/（200 万−200 万×0.5%）= 8.29%。

当借款合同附加补偿性余额条款的情况下，企业可动用的借款筹资额应扣除补偿性余额，此时借款的实际利率和融资成本率将会上升。

例：B 企业采用补偿性余额借款 1 000 万元，名义利率为 12%，补偿性余额比率为 10%。那么实际企业可以利用的借款额为 1 000×(1−10%)= 900 万元。此时，实际利率为：1 000 万×12%/900 万＝13.3%，实际融资成本率为：1 000 万×12%×(1−25%)/900＝10%。

（3）权益融资成本的测算

权益融资通常指股权融资，股利包括普通股股利和优先股股利。由于股利是在企业所得税后分配的，因此，测算股权融资成本时不考虑企业所得税。同时，企业对股利的发放方式也是不同的，因此，测算股权融资成本需要不同的模型，下面介绍几种常见的模型。

1）股利折现模型（适用于普股融资）

在该模型下，影响股利的因素包括股利政策、股利水平、普通股融资净额或普通股每股融资净额、发行价、发行费用等。在该模型下，因股利政策的不同，又可以分两种情况。

①固定股利政策。

如果企业采用固定股利政策，即每年分派现金股利相同，则融资成本率可按下式测算：

普通股融资成本率＝每年每股分派现金股利/普通股每股融资净额（普通股每股融资净额＝发行价格−发行费用）。

例：P 企业采用固定股利政策，每年每股分派现金股利 1 元，普通股每股融资净额 10 元，则该企业的普通股融资成本率为：1/10＝10%。

②固定增长股利政策。

如果企业采用固定增长股利的政策，则资本成本率按下式测算：

普通股资本成本率＝(第一年每股股利/普通股每股融资净额)+每年股利增长率。

例：F 企业采用固定增长股利政策，如果第 1 年的每股股利为 1 元，每年股利增长率为

2%，普通股每股融资净额为 10 元，则该企业的普通股融资成本率为：1/10+2%＝12%。

2）资本资产定价模型（适用于普股融资）

该模型是从投资者的角度去测算资本成本，对于投资方来说，普通股的资本成本率也可理解为普通股投资必要报酬率，而必要报酬率包括无风险报酬率和风险报酬率。因此该模型下普通股融资成本率为：

普通股融资成本率=无风险报酬率+风险系数×（市场平均报酬率−无风险报酬率）。

例：市场的无风险报酬率为 5%，M 企业或股票的风险系数为 1.2，市场平均报酬率为 10%，则 M 企业或股票的融资成本率为：5%+1.2×（10%−5%）＝11%。

3）优先股和留用利润融资成本率

优先股融资成本率与股利折现模型中固定股利政策下普通股融资成本率的计算公式结构类似。

其公式为：优先股融资成本率=优先股每股年股利/优先股筹资净额。

留用利润成本率的测算方法与普通股基本相同，只是不考虑筹资费用。

其公式为：留用利润成本率=每年每股分派现金股利×股数/留用利润。

（4）综合资本成本率

有时候企业可能是通过多种方式融资，既有债务融资，又有权益融资，也有可能即便是同一种融资方式，但融资的时间不同，金额不同或者利率不同。在这种情况，就不能简单地使用上述某一种方式测算企业的融资成本率，或者对上述融资成本率进行简单的加减，就需要使用下面介绍的综合融资成本率。

综合融资成本率，又称加权平均融资成本率，是指一个企业全部长期资本的融资成本率，通常是以各种长期资本的比例为权重，对个别资本融资成本率进行加权平均测算。

其公式为：综合融资成本率=第 1 种筹资方式融资成本率×第 1 种筹资方式融资额占所有融资额的比例+第 2 种筹资方式融资成本率×第 2 种筹资方式融资额占所有融资额的比例+⋯+第 n 种筹资方式融资成本率×第 n 种筹资方式融资额占所有融资额的比例。

上述各种筹资方式的融资成本率即个别资本融资成本率，不同的比重就会形成不同的资本结构，由此可知，决定综合资本成本的两个因素是个别资本成本率和各种资本结构。

例：Q 企业投资一项目需要筹资 1 000 万元。企业采用 3 种筹集方式，向银行借入 300 万元，融资成本率为 10%；发行债券融资 300 万元，融资成本率为 13%；发行普通股股票融资 400 万元，融资成本率为 16%。那么该笔投资的融资成本率是：10%×300/1 000+13%×300/1 000+16%×400/1 000＝13.3%。

（5）融资规模的测算

在测算企业融资成本时，影响企业融资成本的因素除了融资成本率外，还有融资规模。在其他条件不变的情况下，融资规模越大，融资成本越高，反之就越低。因此，对融资规模的测算也就非常重要。

无论是中长期规划还是短期计划，按照企业增长预期以预测企业未来"外部融资需要量"，是企业融资规划的核心。下面以单一企业为例，介绍融资规模的测算模型。

企业外部融资以满足企业增长所需投资为基本目标。企业外部融资需要量预测，通常包括企业未来年度销售增长预测、未来投资净增加额判断、预计现金股利支付额及企业内部留存融资量测算、外部融资需要量测定等步骤。

用公式表示为：外部融资需要量=满足企业增长所需的净增投资额−内部融资量=（资产新增需要量−负债新增融资量）−预计销售收入×销售净利率×（1−现金股利支付率）

使用该模型，需要满足以下假设条件。

①市场销售及增长预测是合理的。

②企业经营是稳定的。假设企业现有盈利模式稳定、企业资产周转率保持不变，则企业资产、负债等要素与销售收入间的比例关系在预测期内都维持不变。

③融资按照规定有序进行。企业融资按照先内部融资，后债务融资，再权益融资的顺序进行。

在上述假设条件下，可以利用销售百分比法和公式法分别得出外部融资的需求量。

1）销售百分比法测算外部融资需求量的步骤

第1步：确定销售百分比。销售收入与资产负债表有关项目的百分比可以根据基期有关数据确定。在确定时假设所有资产和负债项目随销售收入的变动同比例变动。

第2步：预测期末资产需要量=预计销售收入×资产占销售百分比。

第3步：预测期末负债需要量=预计销售收入×负债占销售百分比。

第4步：预测期末所有者权益需要量=基期所有者权益+预计销售收入×预计销售净利率×（1−现金股利支付率）。

第5步：外部融资需要量=预测期末资产需要量−预测期末负债需要量−预测期末所有者权益需要量。

其基本原理是：资产总额−负债总额=所有者权益总额。

2）公式法测算外部融资需求量的步骤

以销售收入增长额为输入变量，借助销售百分比和既定现金股利支付政策等来预测公司未来外部融资需求。

**融资规模的
测算例题**

其公式如下：

外部融资需要量=（资产占销售百分比×销售增长额）−（负债占销售百分比×销售增长额）−[预计销售总额×销售净利率×（1−现金股利支付率）]

融资规模的测算例题：

L企业是一家大型家具生产商。20×2年销售收入总额为40亿元。企业市场部通过市场预测后认为，20×3年因受国家刺激消费政策影响，家具市场将迎来较大增长，且销售收入增长率有望达到30%，根据历史数据及基本经验，企业财务总监W先生认为，收入增长将要求企业追加新的资本投入，并经综合测算后认定，企业所有资产、负债项目增长将与销售收入直接相关。同时，W先生认为在保持现有盈利模式、资金周转水平等状态下，企业的预期销售净利润率（税后净利/销售收入）为5%，且董事会设定的企业20×3年的现金股利支付率与20×2年相同，为65%的支付水平。

内部融资量 = 40×（1+30%）×5%×（1−65%）= 0.91（亿元）

依题意，企业20×3年预计销售收入将达到52亿元（40×130%）；在维持企业销售收入与资产、负债结构间比例关系不变的情况下，企业为满足销售增长而所需新增资产、负债额等预测如表8-2所示。

表 8-2 企业为满足销售增长而所需新增资产、负债额等预测　　　　亿

项目	20×2 年（基期）	销售百分比（基期）	20×3 年（预测）
流动资产	6.00	15%	7.80
非流动资产	14.00	35%	18.20
资产合计	20.00	50%	26.00
短期借款	3.00	7.5%	3.90
应付款项	2.00	5%	2.60
长期借款	8.00	20%	10.40
负债合计	13.00	32.5%	16.90
实收资本	4.00	不变	40 000.00
资本公积	2.00	不变	20 000.00
留存收益	1.00	取决于净收益	1+0.91
所有者权益	7.00		7+0.91
负债与权益	20.00		24.81
20×3 年所需追加外部融资额			1.19

20×3 年度的销售增长额 = 40×30% = 12（亿元）

外部融资需要量 = （50%×12） - （32.5%×12） - 52×5%×（1-65%） = 1.19（亿元）

结果和销售百分比法测得的外部融资需求额完全一致。

8.3.5 创业融资的主要问题：逐一攻克，前路无忧

创业者或者创业企业在融资过程中容易面临以下问题。

①对金融市场了解不够深入，信息比较滞后。很多创业者开办企业需要资金，但对金融市场了解不够，不清楚通过什么途径获取资金，大部分是通过传统的银行抵押贷款，从亲朋好友处获取资金，现实是目前的金融市场产品比较多，除了银行贷款外，还有融资租赁，小额贷款，过桥资金等都是可以使用的，只不过要注意每种产品的特点。目前政府为了支持小微企业的发展，鼓励万众创业，也出台了大量的资金扶持政策。

作为创业者，要多渠道了解当前的金融市场状况，更多地学习政府的相关政策，在不断地学习中掌握如何获取低成本，低风险的融资款项。

②对融资相关的合同条款法律法规理解不足。特别是引入风投资金时的权益融资相关条款，很多条款对创业者而言是非常不利的，在没有专业人士的指导下，很多创业者很难发现这些隐藏在条款中的陷阱。

作为创业者，要更多地学习公司法、民法典等与股东权利义务、合同、抵押、担保等相关的法律法规，或者在融资前请专业人士给予指导，以免于在创业融资道路上走弯路。

③不了解投资者。很多创业者在融资的过程中，过多的关注自己的产品，自己的需求，而对投资关注不够。

投资者为什么要投资你，他的出发点是什么？

他们希望通过投资你获取什么？

"四项举措"扎实
推进普惠金融发展
专项资金审核工作

这是创业者需要考虑的问题。

只有了解投资者的需求，创业者才能有针对性地准备商业计划书，在路演时才能将投资者的需求和自己的优势相关联，打动投资者，获得投资者的资金支持。

【教学评价】

亲爱的同学，本次课程学习已经圆满结束。感谢你在整个学习过程中的持续努力和积极配合。我们深知，每一次的进步都离不开宝贵的反馈和建议，我们非常期待收到你对本次课程学习的真实感受，从而不断提升我们的教学效果。请放心，我们将采用不记名的方式收集数据，并进行保密。在回答问卷时，有些问题你只需要作出选择，有些问题则可以用几个关键词简单地表达你的想法。

教学评价表如表8-3所示。

表8-3 教学评价表

章节名称：　　　　　　教师姓名：　　　　　授课地点：

课程时间：　年　月　日—　日第　周					
项目教学组织评价	很满意	满意	一般	不满意	很不满意
你对课堂教学秩序是否满意	☐	☐	☐	☐	☐
你对教室环境卫生是否满意	☐	☐	☐	☐	☐
你对小组总体表现是否满意	☐	☐	☐	☐	☐
你对课程的教学模式是否满意	☐	☐	☐	☐	☐
授课教师评价	很满意	满意	一般	不满意	很不满意
你如何评价授课教师	☐	☐	☐	☐	☐
教师授课通俗易懂，结构清晰	☐	☐	☐	☐	☐
教师非常关注学生的反应	☐	☐	☐	☐	☐
教师能认真指导学生，因材施教	☐	☐	☐	☐	☐
你对授课氛围是否满意	☐	☐	☐	☐	☐
你认为理论、实践安排是否合适	☐	☐	☐	☐	☐
你对教师在岗情况是否满意	☐	☐	☐	☐	☐
授课内容评价	很满意	满意	一般	不满意	很不满意
你对授课涉及的内容是否满意	☐	☐	☐	☐	☐
授课中使用的设备是否丰富	☐	☐	☐	☐	☐
你对发放的学习资料和在线资源是否满意	☐	☐	☐	☐	☐

请回答下列问题。

①在教学组织方面，哪些还需要进一步改进？

②哪些授课内容你特别感兴趣，为什么？

③哪些授课内容你不感兴趣，为什么？

④关于授课内容，是否还有你想学但老师没有涉及的？如有，请指出。

⑤你对哪些授课内容比较满意？哪些方面还需要进一步改进？

⑥你希望每次活动都给小组留有一定讨论时间吗？如果有，你认为多长时间合适？

⑦通过这部分内容的学习，你最想对自己说些什么？

⑧通过这部分内容的学习，你最想对教授本部分内容的教师说些什么？

【活页笔记】

学习过程：

重难点记录：

学习体会及收获：

资料补充：

【任务训练】

任务编号：	学时：
实训地点：	小组成员姓名：

任务描述

企业融资途径有哪些？有什么渠道？

小组讨论

如果你是一家公司的总经理，公司现在的情况是：银行存款几乎为零，明天需要支付给税务局一笔已经拖得不能再拖的70万元税款，这时有个客户来买东西，他提出了两个条件：第一，当场付款，但120万货款必须打个6折（72万元）；第二，90天后全额付款。

你会选择哪一种？

案例分析

李明一直想办一个企业做批发鸡生意，因为他所在的小镇周围有很多农户养鸡。他和母亲住在一起，母亲非常支持他创办企业，她让李明用家里的房子做担保向银行申请贷款。李明得到货款后立即着手准备。他为企业购买了设备和原材料，在小镇附近租了鸡舍，买了计算机、现代化的制冷设备、新的厢式货车，还在货车门上喷涂了鸡场的标志。李明告诉母亲，精良的设备能帮助企业树立良好的形象，也有助于获得更多的客户。一切准备就绪后，李明马上投入到了繁忙的工作中。鸡的需求量很大，他夜以继日地工作，客户还把他推荐给他们的朋友。不幸的是，李明用于付款的现金非常紧张，到年底时，他拥有的现金严重不足，怎么也无法支付对银行的欠款。于是，银行中止了贷款，并要求偿还所有债务，李明不得不宣布破产。银行开始拍卖李明的资产来偿还其债务，首先拍卖的资产是车和计算机，但仍有大量的债务不能偿还。看样子，李明的母亲有可能要失去家里的房产了。

提问

①李明的鸡厂是怎么倒闭的？

②李明应该怎么做？

任务成果

财务是企业的命脉，创业期间企业应如何进行财务管理的活动是创业者们摆在面前的现实问题，本课程的主旨就在于通过讲述创业型企业财务管理面临的问题，帮助学生站在战略的高度，掌握如何运用所学知识服务于当今创新型企业的各项财务管理决策，从而真正实现创业企业价值创造以及顺利走向平稳发展的目标。

【任务评价】

任务评价表如表8-4所示。

表8-4　任务评价表

评价类型	赋分	序号	具体指标	分值	得分		
					自评	组评	师评
职业能力	50	1	任务训练准备充分	20			
		2	表演逻辑清晰	15			
		3	情景设计的掌控力	15			
职业素养	20	1	面部表情自然	3			
		2	身体移动自然	3			
		3	目光交流自然	2			
		4	动作手势自信	2			
		5	语速适中、语调自信	10			
劳动素养	20	1	按时完成，认真填写记录	5			
		2	保持座位卫生、整洁、有序	5			
		3	协作互助、小组分工合理性	5			
		4	小组讨论积极	5			
综合素养	10	1	完成素材学习	5			
		2	谈一谈自己对创业公司财务管理的理解	5			
总分				100			
总结反思							
目标达成：知识□□□□□　　能力□□□□□　　素养□□□□□							
学习收获：			教师寄语：				
问题反思：			签字：				

【名人名言】

"耳闻之不如目见之，目见之不如足践之，足践之不如手辨之。"实践决定认识，是认识的源泉和动力，也是认识的目的和归宿。认识对实践具有反作用，正确的认识推动正确的实践，错误的认识导致错误的实践。我国古人关于知行合一的论述，强调的也是认识和实践的关系。

——2015 年 1 月 23 日，习近平总书记主持十八届中央政治局第二十次集体学习

创业实践沙盘演练

【学习目标】

①通过严谨的量表评估方法，量化评估每位学生的创业能力素质在各方面的分布情况。

②通过实训理解创业团队对成员的个人能力、团队意识精神的要求，培养与其他人合作、分享、多赢的做事原则与方法技巧，体验创业团队成员的物色、沟通、组建的全过程。

③通过实训深刻理解创业团队与个人发展的共损共赢关系以及创业团队内部的组织分工与实际工作的协调。

【素质目标】

在创新创业中增长智慧才干，把激昂的青春梦融入伟大的中国梦
融入点：创业实践　元素：高质量发展
2019 年 3 月 10 日，习近平总书记在参加十三届全国人大二次会议福建代表团审议时强调，"要营造有利于创新创业创造的良好发展环境。要向改革开放要动力，最大限度释放全社会创新创业创造动能，不断增强我国在世界大变局中的影响力、竞争力"。从"创新是引领发展的第一动力""民营企业家是我们自己人"再到"释放全社会创新创业创造动能"，习近平总书记对高质量发展提出了更高要求。习近平总书记关于"创新创业创造"的重要论述体现了为人民谋幸福、为民族谋复兴的初心和使命。深刻领会习近平总书记"创新创业创造"重要论述的思想内涵，对于把握新时代经济社会发展的动力转换具有深远的意义。 　参考资料：《光明日报》汇聚"创新创业创造"强大动力 推动实现伟大中国梦

【知识点框架图】

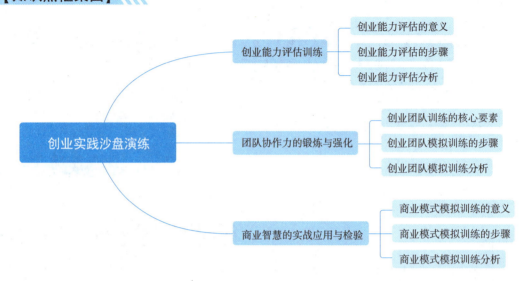

9.1   创业能力评估训练

9.1.1   创业能力评估的意义：自我洞察，扬长避短

如何全面评估自己在创业方面的综合能力素质情况，了解当下的自己，同时为未来的自己树立更加明确的学习目标与方向？这方面完整体系化的评估工具在目前的国内相对缺乏，这就是本实训应用设计的目的。本训练平台通过精选与创业能力素质最紧密相关的十个维度，通过量表评估的方法，提供给学习者围绕创业能力素质做一次全面的自我检测。

本应用是一个基于网络的交互式创业者测评游戏，每名学生都可以根据系统给出的创业者多维度胜任力评测模型进行测试，整个评测由十个不同维度组成。一旦评测开始，学生需要在规定时间内完成所有部分的评测内容。

所有评测内容并没有绝对意义的标准答案，参加创业能力评估测试的人员需要根据自己的第一直觉确定自己的选择，以得到相对客观的测试评价。

教师可在实训过程中，为学生提供更多学习帮助，并可根据现场实际情况灵活控制实训时间。系统最终在学生递交整份测评后给出一份比较综合及全面的测评报告，学生可以在课堂上进行查阅分析，也可以复制导出后留存作为未来学习过程中的参考依据。

对于最终的评估结果，学生可选择分享给其他同学，也可以选择保密，自己保留结果，老师也无需对每位学生的评估结果做过多的结论性评价，要避免学生评估结果与课程成绩进行对应。作为学生实训课的成绩，建议老师从学生是否按时、按量及是否认真完成了本部分实训内容为标准给出成绩。

创业能力评估训练适用于在校大学生、社会学员及对创业感兴趣的其他人员。该练习最好在创业实训课程的早期就进行，以使学生及早对自身有更全面综合的认识。

创业能力评估训练可用于学生自主在线实训，也可用于实验室集中式实训教学。学生自行完成创业能力评估训练，只要有一台可联网的电脑，并可正常登录到训练平台即可。如在实训机房完成训练，必须确保每名学生均有一台电脑能独立完成所有训练内容。

9.1.2　创业能力评估的步骤：步步为营，稳扎稳打

开始实训课程前，教师需要用自己的账号先登录贝腾创业总动员创新创业实训平台并做好开课前的相关系统配置准备工作。

如图 9-1 所示是登录创业能力评估界面。

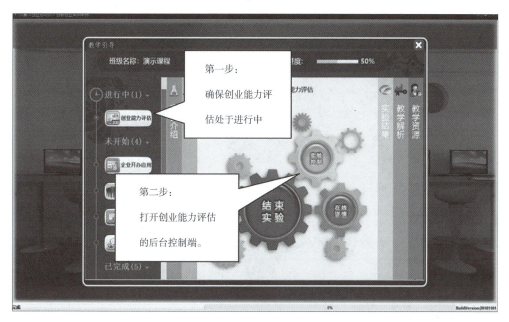

第一步：
确保创业能力评估处于进行中

第二步：
打开创业能力评估的后台控制端。

图 9-1　登录创业能力评估界面

本实训中，每名参加学习训练的学生单独使用一台电脑，在教师开始实验后，已登录当前实训项目的学生都将自动进入实训场景（见图 9-2），在规定时间内独立完成各自的创业能力评估内容并获取一份最终的创业能力评估报告。

维度 2
创业者与团队评估

教师正式开始实验后，所有登录的学生都将自动进入本实验项目。

维度 1
创业基础意识评估

图 9-2　自动进入实训场景

为全方位的了解创业者的各项素质能力，训练平台共设置了十个维度的测试，学生需要在规定的时间内完成十个维度的综合评测，以全面检查自己对创新创业相关知识的理解与自身各方面所具备的潜在素质与倾向，创业能力评估维度分布如图 9-3 所示。

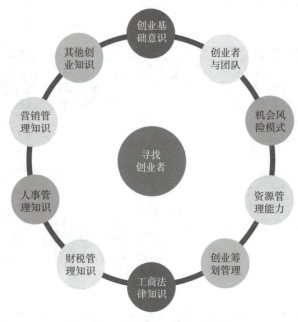

图 9-3 创业能力评估维度分布

学生端测评开启后即进入答题维度序列。创业能力评估分为十个维度，根据系统提示分别完成各个维度的测试。每道测试题并没有标准答案，参与测试的学生要根据自己的第一直觉进行选择作答，并在一小时左右完成所有测试。十个维度作答完毕后，系统会根据每个人回答问题的情况进行综合评价，并生成每个人的创业能力评估报告。

9.1.3 创业能力评估分析：深度解读，全面把握

系统根据学生作答情况自动生成创业能力评估报告，该报告从多角度对学生的创业能力进行综合评价。通过创业能力综合评价图，学生能够直观地对自己的创业能力作出定性判断，进而使自己的后续创业学习更有针对性。

创业能力评估综合分析报告（封面）如图 9-4 所示。创业能力评估综合分析报告（结论）如图 9-5 所示。

同时，训练平台会生成全班所有学生的综合测试情况，并根据各项指标进行排名。教师可以围绕创业者应该具备的素质能力、当前班内所有学生的整体素质能力分布情况以及如何提升创业综合素质能力等主题展开教学讨论。

通过评估结果排行图，可以直观了解整个班级所有学生在这方面的分布情况（柱子越长代表这方面越好），同时也可以请部分排在前面的学生分享他在平时的学习中是如何关注这方面内容并提升自己在这方面的素质能力的，给更多其他同学以启发。

创业能力评估应用教学解析如图 9-6 所示。

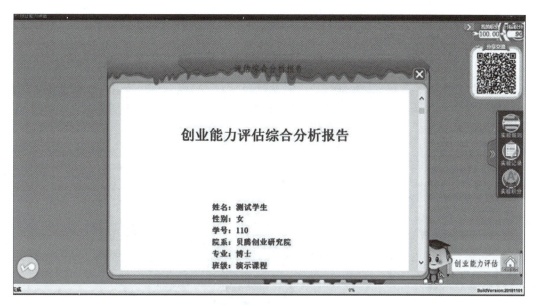

图 9-4　创业能力评估综合分析报告（封面）

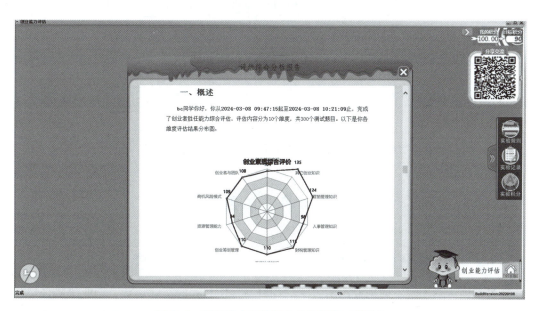

图 9-5　创业能力评估综合分析报告（结论）

这是一个让对创业感兴趣的学生更精确认识自我创业能力的实训，教师要在实训开始前强调本评估是一个主观评估实验，每位学生完全按自己的直觉反应作出选择即可，课程成绩也与评估结果本身完全无关。

对于每位学生的评估报告，教师更应该把他当成是每位学生的私人隐私，无须过多关注与评价，学生可以通过截图等形式保留该结果以供指导后续学习发展。教师教学可以更多以整个班级的整体分布情况及平均水平角度作为展示，方便所有学生了解自己在同龄人中某方面素质能力所处的大概水平。

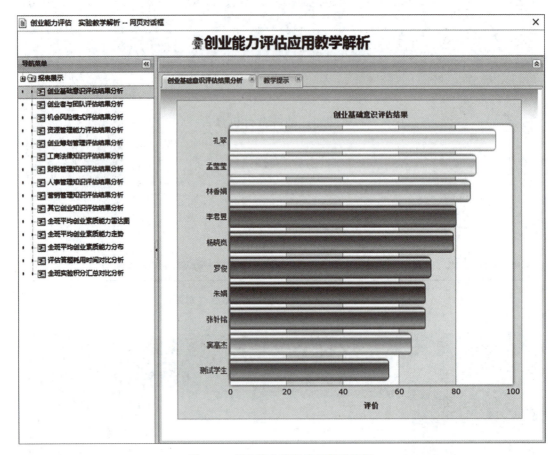

图 9-6　创业能力评估应用教学解析

9.2　团队协作力的锻炼与强化

9.2.1　创业团队训练的核心要素：和衷共济，共创辉煌

通过实训深刻理解不同创业团队之间的竞争与合作共存的实际现状。创业团队是指在创业初期（包括企业成立前和成立早期），由一群才能互补、责任共担、愿为共同的创业目标而奋斗的人所组成的特殊群体。

创业团队训练是一个围绕创业团队中成员个人能力、团队意识、组织分工、优势互补、合作意识、竞争意识等诸多角度设计的一个综合性实践互动情景游戏。创业团队由于有多名创业者组成，从组织形式上虽然看似简单，但由于创业活动本身的艰难困苦与高风险特性，在大部分创业团队的实际创业过程中，往往存在着团队成员之间无处不在的协同合作与意见分歧，大量的现实失败创业案例其实并非项目本身或其他外部原因引起，而是创业团队内部成员之间形成了无法中和的意见与矛盾后才导致的。

创业团队训练的核心要素如图 9-7 所示。

图 9-7 创业团队训练的核心要素

在本实践训练游戏过程中，每位同学在初期都将作为独立个体参与实践环节，每位同学在游戏中将被置身于一个人烟稀少的荒岛上，在荒岛的深处有一座传说已久的失落王国的宝藏，里面深藏着各种奇珍异宝，在寻找到宝藏之前，教师将通过系统为每位同学随机分配若干种寻宝过程中可能用到的资源，同学之间可以自由在寻宝过程中交换资源，以解决自身需求或协助他人解决问题，用最短时间达到藏宝地的同学将获得更多的奖励。

在完成第一阶段游戏后，每一位同学都可以自由寻找其他同学组建团队，完成团队组建的小组需要为自己的团队设定团队名称、组织分工、团队愿景等内容，并在教师引导下上台进行团队展示与路演，台下其他所有同学可为路演团队点赞。

第二阶段寻宝过程中，教师将再次通过系统随机为每一位团队成员发放寻宝过程中所需要用到的各种资源，每个团队都需要合理协调组内资源，以最快速度达到第二座宝藏，在寻找宝藏过程中，团队成员及团队之间均可以随时自由交换资源，以解决自身需求或协助其他成员解决问题。在本阶段中，每位同学除了要尽最大努力以最短时间完成自己的寻宝任务外，还需要确保自己所在团队的其他成员都能以较快速度完成各自任务，每一位同学的个人奖励数量将与团队整体获得的奖励数量形成紧密关系。系统将自动记录每一位同学在寻宝过程中的所有决策行为，并自动形成各个角度丰富多彩的分析图表与报表，教师将基于实际数据为大家进行点评分析授课，同时将邀请部分同学及团队上台分享交流。

创业团队实训项目的设计意图并不是要告诉所有学生一些浅显的基本团队知识，而是希望通过不同环节的精巧实验环境的搭建，使每一位学生都可以阶段性沉浸在具体环境任务中，在不知不觉间按自身日常常规性格、思维模式、价值判断等作出自己所能认可的合情合理的选择与决策，通过更为真实的表现自我的过程，深刻地理解创业团队的组建与管理过程中所蕴含的真正要义。

学生在全程参与式体验过程中，教师将只起到组织观察引导作用，并不会给予明确的决策判断依据及建议，学生在参与过程中享有完全开放自由且充分的分析判断裁量权。

本应用适用于在校大学生，社会学员及对创业有学习需求的其他人员。该练习建议在创业基础实训的中期阶段开展，使学生加深对创业资源的理解，提升相应的管理能力，并能在后续的模拟经营或实际创业中实践该部分所学的内容。

由于是多人互动网络实训形式，建议只用于实验室封闭集中式实训教学，必须确保每位学生有一台可联网的计算机，并可正常登录当前实训项目。

9.2.2 创业团队模拟训练的步骤：循序渐进，步步为赢

开始实训课程前，教师需要用自己的账号先登录贝腾创业总动员创新创业实训平台并做好开课前的相关系统配置准备工作。在平台内置的教学引导应用辅助下开展整个课程的实训应用教学。

如图 9-8 所示是登录创业团队模拟训练界面。

图 9-8　登录创业团队模拟训练界面

步骤一：个人闯关。

学生需要通过通关符进行闯关，一共七关，第一阶段每位学生会随机获取到不同形式的通关符，当自己没有需要通关的通关符时，则需要通过与其他参与训练的同学进行交换获取。

在接下来的实训过程中，所有学生都需要根据系统中的规则，在实验中通过资源确认、资源寻找、互相谈判、互相协商、互相交易、资源转换等各种形式帮助自己获得需要的资源并完成各项通关任务。

如图 9-9 所示是个人闯关界面。

步骤二：组建团队。

在开始组建团队后，学生端进入团队组建过程，教师应引导学生先进行线下讨论组队情况，大家达成一致后，再由一人创建团队并邀请其他队员加入，其他队员同意加入即可。

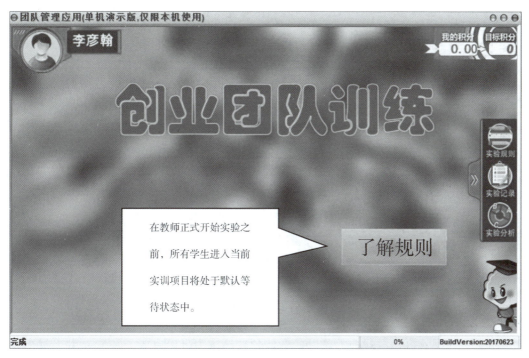

图 9-9 个人闯关界面

如图 9-10 所示是组建团队界面。

图 9-10 组建团队界面

步骤三：团队闯关。

在开始"团队闯关"后，课程进入第三个环节，每位同学会随机获得三张通关符，按照第二阶段的组队情况进行团队闯关。

如图 9-11 所示是团队闯关界面。

图 9-11　团队闯关界面

每位团队成员在开始游戏前，可以任意认领自己认为可以完成的关卡（由于每个关卡可以获得的分值是有差异的，每位同学自己对自己能更有概率完成的任务的判断不同，此处大部分团队将出现冲突与矛盾，例如多个人都想完成同一个关卡，互不相让，最终浪费团队时间，此时将考察团队成员有效化解矛盾与冲突的能力，如领导力、互补、组织协调等），在所有成员都认同当前任务分工后，系统将自动开始当前关卡游戏，此时每位同学都需要尽力完成自己领取的任务，每完成一个任务，自己将获得若干分，同时也为团队获得相应分值。

在完成过程中，组内的通关符交换是最为容易达成的，其次才是不同团队之间的交易，此过程中将充分考验每个团队内部的信息互通、协同达成目标的能力。

在完成过程中，提前完成自己领取关卡的同学，还可以主动去完成组内其他同学领取的但还未完成的任务，但这将导致其他同学无法获得个人得分（得分将给完成者），这种情况下会出现组内成员之间的利益冲突，考查学生之间的沟通、退让、包容等方面的能力。

在完成一个大的关卡后，通过教师教学解析的数据分析，可以看到不同成员在领取任务与实际完成任务之间，并不总是能正好相符，部分同学会出现领取的多实际完成的少（过于高估自身低估他人），部分同学会出现领取的少实际完成的多（过于低估自己高估他人），这种情况在实际创业团队协作过程中也较为常见。

整体来说，这个环节更多考察团队成员之间的分工、协同、默契、互助、包容、团结等一系列团结合作过程中非常常见的实际问题。

9.2.3　创业团队模拟训练分析：精准点评，全面提升

创业团队实训项目是一个充满趣味的模拟闯关游戏，教师与学生都无需对游戏最终的结果过于关注，过程是最重要的，教师在课程中应充分调动学生积极参与课程，通过沟通与合

作完成所有的个人与团队闯关任务。

无论是个人闯关任务还是团队闯关任务，里面都需要涉及与他人合作的环节，只有互惠互利、共同合作，才能更快更好地完成所有任务，而这也是让学生了解什么是团队、什么是一个好的团队的重要实训体验。在整个项目结束后，系统会根据所有参训学生的表现生成个人、团队的各项数据，教师可以结合数据情况全面了解所有学生及各团队在实训过程中的表现，并让学生、团队在课程结束后进行总结讨论，帮助所有学生更好地理解与掌握团队在开展创业活动中的作用与价值。

创业团队训练教学解析（所有学生的交易类型分布图）如图 9-12 所示。

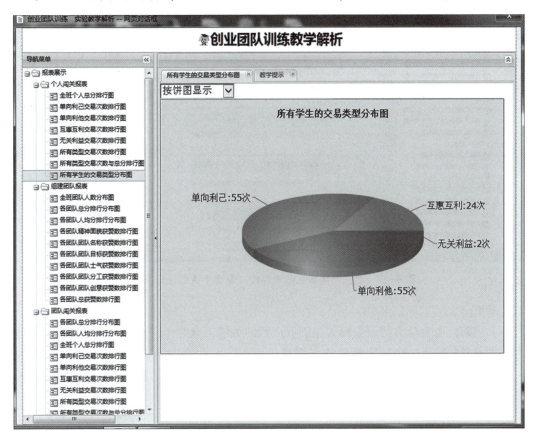

图 9-12 创业团队训练教学解析（所有学生的交易类型分布图）

创业团队训练教学解析（全班个人总分排行图）如图 9-13 所示。

9.3 商业智慧的实战应用与检验

9.3.1 商业模式模拟训练的意义：实战演练，积累经验

商业模式是一种描述一家公司如何为顾客创造价值，传递价值，并从中捕捉价值的理论模型。在创业项目经营过程中，围绕创业模式的设计、创新是始终摆在创业者面前的永久话题。当创业者需要与合作伙伴及投资人进行高效沟通时，清晰的商业模式在沟通交流过程中

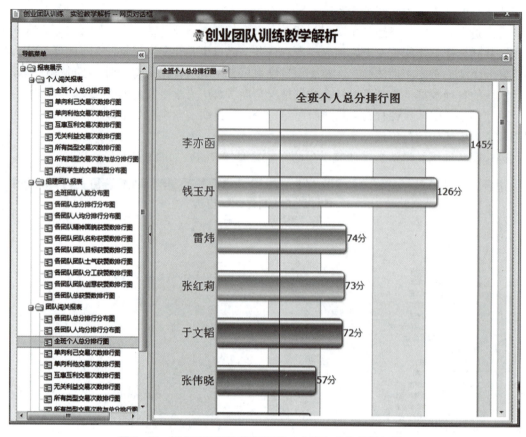

图 9-13　创业团队训练教学解析（全班个人总分排行图）

也至关重要。

　　一个清晰且有竞争力的商业模式是创业成败的关键因素之一，现实中，目前的大部分大学生及创业者都缺乏一个较为有效的围绕商业模式的设计能力与表达能力的训练与掌握过程，很多创业者还停留在对庞大复杂的创业计划书的撰写与包装过程中，缺乏用最短的时间清晰阐述自己创业项目的核心模式与优势的能力。

　　实践项目流程如图 9-14 所示。

图 9-14　实践项目流程

　　商业模式实训项目的设计目的是通过精巧的课堂实践环节的设计，让学习者对商业模式进行概念的初识，并进一步了解常见商业模式分类，进而通过接收教师给出的确定的创业项目，使用商业画布设计工具在课堂上就能开展自己的商业模式设计与完善。随后的路演环节，学习者还需要通过面向所有其他学习者进行商业模式的演示讲解过程，获得其他学习者（投资者）的投资认可。

　　整个实践项目全程通过计算机统一引导控制，并在教师带领下完成围绕商业模式的一系列完整实践过程的演练，通过该过程，学生最终掌握对商业模式全面完整的认知并培养实践动手能力。这种能力一旦具备，将使学习者终身受益，在他们未来的实际创业中，创业者可以正式使用本次实践中学习到的商业画布设计工具来设计自己真实创业项目的商业模式，并通过对该设计明确的商业模式的使用（如与合伙人交流、与投资人交流等），为他们未来的真实创业提供非常有价值的帮助。

9.3.2　商业模式模拟训练的步骤：精心策划，逐步实施

　　步骤一：自主学习。

　　在教师讲解规则的同时，学生可进入实验项目，开展先期自主学习，了解商业模式设计中常见的工具及其各部分含义、用法等，为随后的实训做好知识铺垫。自主学习区提供了三个方面知识的学习，分别是商业模式设计初识、商业模式设计进阶、商业模式项目演练。

　　如图9-15所示是自主学习界面。

图9-15　自主学习界面

　　步骤二：了解项目。

　　正式开启本实验，教师除了需要在教学引导系统内把当前实验设置为"进行中"外，还需进入实验本身的后台控制系统进行进一步配置及确认。

　　需要注意的是，项目库中内置了数十个各种类型的创业项目，这些项目均只突出了项目内的产品或服务内容本身，而没有涉及更多的如商业推广、市场运作、经营管理、持续发展等创业公司均需要面对的更多方面的工作，这些工作正是每一位扮演创业者的学生所需要去思考与设计的部分，在随后的实践环节中将由学生自主去设计除了产品服务本身之外的其他所有工作。

　　作为授课教师，可以根据自己对不同创业项目的了解熟悉程度，结合学生们可能的兴趣

点，挑选合适的创业项目作为背景发布给学生，作为随后开展的一系列实践活动的主要背景资料。

完整的一次商业模式实践教学活动，将以教师挑选发布的一个确定的创业项目为起点，让所有的学生围绕该项目进行了解、名称设定、模式设计、项目路演、项目投融资等一系列实践学习。

如果有更多的课时安排，教师可在完成一个创业项目的全部实践教学后，再挑选其他创业项目进行重复该过程的实践学习。

授课教师发布了某个确定的创业项目后，所有登录平台的学生将自动接收到该项目背景资料，此时学生需要花费一定时间，对该项目背景进行认真阅读并作基本了解。从此时起，每一位学生都将进入体验式的情景角色扮演中，目前每一位学生的身份都是一个创业者。

如图 9-16 所示是项目界面。

图 9-16   项目界面

步骤三：设定项目名称。

在让学生进行了一定时间的项目背景了解后，教师可进一步让每位学生为自己的创业项目取一个个性化的项目名称，该环节主要是提升学生的主人翁意识与创业者角色的浸入感，让每位学生以主人的角度为自己的创业项目全力以赴。

学生在此环节中，需要根据自己对当前创业项目的理解与下一步商业运作的思考，取一个恰到好处的项目名称。取名是一件看似简单，实则非常具有挑战性与考验性的活动，尤其在创业过程中。围绕公司的命名、某个产品的命名、一次营销活动的命名等，均体现了一个创业者或团队的巧思妙想。

每位学生为自己设定的项目名称，将在随后的几个环节中被反复用到。

如图 9-17 所示是设定项目名称界面。

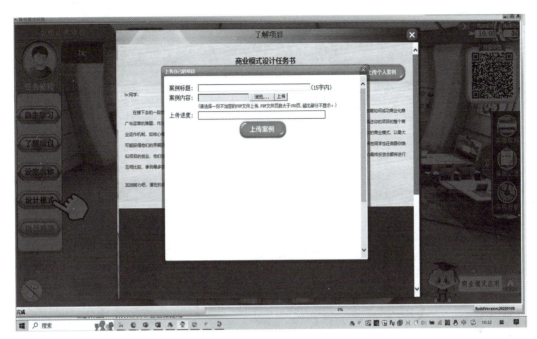

图 9-17   设定项目名称界面

步骤四：设计商业模式。

教师开启该环节后，所有学生客户端均将自动进入商业模式设计任务中，此时学生将可以看到当前实践项目内置的商业模式设计画布（Business Model Canvas）工具，商业画布工具是一种已知的比较有效的在创业过程中用于设计商业模式的辅助工具，该环节建议教师给予每一位学生比较充分的时间，由学生自由发挥想象与创意，围绕手中的具体项目展开自己的商业模式设计之旅。

学生在此环节中，需要围绕当前的创业项目背景中的产品与服务内容，开展自己的商业模式设计与描述。商业模式在创业企业运作管理中有着至关重要的作用与地位，围绕商业模式的创新也是每一位创业者需要投入大量时间精力去思考与解决的现实问题。

在这个环节中，大家可以充分地发挥自己的想象力，不一定要停留在已有成熟常见商业模式的固化范围内，可以利用工具本身，清晰串联起一个完整、清晰、富有竞争力的商业模式。

如图 9-18 所示是设计商业模式界面。

步骤五：项目路演。

教师开启该环节后，可以在路演名单中，逐个挑选学生上台，作为创业者向台下其他学生路演讲解自己创业项目的商业模式，而此时台下所有学生均可以通过教师端投影仪及自己的电脑同时看到路演者的具体商业模式，台下学生此时将扮演投资者的角色，每位学生手中都将有虚拟的 10 万元人民币现金，用于向路演者作出自己的投资决定，具体投资金额由每一位投资者根据路演者的演讲发挥及商业模式的创新、竞争力等指标自主判断后确定。

如图 9-19 所示是项目路演界面。

教师在此环节中的主要任务是结合课堂时间安排情况，挑选不同学生上台做项目路演，并控制好课堂时间进度及节奏。

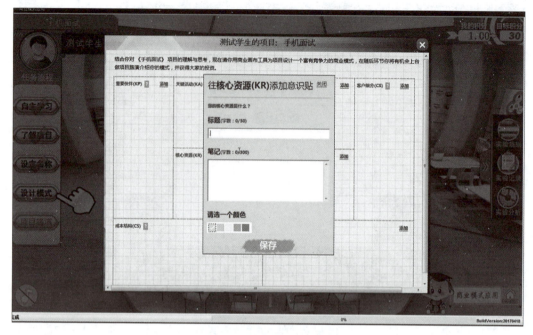

图 9-18   设计商业模式界面

图 9-19   项目路演界面

在这个环节中，部分学生将逐个被老师邀请上台进行项目路演，扮演创业者角色向台下其他学生进行项目融资。其他学生可以仔细聆听台上路演者的商业模式讲解，并在随后环节中对其进行自由投资。如图 9-20 所示是项目投资界面。

图 9-20 项目投资界面

9.3.3 商业模式模拟训练分析：深度剖析，优化策略

本课程是一个互动的学习过程，教师会根据课堂实际时间安排情况，尽量邀请更多的学生上台路演讲解项目，并模拟投融资过程，让更多的学生能够参与体验到创业的情景模拟过程中来。这个过程不仅有助于提高学生的实践能力，而且有助于培养学生的创新思维和团队协作能力。

商业模式设计及投融资路演实践训练项目是一个需要多人参与、线上线下结合的体验式训练项目。整个过程涉及不同的学生之间、学生与教师之间的互相配合，因此建议通过集中式的方式，同时在教师的统一引导下开展该课程。这样的方式可以更好地促进师生之间的互动和交流，也更容易保证课程的质量和效果。

在课程的全程过程中，教师应该避免对学生作出的各种决定、结论等给出简单的对与错的判断，而更应该注重如何进一步启发学生发散思考并创新性地参与到整个学习的过程中。这种类型的课程倡导对过程的关注与体验重于对结果的追求，这有助于学生在实践中更好地掌握知识和技能，提高其综合素质和能力。

商业模式画面工具是一种较为流行与典型的用于商业模式设计的工具。然而，现实商业环境错综复杂、瞬息万变，我们在应用这样的工具的过程中更需要灵活应变。尤其是围绕一个具体的创业项目的商业模式设计，更多考验的是创业者本身的缜密思维能力与创新能力。因此，我们需要更加注重实践和应用，通过不断地尝试和实践来完善商业模式设计，提高创业成功的概率。

【教学评价】

亲爱的同学，本次课程学习已经圆满结束。感谢你在整个学习过程中的持续努力和积极配合。我们深知，每一次的进步都离不开宝贵的反馈和建议，我们非常期待收到你对本次课程学习的真实感受，从而不断提升我们的教学效果。请放心，我们将采用不记名的方式收集数据，并进行保密。在回答问卷时，有些问题你只需要作出选择，有些问题则可以用几个关键词简单地表达你的想法。

教学评价表如表 9-1 所示。

表 9-1 教学评价表

章节名称：　　　　　　　　教师姓名：　　　　　　授课地点：

课程时间：　年　月　日—　日第　周					
项目教学组织评价	很满意	满意	一般	不满意	很不满意
你对课堂教学秩序是否满意	□	□	□	□	□
你对教室环境卫生是否满意	□	□	□	□	□
你对小组总体表现是否满意	□	□	□	□	□
你对课程的教学模式是否满意	□	□	□	□	□
授课教师评价	很满意	满意	一般	不满意	很不满意
你如何评价授课教师	□	□	□	□	□
教师授课通俗易懂，结构清晰	□	□	□	□	□
教师非常关注学生的反应	□	□	□	□	□
教师能认真指导学生，因材施教	□	□	□	□	□
你对授课氛围是否满意	□	□	□	□	□
你认为理论、实践安排是否合适	□	□	□	□	□
你对教师在岗情况是否满意	□	□	□	□	□
授课内容评价	很满意	满意	一般	不满意	很不满意
你对授课涉及的内容是否满意	□	□	□	□	□
授课中使用的设备是否丰富	□	□	□	□	□
你对发放的学习资料和在线资源是否满意	□	□	□	□	□

请回答下列问题。

①在教学组织方面，哪些还需要进一步改进？

②哪些授课内容你特别感兴趣，为什么？

③哪些授课内容你不感兴趣，为什么？

④关于授课内容，是否还有你想学但老师没有涉及的？如有，请指出。

⑤你对哪些授课内容比较满意？哪些方面还需要进一步改进？

⑥你希望每次活动都给小组留有一定讨论时间吗？如果有，你认为多长时间合适？

⑦通过这部分内容的学习，你最想对自己说些什么？

⑧通过这部分内容的学习，你最想对教授本部分内容的教师说些什么？

【活页笔记】

学习过程：

重难点记录：

学习体会及收获：

资料补充：

【任务训练】

任务编号：	学时：
实训地点：	小组成员姓名：

任务描述
下面我们来讨论一下：在校大学生应该如何培养自己的创业精神、创业素质和创业能力呢？

小组讨论
①与他人合作，哪种态度与格局更容易成功？ ②大家喜欢和什么样的人成为一个团队？为什么？ ③在团队合作时，内部最大的困难是什么？如何防范或解决问题？ ④大家在团队合作过程中，最怕团队中出现什么样的人？ ⑤一个优秀的团队应具备哪些基本要素？

案例分析
让学生自己拿出一张纸，试想自己要创办的企业，进行五力模型实验。

任务成果
通过多维度的创业能力素质评估，学生可以更全面地了解创业能力素质所涵盖的内容范围。这种评估不仅包括传统的技能和知识，还包括创新思维、市场洞察力、团队协作和领导力等方面的能力，为他们未来的创业之路打下坚实的基础。

【任务评价】

任务评价表如表 9-2 所示。

表 9-2　任务评价表

评价类型	赋分	序号	具体指标	分值	得分		
					自评	组评	师评
职业能力	50	1	任务训练准备充分	20			
		2	表演逻辑清晰	15			
		3	情景设计的掌控力	15			
职业素养	20	1	面部表情自然	3			
		2	身体移动自然	3			
		3	目光交流自然	2			
		4	动作手势自信	2			
		5	语速适中、语调自信	10			
劳动素养	20	1	按时完成，认真填写记录	5			
		2	保持座位卫生、整洁、有序	5			
		3	协作互助、小组分工合理性	5			
		4	小组讨论积极	5			
综合素养	10	1	完成素材学习	5			
		2	谈一谈自己对创业实践的理解	5			
总分				100			
总结反思							

目标达成：知识□□□□□　　能力□□□□□　　素养□□□□□

学习收获：

教师寄语：

问题反思：

签字：

10

路演璀璨时刻

【学习目标】

①了解路演的目的和主要形式。
②了解路演需要准备的材料。
③掌握路演的核心要素。
④掌握路演的步骤和技巧。

【素质目标】

引导学生扎根中国大地了解国情民情，通过创新创业实践解决社会或行业痛点问题		
融入点：展现创业项目竞争力	元素：农业强国	
展现创业项目竞争力是为了展示创业者能精准解决社会或市场痛点的能力，以此引导学生扎根中国大地了解国情民情。一个传统农业大国阔步迈向农业强国，这是全面建设社会主义现代化国家的重大决策部署，是新时代新征程农业农村现代化的主攻方向，也是全面推进乡村振兴的重大任务。没有农业现代化，没有农村繁荣富强，没有农民安居乐业，国家现代化是不完整、不全面、不牢固的。我们要踔厉奋发、勇毅前行，加快建设农业强国，努力实现供给保障安全可靠、科技创新自立自强、设施装备配套完善、产业链条健全高端、资源利用集约高效、国际竞争优势明显，为全面建设社会主义现代化国家、全面推进中华民族伟大复兴提供强有力支撑。		
参考资料：《人民日报》加快建设农业强国（全面推进乡村振兴）		
培养文化自信		
融入点：塑造价值	元素：文化自信	
塑造价值最重要的是让消费者产生物超所值的感觉，由此引导学生将创业项目路演展示形成由内而外的文化自信。文化是一个国家、一个民族的灵魂。历史和现实都表明，一个抛弃了或者背叛了自己历史文化的民族，不仅不可能发展起来，而且很可能上演一幕幕历史悲剧。文化自信，是更基础、更广泛、更深厚的自信，是更基本、更深沉、更持久的力量。坚定文化自信，是事关国运兴衰、事关文化安全、事关民族精神独立性的大问题。作为一个中国人，一定要了解我们民族的历史。"腹有诗书气自华"。14亿中国人民凝聚力这么强，就是因为我们拥有博大精深的中华文化、中华精神，这是我们文化自信的源泉。		
参考资料：《习近平谈文化自信》		

【知识点框架图】

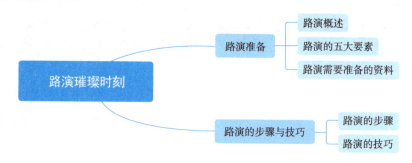

10.1　路演准备

10.1.1　路演概述：舞台初识，全局在胸

对于创业者来说，商业计划书推介与路演是实现商业目标的关键环节。一份精心策划的商业计划书，不仅能够帮助创业者清晰地阐述自己的商业构想，还能为其商业计划的实施提供有力的支撑。通过有效的推介，创业者能够避免在实施过程中走弯路，节省时间和精力，从而大大提高成功的可能性。

路演作为一种展示创业者商业构想的绝佳方式，能够让投资者、合作伙伴和其他相关人士深入了解创业者的想法和计划。在路演过程中，创业者可以向听众展示自己的商业计划书，并回答听众的疑问和困惑，从而增强他们对商业计划的信心。

此外，路演还能帮助创业者建立联系、拓展人脉。在路演过程中，创业者有机会与潜在的投资者、合作伙伴和其他相关人士建立联系，这些联系对于未来的商业计划实施至关重要。同时，路演还可以帮助创业者了解市场和行业的最新动态和趋势，从而更好地调整和完善自己的商业计划。

总之，商业计划书推介与路演是创业者实现成功的重要工具。通过合理有效的推介和路演，创业者可以增强投资者对商业计划的信心，使商业计划书有"用武之地"，从而更好地实现自己的商业目标。

（1）路演的含义

路演是一种将理念、创意和企业实力展现于公众场合的重要方式。它融合了演说、产品展示和深度交流，是创新者与投资者、合作伙伴之间的桥梁。通过这一平台，创新者们得以阐述自己的独特观点，揭示商业模式的精髓，展现团队的核心能力，从而达到吸引资金支持和建立深度合作的目的。

在此过程中，演讲者将运用精致的演示文稿、图表和视频等工具，将项目和产品的精髓淋漓尽致地展现出来，让听众能更深入地理解其创新理念和商业价值。同时，这也是展示团队实力和企业精神的重要舞台。

对于投资者而言，路演如同一个窥视未来的窗口，让他们得以深入洞察企业的商业模式、市场前景、竞争地位以及未来的战略规划。这不仅能帮助他们作出更为明智的投资决策，更能促进双方深度理解和共赢合作。

总之，路演是一种极具价值的商业推广方式，是创新力量得以展现、传播并被深度理解的重要平台。它不仅是吸引关注和支持的舞台，更是建立互信、促成合作的关键桥梁。

（2）路演的目的

路演不仅是一种展示和推广商业理念的方式，更是连接投资者与创业者的重要桥梁。路演的主要目的在于促进投资者与创业者之间的沟通和交流，让创业企业能够获得所需的资金支持。通过路演，创业者有机会向投资者展示他们的商业计划、产品或服务的独特之处，以及他们的团队能力，从而让投资者更全面地了解他们的项目。这种实时的互动和交流环境为投资者提供了思考和评估的余地，有助于增强投资者对创业项目的理解和兴趣。

在通常情况下，投资者每天会收到大量的商业计划书和接触到各种各样的项目，但由于时间和精力的限制，他们往往只能根据一些硬性指标如市场份额、盈利水平等来筛选项目，而很难深入了解每个项目的独特性和创新性。因此，许多具有巨大潜力的创业设想就这样与投资者失之交臂。

路演作为一种工具，它的目的是促进投资者与创业者之间的沟通和交流，让创业企业能够获得融资的目的。然而，路演并不是最终目的，融资才是最终的目标。通过路演，创业者可以与投资者建立联系，展示他们的商业价值和发展潜力，从而获得投资者的资金支持，推动企业的发展。

因此，路演是创业过程中不可或缺的一环。它不仅有助于创业者展示自己的商业理念和价值，还能够为投资者提供更多的信息和评估机会。最终，路演的成功将有助于推动创业企业的发展和成长，实现创新创业的良性循环。

（3）路演的主要形式

路演的主要形式是举行推介会。在推介会上，创业者或其代表会向投资者详细介绍企业的背景、产品特点、市场定位、竞争优势等，同时也会就投资者的提问进行详细解答。这些介绍和解答内容涵盖企业的各个方面，包括但不限于企业的商业模式、市场前景、竞争情况、团队能力等。

推介会不仅是一个展示企业独特性和创新性的平台，更是创业者与投资者之间深度交流的机会。创业者需要向投资者展示企业的产品或服务在市场上的独特性和优势，以及其未来发展的潜力和前景。同时，创业者还需要向投资者展示企业的团队能力和管理经验，以便让投资者对企业的未来发展充满信心。

在这个过程中，创业者需要精准把握投资者的需求和关注点，通过深入的交流和解答，让投资者更全面地了解企业的情况，从而作出更明智的投资决策。因此，推介会是一个双向交流的过程，既展示了企业的特点和优势，又回答了投资者所关心的问题，为双方的合作奠定了坚实的基础。

10.1.2 路演的五大要素：关键要点，熟记于心

无论是线上还是线下路演，创业者需要充分展示企业的产品或服务，以吸引投资者的关注。为了确保路演成功，创业者需要关注以下五大关键要素。

（1）项目愿景

首先，创业者必须具备远大的视野和雄心壮志，能够描绘出企业未来的发展蓝图。他们需要将愿景放大，让投资者看到企业的潜力和价值。同时，这个大愿景必须清晰、明确，让

投资者能够轻松理解并感受到它的吸引力。

其次,创业者需要用简单而又有力的语言来阐述这个愿景,让人们看到这个企业的未来潜力。这个愿景应该能够激发人们的热情,让他们对这家企业充满信心,并愿意为它投入资金和时间。

再次,创业者还需要展现出自信和热情的精神面貌。他们需要克服紧张和不安的情绪,以积极、自信的态度面对投资者。这种精神面貌能够传递出创业者的决心和信心,让投资者相信他们可以带领这家企业走向成功。

最后,创业者需要向投资者展示一个切实可行的计划。这个计划应该包括对市场趋势的分析、竞争环境的评估、核心团队的能力以及财务预测等。这些内容能够让投资者看到创业者的专业素养和执行能力,从而增强他们对这家企业的信任和认可。

总之,展现一个大愿景是创业者的重要任务之一。通过精心策划和表述,创业者可以吸引投资者的关注并获得他们的支持。同时,创业者也需要展现出自信和热情的精神面貌,让人们相信他们可以带领这家企业走向成功。

（2）投资资金使用

当投资者考虑出资时,他们非常关注创业者如何计划使用这笔资金。因此,创业者需要准备一份详细的财务规划,以展示他们如何支配这些资金并实现公司的长期目标。

这份财务规划需要精确地预测未来三年的财务状况,包括企业的各项运营成本、收入增长率和利润等重要的财务指标。创业者需要详细说明不同部门或项目的资金使用情况,提供每个部门或项目具体的预算,包括员工工资、设备购买、市场营销等各种支出。此外,他们还需要解释这些预算是如何制定出来的,以及这些支出如何有助于公司实现其战略目标。

如果创业者已经制定了一个可预知投资回报率的营销策略,他们也需要向投资者详细陈述这个策略。这个策略应该包括具体的实施步骤、预期效果以及投资回报率等关键信息。这样,投资者就能更好地了解创业者的计划,从而作出更明智的投资决策。

总之,创业者需要准备一份全面而详细的财务规划,以便向投资者展示他们的投资计划和公司的未来前景。这份规划应该清晰地说明资金如何分配和使用,并包含具体的实施计划和预期效果。只有这样,才能让投资者对创业者的计划有充分的了解,并作出明智的投资决策。

（3）核心竞争力

在路演中展现竞争力是吸引投资者的重要环节。无论创业项目的产品或服务是否已经产生收入,创业者都需要充分展示其潜在的市场前景和竞争优势。

如果项目已经产生了收入,且发展速度很快,那么在路演中一定要突出展示这一亮点。创业者可以详细描述收入的增长趋势,并阐述这种增长是如何体现产品或服务的核心竞争力和市场潜力的。

如果暂时还无法展示收入增长,创业者可以选择一个最具发展潜力的业务指标来进行展示,如用户总量、访问总量等。在选择这一指标时,创业者需要深入解释为什么该指标最具发展潜力,并阐述这一指标如何反映产品或服务的核心竞争力和市场潜力。

总之,在路演中展现竞争力是吸引投资者的重要环节。创业者需要充分展示产品或服务的核心竞争力和市场潜力,让投资者看到企业的潜力和价值,为企业的成功融资打下坚实的基础。

（4）团队的力量

在路演中，创业团队的力量是投资者评估创业公司的重要因素之一。一个优秀的团队能够为创业公司提供强大的支持，推动公司走向成功。

在路演时，创业者需要准备详细的 PPT 来展示他们的创业团队。这个 PPT 应该突出团队成员的背景、经验和技能，以及他们如何将公司推向成功。同时，创业者也不应该回避团队中的缺点，而是要坦诚地承认并讨论如何克服这些问题。

对于团队创始人，投资者通常会对其工作履历和具体的工作内容感兴趣。因此，在介绍创始人时，创业者应该提供详细的信息，包括他们过去的工作经历、专业知识和成就等。这些信息将有助于投资者更好地了解创始人的能力和潜力，从而评估其对创业公司的贡献。

总之，展示一个强大的团队是路演中非常重要的一部分。创业者需要充分展示团队的实力和价值，同时也要诚实地面对团队中的不足之处。通过这种方式，投资者可以更好地了解创业公司和团队，从而作出更明智的投资决策。同时，这也是对团队自身能力和价值的一种认可和展示。

（5）解决痛点的能力

路演是创业者展示自身解决方案和吸引投资者的重要环节。在路演中，创业者需要紧密围绕行业痛点展开，清晰描述痛点并针对性地提出解决方案。为了确保路演成功，创业者需要关注以下要素。

明确痛点：在路演中，创业者需要明确指出行业或社会存在的痛点，让投资者了解问题的严重性和紧迫性。

深入剖析：为了更好地让投资者理解痛点的根源，创业者需要深入剖析问题的本质，以便对症下药。

创新解决方案：针对痛点，创业者需要提出创新的解决方案，并详细介绍产品或服务的设计理念、优势和市场前景。

展示价值：在路演中，创业者需要充分展示产品或服务的潜在投资价值，让投资者看到其未来的发展前景。

总之，在路演中，创业者需要紧密围绕行业或社会痛点展开，深入剖析问题的本质，提出创新的解决方案并展示潜在投资价值。只有这样，才能吸引投资者的关注并获得他们的支持和投资。

思考感悟 　　展现创业项目竞争力是为了展示创业者能精准解决社会或市场痛点的能力，以此引导学生扎根中国大地了解国情民情，用青春书写无愧于时代无愧于历史的华彩篇章。阅读人民日报材料，深刻了解国情民情。 人民日报：加快建设农业强国（全面推进乡村振兴）	谈一谈你的感想：

10.1.3　路演需要准备的资料：细节至上，保障成功

许多创业者往往认为只要自己对项目了如指掌，路演就是轻而易举的事情。然而，事实

上，路演时的表现往往受到准备充分程度的影响。为了确保路演成功，创业者需要精心准备以下相关资料。

（1）路演台本

在路演之前，为了确保流畅、有逻辑的表述，并避免遗忘，创业者应对路演内容进行精心梳理并制定详细的台本。通过详细记录并反复练习，确保心中所想与口头表述一致。同时，由于路演时间有限，根据不同的时长准备不同的台本，能够更有效地利用时间，突出重点。

1）根据路演结构撰写演讲内容

路演通常包括项目介绍和项目展示两个部分。在项目介绍部分，用以下简短的3句话来阐述项目的核心内容。

①明确项目的主要业务或服务。

②阐述项目的市场规模和潜力。

③揭示项目的增长潜力。

在项目展示部分，重点围绕项目的行业痛点、竞争优势、团队成员以及融资需求进行详细介绍。

2）梳理演讲内容并标注重点

在完成台本后，对演讲内容进行全面梳理，确保逻辑关系清晰、数据准确，避免前后矛盾或数据错误。同时，标注重点内容，概括核心观点，确保详略得当。在优化语言表述时，力求简洁明了，避免冗长和模糊的表述。

3）对提问环节进行准备

在路演前，进行角色互换，站在投资者的角度思考可能提出的问题。提前准备并熟悉这些问题，以便在路演中自如应对。

一句话说清楚
你们的项目

一句话说清楚你们的项目：

项目有哪些创新？创新成果如何？

技术、产品最大的核心竞争力、优势是什么？是如何达到这个优势的？

产品性能如何？项目研发过程最大的困难是哪些？

与市场现有的竞品比，区别是什么？你是如何做到的？

相同的项目，其他团队能不能做出来？多久会做出来？

客户的哪个需求是别人没满足，但是被你们满足了的？

如何确保项目持续增长？

产品的应用场景有哪些？和别人相比好在哪？

取得了哪些专利？核心专利是什么？

专利的第一作者是谁？专利获得授权了吗？

市场需求有经过调研吗？具体调研数据如何？

项目的收入主要来源是什么？产品定价依据是什么？

营销策略是什么？有哪些主要渠道？

目前哪个渠道取得了哪些成效？

销售额最高的是哪款产品？利润额最高的是哪款产品？

覆盖了多少客户？客户是否有复购？

产品成本构成是什么？收入构成是什么？盈利模式是什么？

和某某客户合作到什么程度？

有考虑和市场龙头厂家合作吗？

今后几年如何保障持续增长和稳定收益？

估值依据是什么？

融资及出让股份怎么算的？融资的主要用途是什么？

项目何时盈利？何时收支平衡？现在盈利如何？

是否成立公司？是否交税？

如何解决项目持续发展中的资金和人员问题？

资金来源构成是什么？主要来源是什么？主要开支是什么？

项目是否可以复制到其他地方？是否具有示范效应？

项目是否形成了成熟的运营模式？项目可持续性具体体现在哪？

如何确保项目能持续运营下去？

项目对当地的贡献是什么？有无数据证明？

当地政府是如何评价你们的？引入了哪些社会资源？

在校期间，你是如何想到要做这个项目的？

你认为在学校哪些课程对你做这个项目有帮助？

通过充分的准备和练习，创业者可以在路演中自信、流畅地展示项目，并与投资者建立有效的沟通。这将为成功吸引投资打下坚实的基础。

（2）路演PPT

路演PPT在创业者展示项目和吸引投资者方面起着至关重要的作用。一份简洁、清晰、有力的路演PPT，能够为创业者提供清晰的思路，帮助投资者快速抓住项目重点。以下是从篇幅、制作和内容三个方面介绍路演PPT的制作方法。

1）篇幅

路演PPT的篇幅应控制在20页左右，以突出重点、避免冗长。创业者应根据路演台本标注的重点，将关键词和关键内容，如产品或服务、市场状况、竞争情况、商业模式、团队介绍、融资需求等，以醒目的方式展示给投资者。

2）制作

在制作路演PPT时，应注意以下几点。

①版式设计：PPT的版式设计应简洁明了，色彩搭配应统一协调，避免过于复杂或混乱。同时，字体运用应简洁大方，避免过多或过小的字体影响阅读效果。

②图文并茂：能用图就尽量不用文字，以直观的方式呈现信息。通过图表、图片等视觉元素，能够更直观地展示数据和事实，使信息更加易于理解和记忆。

③过渡页与问句：在话题承接的地方，可以使用过渡页或问句来引导下一个话题，以吸引投资者的注意。这能使演讲流程更加流畅，并引导投资者跟随演讲者的思路。

3）内容

路演PPT的内容应包含以下要素。

①项目基本情况：展示企业的Logo和项目名称，以突出企业的品牌形象。同时，用简洁的语言介绍项目，用最大的亮点吸引投资者的关注。

②痛点与机遇：展示创业者发现的需求和痛点，以及进入市场的最佳时机。通过真实的应用场景描述，引起投资者的共鸣，让他们感受到项目的价值和潜力。

③市场规模：详细说明市场规模和发展趋势，包括目标用户、市场规模大小、市场增长率等方面的数据。同时，也可以引用成功案例来证明项目的可行性和潜力。

④解决方案：阐述针对痛点的解决方案，并指出现有解决方案的不足之处。通过对比分析，展示自己项目的优势和价值。

⑤产品或服务：突出产品或服务的核心竞争力，将产品或服务的特色转化为投资者的利益。通过图表、图片等视觉元素展示产品或服务的特点和优势。

⑥竞争优势：详细说明自己的竞争优势，尽量用表格、图片来直观展示自己的竞争策略或相对于竞争对手的优势。通过对比分析，让投资者更加信任和支持自己的项目。

⑦商业模式：梳理业务逻辑与消费者、合作伙伴之间的关系，明确具体的盈利模式。通过清晰的图表和流程图展示商业模式的关键要素和流程。

⑧团队：强调团队的核心成员和优势，如名校高才生、名企高管、连续创业者等。同时，介绍团队成员如何助力项目更好的发展，提高项目的执行力和竞争力。

⑨融资计划：说明项目或企业将以何种方式分配股权、出让多少股权以及融资金额等方面的内容。

⑩展望：再次强调项目的亮点和愿景，展示企业的联系方式等信息。通过简洁明了的结束语为路演画上圆满的句号。

10.2　路演的步骤与技巧

路演是创业者展示项目和吸引投资者的重要环节。一个出色的路演往往需要遵循一定的步骤，以确保信息的传递和吸引力的展现。

10.2.1　路演的步骤：有条不紊，闪耀全场

路演的步骤通常可以分为五个阶段，创业者可以按照这些步骤进行精心策划和展示。

（1）提出问题

在路演的开始阶段，创业者需要提出具有社会共性的问题，以引起投资者的兴趣。这些问题可以是与人们日常生活息息相关的，也可以是当前行业或市场的热点问题。通过提出问题，创业者可以为后面的推介项目或产品做好铺垫。

（2）挖掘痛点

在提出问题之后，创业者需要深入挖掘消费者的痛点。这些痛点可以是消费者在使用产品或服务过程中遇到的问题，也可以是市场上的空白或不足之处。通过挖掘消费者的痛点，创业者可以更好地理解市场需求，为后面的解决方案提供有力的支持。

（3）解决方案

在提出问题并挖掘消费者的痛点之后，创业者需要提出解决方案。这个解决方案就是创业者要推介的项目或产品。在路演中，创业者需要对项目或产品的技术、特点、安全性等方面进行详细解说，让投资者了解产品的优势和价值。

（4）消费者见证

为了增强投资者对项目或产品的信任度，创业者需要提供消费者见证。这些见证可以是成功案例、客户反馈、市场数据等。通过消费者见证，投资者可以更好地了解产品的真实性和可靠性。

（5）塑造价值

最后，创业者需要塑造产品的价值。这个价值可以是产品的品质价值、概念价值、附加价值等。在路演中，创业者需要着重讲述产品如何满足消费者的需求，如何为消费者带来实实在在的好处和利益。通过塑造价值，创业者可以让投资者感受到产品的独特性和市场潜力。

总之，一个成功的路演需要遵循以上五个步骤，从提出问题到塑造价值，每个步骤都需要精心策划和展示。只有这样，才能吸引投资者的关注并获得他们的支持和投资。

思考感悟 　塑造价值最重要的是让消费者产生物超所值的感觉，由此引导学生将创业项目路演展示形成由内而外的文化自信。阅读习总书记讲话材料，体会并培养文化自信。 中国共产党新闻网《习近平谈文化自信》	谈一谈你的感想：

10.2.2　路演的技巧：精心打磨，展现风采

下面将从路演的内容、语音语速语调、个人状态、肢体语言、答辩技巧以及运用数据支持等方面介绍路演技巧对于创业者展示项目和吸引投资者的重要性。

（1）路演内容

路演的内容是向投资者传达项目核心的关键，也是路演成功与否的决定因素。创业者需要将项目信息精炼、精准地传达给投资者，抓住要点，展现项目的独特性和价值。在准备路演内容时，创业者需要充分熟悉项目，确保内容的逻辑性和连贯性。

（2）语音、语速、语调

语音、语速和语调是路演中传递信息的重要手段。创业者需要清晰、准确地发音，通过语调和节奏的变化来传达情感和态度。同时，创业者需要控制语速，确保投资者能够跟上思路，理解项目内容。精准评估路演时间，保持节奏感，使整场路演流畅而完整。

（3）个人状态

在路演中，创业者的个人状态对于吸引投资者至关重要。创业者需要展现出充满激情、积极向上的精神风貌，对自己的项目充满信心，并愿意为项目的成功付出巨大努力。这种积极的状态能够感染投资者，增强他们对项目的信任和兴趣。

（4）肢体语言

肢体语言是路演中不可或缺的一部分。通过手势、面部表情等肢体语言的运用，创业者

能够更好地与投资者进行互动，传达情感和态度。同时，肢体语言能够增强演讲的生动性和感染力，使投资者更加关注和投入。

（5）路演答辩技巧

在路演答辩环节，创业者需要掌握一定的技巧。首先，要严格控制发言时间，确保在规定时间内完成演讲。其次，尽可能多地了解演讲场地的情况，避免因不熟悉场地而出现紧张忘词等问题。最后，创业者需要诚实地回答投资者的问题，不过分夸大项目，让投资者感受到创业者的诚信和专业素养。

（6）数据支持

在路演中，运用数据支持是增强说服力的重要手段。创业者需要运用数据明确告诉投资者企业的目标人群、项目实施计划和产品的竞争优势。同时，提供一份详细准确的财务预测也是吸引投资者的重要因素。通过数据的呈现，能够使项目更具说服力和可信度。

总之，路演的技巧涵盖了内容准备、语音语速语调控制、个人状态展现、肢体语言运用、答辩技巧以及数据支持等方面。对于创业者来说，掌握这些技巧能够帮助他们在路演中更好地展示项目，吸引投资者并获得成功融资的机会。

【教学评价】

亲爱的同学，本次课程学习已经圆满结束。感谢你在整个学习过程中的持续努力和积极配合。我们深知，每一次的进步都离不开宝贵的反馈和建议，我们非常期待收到你对本次课程学习的真实感受，从而不断提升我们的教学效果。请放心，我们将采用不记名的方式收集数据，并进行保密。在回答问卷时，有些问题你只需要作出选择，有些问题则可以用几个关键词简单地表达你的想法。

教学评价表如表 10-1 所示。

表 10-1　教学评价表

章节名称：　　　　　　　　教师姓名：　　　　　授课地点：

课程时间：　　年　　月　　日— 　日第　　周					
项目教学组织评价	很满意	满意	一般	不满意	很不满意
你对课堂教学秩序是否满意	☐	☐	☐	☐	☐
你对教室环境卫生是否满意	☐	☐	☐	☐	☐
你对小组总体表现是否满意	☐	☐	☐	☐	☐
你对课程的教学模式是否满意	☐	☐	☐	☐	☐
授课教师评价	很满意	满意	一般	不满意	很不满意
你如何评价授课教师	☐	☐	☐	☐	☐
教师授课通俗易懂，结构清晰	☐	☐	☐	☐	☐
教师非常关注学生的反应	☐	☐	☐	☐	☐
教师能认真指导学生，因材施教	☐	☐	☐	☐	☐
你对授课氛围是否满意	☐	☐	☐	☐	☐
你认为理论、实践安排是否合适	☐	☐	☐	☐	☐
你对教师在岗情况是否满意	☐	☐	☐	☐	☐
授课内容评价	很满意	满意	一般	不满意	很不满意
你对授课涉及的内容是否满意	☐	☐	☐	☐	☐
授课中使用的设备是否丰富	☐	☐	☐	☐	☐
你对发放的学习资料和在线资源是否满意	☐	☐	☐	☐	☐

请回答下列问题。

①在教学组织方面，哪些还需要进一步改进？

②哪些授课内容你特别感兴趣，为什么？

③哪些授课内容你不感兴趣，为什么？

④关于授课内容，是否还有你想学但老师没有涉及的？如有，请指出。

⑤你对哪些授课内容比较满意？哪些方面还需要进一步改进？

⑥你希望每次活动都给小组留有一定讨论时间吗？如果有，你认为多长时间合适？

⑦通过这部分内容的学习，你最想对自己说些什么？

⑧通过这部分内容的学习，你最想对教授本部分内容的教师说些什么？

【活页笔记】

学习过程：

重难点记录：

学习体会及收获：

资料补充：

【任务训练】

任务编号:	学时:
实训地点:	小组成员姓名:

任务描述
①演练任务：项目路演。
②演练目的：团队按双创竞赛要求对项目进行路演；掌握双创竞赛路演规则。
③演练内容：结合本团队组建的创业项目，完成项目的路演汇报。

相关资源
①第七届中国国际"互联网+"大学生创新创业大赛金奖争夺赛（职教赛道-创业组）。
②第七届中国国际"互联网+"大学生创新创业大赛（职教赛道-创意组）。

任务实施
①小组分工完成路演答辩人选安排。
②每小组有 5 分钟对本小组项目进行汇报。

任务成果
①回顾本小组项目路演是否阐述清楚？
②回顾本小组核心技术或服务阐述是否做到简明扼要、突出重点？
③回顾本小组路演时间是否充足？

【任务评价】

任务评价表如表10-2所示。

表10-2　任务评价表

评价类型	赋分	序号	具体指标	分值	得分		
					自评	组评	师评
职业能力	55	1	路演准备充分	5			
		2	着装正式，有礼貌	5			
		3	项目讲述清晰	15			
		4	答辩逻辑清晰	15			
		5	项目的掌控力	15			
职业素养	20	1	面部表情自然	3			
		2	身体移动自然	3			
		3	目光交流自然	2			
		4	动作手势自信	2			
		5	语速适中、语调自信	10			
劳动素养	15	1	按时完成，认真填写记录	5			
		2	保持座位卫生、整洁、有序	5			
		3	协作互助、小组分工合理性	5			
综合素养	10	1	完成素材学习	5			
		2	谈一谈自己对文化自信的理解	5			
总分				100			
总结反思							
目标达成：知识□□□□□　　能力□□□□□　　素养□□□□□							
学习收获：				教师寄语：			
问题反思：				签字：			

附 录

一、部分双创大赛网址

1. 中国国际大学生创新大赛

网址：https://cy.ncss.cn/

2. "挑战杯"全国大学生课外学术科技作品竞赛

网址：https://www.tiaozhanbei.net

3. "挑战杯"中国大学生创业计划大赛

网址：https://www.tiaozhanbei.net

4. 全国大学生机械创新设计大赛

网址：http://umic.ckcest.cn/

5. 全国大学生电子商务"创新、创业及创意"挑战赛

网址：http://www.3chuang.net/

6. 中国大学生工程实践与创新能力大赛

网址：http://www.gcxl.edu.cn/new/index.html

7. 全国大学生创新创业训练计划年会展示

网址：http://gjcxcy.bjtu.edu.cn/Index.aspx

8. 全国三维数字化创新设计大赛

网址：https://m3dds.3ddl.net/

9. 中国大学生服务外包创新创业大赛

网址：http://www.fwwb.org.cn/

10. 全国大学生集成电路创新创业大赛

网址：http://univ.ciciec.com/

11. 中国大学生机械工程创新创意大赛

网址：http://www.dasai.chts.org.cn/

附录

二、长三角三省一市部分创新创业政策

（一）江苏省

1.《南京紫金山英才宁聚计划青年大学生就业创业项目实施细则》

资料来源：南京市人才工作领导小组

网址：http://www.njitrip.com.cn/userfiles/5/files/cms/article/2021/03/xz3-4.pdf

2. 苏州市高校毕业生就业创业政策指南汇总表

资料来源：苏州市人力资源和社会保障局

网址：https://jshrss. jiangsu. gov. cn/art/2023/6/2/art_88870_10911870. html

（二）浙江省

1.《杭向未来·大学生创新创业三年行动计划（2023—2025 年）》

资料来源：杭州市人民政府

网址：https://www. hangzhou. gov. cn/art/2023/6/28/art_1229736535_7680. html

2.《温州市人民政府办公室关于进一步推进在温高校大学生创新创业的意见》

资料来源：温州市人民政府

网址：https://www. wenzhou. gov. cn/art/2022/5/24/art_1229117830_1999056. html

（三）安徽省

1.《支持高校毕业生来肥就业创业的意见实施细则》

资料来源：合肥市人力资源和社会保障局

网址：https://rsj. hefei. gov. cn/zxzx/ztzl/zyxszgjypxzcxcjypxzcxc/jycyzcwd/14781823. html

2.《关于促进高校毕业生和高技能人才来滁就业创业"六免六补六优化"政策》

资料来源：滁州市人力资源和社会保障局

网址：https://www. chuzhou. gov. cn/ztzl/lyt/zcfg/1111010380. html

（四）上海市

1.《杨浦区关于做好促进就业创业工作的实施意见》

资料来源：杨浦区人力资源社会保障局

网址：https://www. shyp. gov. cn/yp-zwgk/zwgk/buffersinformation/details？id = e94e0a3f-b424-41bb-9447-6a877686b78c

2.《奉贤区关于进一步促进就业创业工作的实施意见》

资料来源：奉贤区人力资源社会保障局

网址：https://www. shanghai. gov. cn/rkqnjy3/20230523/c69946fe993b40d689bb7441c7099e51. html

参考文献

[1] 蒋里，福尔克·乌伯尼克尔. 创新思维：斯坦福设计思维方法与工具 ［M］. 税琳琳，译. 北京：人民邮电出版社，2022.

[2] 马特·里德利. 创新的起源：一部科学技术进步史 ［M］. 王大鹏，张智慧，译. 北京：机械工业出版社，2021.

[3] 匡洪学. 直击人心的路演 ［M］. 北京：机械工业出版社，2021.

[4] 陈虹. 大学创新创业教育 ［M］. 北京：文化发展出版社，2020.

[5] 埃里克·莱斯. 精益创业 2.0 ［M］. 陈毅平，译. 北京：中信出版集团股份有限公司，2020.

[6] 蒲济林，邓辉. 创业基础与实务 ［M］. 北京：航空工业出版社，2019.

[7] 姬建锋，万生新. 大学生创新创业教育 ［M］. 西安：陕西人民出版社，2019.

[8] 兰小毅，苏兵，吕美，等. 创新创业学 ［M］. 北京：清华大学出版社，2019.

[9] 杜葵，林思宁，刘云婷. 大学生创业羊皮卷 ［M］. 上海：华东师范大学出版社，2018.

[10] 舒晓楠，阮爱清. 创业基础 ［M］. 重庆：重庆大学出版社，2017.

[11] 斯蒂芬·P. 罗宾斯，玛丽·库尔特. 管理学（第 13 版）［M］. 刘刚，程熙镕，梁晗，等译. 北京：中国人民大学出版社，2017.

[12] 刘志阳，李斌，任荣伟，等. 创业管理 ［M］. 上海：上海财经大学出版社，2016.

[13] 克里斯·安德森. 创客：新工业革命 ［M］. 萧潇，译. 北京：中信出版社，2012.

[14] 埃弗雷特·M. 罗杰斯. 创新的扩散 ［M］. 辛欣，译. 北京：中央编译出版社，2002.